JN118106

五訂版 習うより慣れろの

市町村財政分析

基礎から
ステップアップ
まで

大和田一紘・石山雄貴・菊池 稔=著

Oowada Ikkou　　Ishiyama Yuuki　　kikuchi Minoru

自治体研究社

五訂版はしがき

一目でわかる自治体の広報をめざして

自治体の広報には毎年「予算のあらまし」や「決算のあらまし」として自治体財政の解説が載っています。しかしいくら目を凝らしてみても、そこからわがまちの財政の実態や課題は簡単に見えてきません。自治体の「あらまし」では真実がわからないことを疑ったことがあるでしょうか。この疑問に応えるのが、地方分権の雄である北海道ニセコ町の広報です。ニセコ町の広報に掲載されている「決算のあらまし」には、「住民目線で一緒に考えてもらう」、時には「広報にネガティブ情報も載せる」という心があり、中学生が理解できるよう工夫されています。1995年以来、まちの財政を解説してきた冊子『もっと知りたいことしの仕事』（ニセコ町予算説明書）は、全世帯に無料配布され（町民以外には有料頒布）、ロングセラーになっています。この冊子は、市民の手による財政白書づくりで欠かせない「わかりやすさ」を磨くという点で、バイブルともなっています。まさに財政情報の共有は、住民の権利と同時に行政の説明責任を全うする手立てなのです。

これまでも「地方自治は民主主義の学校」（英国の政治学者のブライス）の到達点は財政民主主義にあるといわれてきました。私たちはこれをモットーに自治体財政分析の講師を務めてきました。講座の中で私たちは、「主権者・住民は私の先生」であると考えてきました。その先生からの質問が、私たちを鍛え、育ててくれました。学習会が縁となって、住民の手で財政白書ができれば、このうえない喜びです。そんな思いから、自治体財政を知りたい市民に少しでも応えられるテキストをと考え、2007年9月に『習うより慣れろの市町村財政分析』を、それ以後、改訂と増刷を重ね、今回、五訂版として発行することができました。

財政情報の新たな開示

今、様々なかたちで財政情報の開示が進められています。その第1ステージは、総務省による決算カードを中心にした財政情報の開示でした。これによって、市民による財政分析活動が始まりました。全国に広がった財政分析活動は、市民の手による財政白書づくりへ繋がり、現在では約70冊以上の財政白書ができています。どれもが多彩な視点から財政やまちづくりを分析しており、私たちに様々な示唆を与えてくれます。そして昨今、地方交付税算定台帳、類似団体比較カードと「財政状況資料集」の開示を中心とした新たな段階、第2ステージに入りました。さらに、近年では政府統計のポータルサイト（e-Stat）を中心にオンライン上での情報公開が進んでいます。五訂版では、こうした新しい動きに対応するかたちで、パソコン（以下、PC）による財政分析の解説のほか、分析用紙と財政状況資料集を巻末資料として組み込みました。

昨今、様々な財政指標を読み解くことが求められており、多くの方々に活用されることを願ってやみません。

2021年10月

大和田一紘

石山　雄貴・菊池　稔

3

目　次

五訂版　習うより慣れろの市町村財政分析
基礎からステップアップまで

本書をお読みになるにあたって

1　本書は読み進めながら、175㌻ 以降の「分析表」を書き込んでいただきます。「分析表」は、分析表1〜12、分析表1の補表、分析表4の補表、分析表8の補表の23枚あります。本文では、煩雑さをさけるため、「分析表1 決算額の推移」を単に「分析表1」と表現しています。正式名称は目次と175㌻ に掲げています。

2　本書で主に使用する決算カードは毎年度少しずつ変更があります。本書では、刊行時点で入手可能な2018年度（各自治体の決算カード）・2018年度の決算カード（総務省方式の決算カード）を中心に解説しています。総務省方式の決算カードは、毎年3月頃に前年度の決算カードが総務省ホームページに公表されます。また、各自治体では、7月〜12月に前年度の決算カードが入手できます。ぜひ、入手するようにしてください。

第1講　なぜ、市民がまちの財政を学ぶのか

「どうもうちのまちはおカネがないらしい」「夕張市のようにならないでしょうね」…まちなかで聞こえる声です。三位一体の改革、夕張問題、財政健全化法、トップランナー方式…この間の自治体財政をとりまく情勢はめまぐるしく変化しています。また、変化しているだけでなく、財政危機の中で自治体がこれまで通り存続していけるのかが大きな課題となっています。

そういう時だからこそ、市民自身が自治体財政に精通し、自治体の姿をトータルにつかむことが求められているのです。

市民が財政を学ぶと

私自身、全国各地の公民館や住民組織、議会などで市町村財政分析の講師を行ってきました。近年、学習会に参加した市民がまちの財政分析や白書づくりをはじめる姿が次々とでてきています。

また、講座に参加した議員の場合、学んだ後、財政課に問い合わせます。それが、職員にとってもよい刺激になって、逆にその議員に質問したり、財政資料をそろえたりする例も多く見てきました。

また、市民が手づくりの財政白書をつくることによって、自治体当局も大きな刺激を受けるせいか、自治体自らが財政白書を刊行したり、財政資料を分かりやすくするなどの変化がみられます。このように、市町村財政分析を学ぶことこそ、自治体を変える実践的な運動ではないかと思います。

分権時代の「三権分立」とチェック機能

私は、自治体財政運営にあたり「三権分立」が必要だと思っています。まず、首長などの行政には予算編成権があり、立法権としての議会には予算議決権があります。この二つは制度的にも確立されています。

課題は「司法権」です。制度的に確立していませんので、「司法的権力」と呼ぶことにしていますが、ここを担うのが市民の運動や参加です。市民が首長の財政運営や議会の財政分野での議論を監視、提案していく…それが「司法的権力」とするならば、市民による財政白書の刊行こそ、その役割を担う大きな動きだといえます。

基礎編

図表1-1　地方財政における三権分立

制　　　度…監査委員制度、オンブズマン制度
運動や参加…①監査請求、直接請求、NGOオンブズマン、行政訴訟
　　　　　　②予算・決算特別委員会における議会ウォッチング
　　　　　　③労働組合の自治研活動
　　　　　　④住民の手による財政白書づくり
　　　　　　⑤自治基本条例や市民参加条例づくり
　　　　　　⑥マスコミやミニコミによる自治体財政に関する記事の掲載

財政を学ぶ心構え・分析方法

第2講　どんな風に分析するのか

この本は作業をする本

この本で扱う財政分析のための主な道具は、第7講で紹介する決算カードというものです。この決算カードを使って、これから学ぶ「決算収支」「財政指標（諸指数）」「歳入」「歳出」といった分野を実際に「分析表」に書きこむことで理解を深めます。

「読む」「聞く」だけでは忘却の彼方へ

この本を読むことは自治体財政を理解する第一歩です。私は学習会の講師として全国を飛び回っていますが、財政学習講座に参加することも一つの方法です。

しかし、「読むこと」「聞くこと」のみですと、時が経つにつれて、その知識は忘却の彼方へ行ってしまいます。

「書き込む」「グラフをつくる」作業を

ですから、鉛筆と電卓を使い巻末の分析表に「書き込む」作業をしてもらいます。作業することで、自治体財政についての具体的なイメージをつかむことができます。自治体財政は「習うより慣れろ」です。

私は「財政を分析する」とは三段階ある

と思っています。

第一段階は、財政用語を理解しながら、分析表に書き込む作業です。それであなたのまち独自の分析表ができあがります。

次に分析表をもとにグラフや図表を作る作業です（図表2-1）。まず、単純集計のグラフを一通りつくってみましょう。できあがったグラフや図表を眺めながら、数字が何を語っているのかを見抜く作業が第二段階です。そこまでできれば、私たちのまちが数量的に見えてきます。

第三段階は、作成した表やグラフと予算書などを照らし合わせて、数字から具体的な政策を検証する作業へ移っていきます。

まず、一度は手書きで

ただグラフ作成までの作業を考えると、表計算ソフトの Excel に直接入力した方が効率的ではあります。しかし、それでも、はじめは数年分でも手書きで表を埋める作業を経験してもらいたいものです。なぜなら、手を動かすことで、財政用語を知らず知らずのうちに理解し、わがまちの財政状況も実感できるからです。

図表2-1　財政分析手段

(1)　分析表をつくる

分析表1　決算額の推移①

区分 / 年度	2013(平成25)年	2014(平成26)年	2015(平成27)年	2016(平成28)年
A 歳入総額				
B 歳出総額				
C 歳入歳出差引				
D 翌年度に繰越すべき財源				
E 実質収支　　　　　(C-D)				
F 単年度収支　(E-前年度のE)				
G 積立金				
F 繰上償還金				
I 積立金取崩額				
J 実質単年度収支 (F+G+H-I)				
実質収支比率(実質赤字比率)				
連結実質赤字比率				

(2)　グラフをつくる

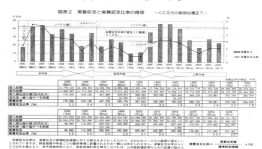

第3講　広報で読める？

年に最低2回は広報に載る

まず、自治体の財政事情を知るために、一番身近なものは自治体の広報です。地方自治法第243条の3で財政状況の公表が義務付けられています。

また、第219条の2と第233条の6に基づき、予算は4月頃、決算は10〜12月頃の最低2回は財政状況が広報に公表されます。

広報を読んでわかりますか

14・15ページは、長野県信濃町の広報です。みなさんもわがまちの広報を確認しましょう。何を言っているかわかりますか？

「わからない」方には2通りの理由がありそうです。それは、「自分の知識が足りない」ためと「情報量が足りない」ためです。

(1)　自分の知識が足りない

図表3−1の広報には、自治体財政独特の用語がちりばめられています。主なものをあげてみましょう。

一般会計（16ページ）、特別会計（16ページ）、経常収支比率（77ページ）、歳入（32ページ）、歳出（48ページ）、さらに歳出には「目的別」（49ページ）、「性質別」（52ページ）などがあります。（　）はその用語を説明しているページです。広報をみて、わからない用語があれば抜き書きしておいてください。

(2)　情報量が足りない

もう少し理解すれば、書いてある情報で充分なのかどうかがわかってきます。

図表3−1の信濃町の広報は、比較的詳しく情報が載っている広報です。例えば、
①文章だけでなくグラフ・図表で表示している

②特に歳入（自治体の収入）・歳出（自治体の支出）ともグラフ・図表で表示している
③さらに歳出は目的別（行政分野別）、性質別（経費別）に表示されている
④財政指標について、県内平均と比較しているため、わがまちの位置がわかる
⑤財政力指数について、小数点第3位まで掲載している
⑥財政指標について、過去3カ年分の値も掲載している
⑦可能な限り財政用語を解説している
　などです。

これらは、私たちにとって、必要な財政資料は何かといったことや、どうやって財政分析するのかを考える材料になります。あなたのまちはどうでしょうか。

広報は毎年ストックする

一方で信濃町の広報も一つ足りない点があります。それは、2016（平成28）年度以前はどんな財政状況だったのか、経年的なデータがないということです。経年的にみることでその数字のもつ意味がわかってきます。多くの広報でも単年度の情報しか記載されていません。そこで、毎年、予算・決算の特集が載った広報を捨てずにストックしてみましょう。そうすると経年的な比較が可能になります。集めれば集めるほどその利用価値が相乗的にあがります。広報でより詳しい財政情報を公表することは、住民が財政の論議する材料が提供されることを意味します。そのことで住民が判断したり、意見を述べることができるのです。

1　一般会計歳入・歳出

町政運営の基本となる会計

Check!!

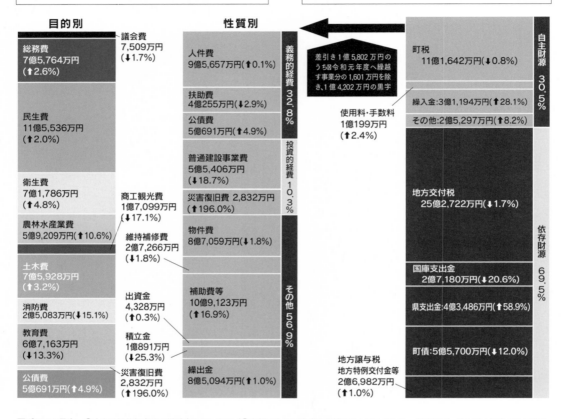

歳出：56 億 8,599 万円
前年度比 1,335 万円（0.2%）増

歳入：58 億 4,402 万円
前年度比 5,378 万円（0.9%）増

目的別

総務費 7億5,764万円（↑2.6%）	議会費 7,509万円（↓1.7%）
民生費 11億5,536万円（↑2.0%）	
衛生費 7億1,786万円（↑4.8%）	商工観光費 1億7,099万円（↓17.1%）
農林水産業費 5億9,209万円（↑10.6%）	維持補修費 2億7,266万円（↓1.8%）
土木費 7億5,928万円（↑3.2%）	出資金 4,328万円（↑0.3%）
消防費 2億5,083万円（↓15.1%）	積立金 1億891万円（↑25.3%）
教育費 6億7,163万円（↓13.3%）	災害復旧費 2,832万円（↑196.0%）
公債費 5億691万円（↑4.9%）	

性質別

人件費 9億5,657万円（↑0.1%）	義務的経費 32.8%
扶助費 4億255万円（↓2.9%）	
公債費 5億691万円（↑4.9%）	
普通建設事業費 5億5,406万円（↓18.7%）	投資的経費 10.3%
災害復旧費 2,832万円（↑196.0%）	
物件費 8億7,059万円（↓1.8%）	その他 56.9%
補助費等 10億9,123万円（↑16.9%）	
繰出金 8億5,094万円（↑1.0%）	

差引き1億5,802万円のうち令和元年度へ繰越す事業分の1,601万円を除き、1億4,202万円の黒字

町税 11億1,642万円（↓0.8%）	自主財源 30.5%
繰入金：3億1,194万円（↑28.1%）	
その他：2億5,297万円（↑8.2%）	
使用料・手数料 1億199万円（↑2.4%）	
地方交付税 25億2,722万円（↓1.7%）	依存財源 69.5%
国庫支出金 2億7,180万円（↓20.6%）	
県支出金 4億3,486万円（↑58.9%）	
町債：5億5,700万円（↓12.0%）	
地方譲与税 地方特例交付金等 2億6,982万円（↑1.0%）	

■グラフの見方　①↓↑は対前年度比の増減率を示します／②金額は1万円未満を四捨五入しているため、合計額が一致しない場合があります。

一般会計決算の状況

歳入58億4,402万円から、歳出56億8,599万円を引いた額は、次年度繰越分1,601万円を除き1億4,202万円の黒字となりましたが、基金取崩し額などを除くなどした実質単年度収支は2億1,734万円の赤字となりました。

歳入は依存財源の割合が69・5%

歳入のうち、町独自の収入（自主財源）は、町税が11億1,642万円（全体の約19.1%）で、前年度比9,939万円（0.8%）の減となっています。

自主財源全体では、8,056万円（4.7%）の増となりました。

町の独自収入以外の収入（依存財源）には、主に地方交付税、国や県からの補助金、町債（借入金）などがあります。これら依存財源が歳入全体に占める割合は、昨年度から2,679万円（0.7%）の増となりました。

歳入全体に占める依存財源の割合は、約69.5%です。

歳出は公債費、補助費等、災害復旧費が増加

性質別では、普通建設事業費1億5,755万円などを実施しました。総合会館整備事業1億2,714万円（18.7%）の減、地域医療総合確保基金事業補助金、強い農業づくり交付金などにより補助費が1億5,811万円（16.9%）の増、観光インバウンド推進事業、誘客宣伝費が減となり、物件費全体では1,566万円（1.8%）の減となりました。

目的別では、総合会館整備事業による増などがありましたが、富士里支館整備事業や博物館施設整備事業の完了により、教育費が1億259万円の減、担い手確保⊠経営強化支援事業補助金、強い農業づくり交付金の取り組みにより農林水産業費が5,651万円（10.6%）の増、台風や豪雨被害による災害復旧費が1,875万円（196.0%）の増となりました。

出所：「広報しなの No.407」2019 年 10 月号

6 指標で見る町の財政状況

Check!!

全ての指標で基準をクリア。起債発行額及び繰出金の増加により実質公債費比率が増加傾向

財政健全化法の指標

指標		信濃町	早期健全化	財政再生
実質赤字比率 一般会計等の赤字から財政運営の深刻度をみる比率	H 30	—		
	H 29	—	15.0%	20.0%
	H 28	—		
連結実質赤字比率 全会計の合計が赤字の場合算出される、財政運営の深刻度をみる比率	H 30	—		
	H 29	—	20.0%	30.0%
	H 28	—		
実質公債費比率 借金の返済額などの大きさから、資金繰りの危険度を見る比率	H 30	9.7%		
	H 29	8.6%	25.0%	35.0%
	H 28	7.9%		
将来負担比率 一般会計等の負債の残高から、将来の財政への圧迫度を見る比率	H 30	26.4%		
	H 29	21.0%	350.0%	—
	H 28	26.1%		
資金不足比率 公営企業会計の資金不足割合から経営状況の深刻度をみる比率	H 30	—		
	H 29	—	20.0%	
	H 28	—		

「実質公債費比率」が18％を超えると、起債の発行に県知事の許可が必要になり、25％を超えると、一部の起債発行が制限されます。

信濃町の実質公債費比率は、対前年比1.1ポイント増加しました。これは、平成29年度に行った富士里支館改修工事に係る地方債の元利償還金が始まったことと、病院の起債に係る元利償還金へ充当した繰出金が増加したことなどによるものです。

「将来負担比率」が高くなるということは、将来の借金返済額等が増加していることを示しており、今後の財政運営が圧迫される可能性があります。

平成30年度は、対前年比5.4ポイント増加しました。これは、長野広域連合の広域ごみ処理施設建設の起債に係る負担見込額の増及び基金取崩しによる基金残高の減少により、将来に渡って負担することが見込まれる額が増えたことによります。

経常収支比率　平成30年度決算 県内町村の平均＝81.7％

平成30年度	94.4%
平成29年度	91.7%
平成28年度	90.5%

財政構造の弾力性を判断するための指標です。町税・普通交付税のような、使途が特定されず毎年度経常的に収入される財源が、人件費・扶助費・公債費のように毎年度経常的に支出される経費（経常的経費）に充当された割合です。比率が高いほど財政構造の硬直化が進行していることを示します。

信濃町は比較的高い数値で推移しています。一般会計から下水道事業や病院事業会計への繰出金が多いこと、また、町税等が減少したことも要因となっています。

財政力指数　平成30年度決算 県内町村の平均＝0.34

平成30年度	0.337
平成29年度	0.340
平成28年度	0.342

※数値は3か年の平均

地方公共団体の財政力を示す数値です。指数が低いほど自主財源（自ら調達できる財源）の割合が少なく、国への依存度が高いことになります。

この数値が1.00を超えるとことは、自立して自主的に財政運営ができることを示し、普通交付税の交付を受けない、いわゆる「不交付団体」となります。

平成30年度現在、不交付団体は全国で77市町村。県内では、軽井沢町が不交付団体です。

「財政健全化法」とは

「財政健全化法」では、財政破綻を未然に防ぐことを目的に、財政悪化を、「早期健全化」と、「財政再生」の2段階でチェックしています。

また、地方公共団体全体の財政状況をより明らかにするため、特別会計や企業会計を併せた連結決算から財政状況を分析する、5つの指標が用いられています。指標が基準を超えた場合、ペナルティーが科せられる仕組みです。

■財政再生団体になると

財政破綻しているとみなされ、財政再生計画を策定します。総務大臣の同意を得られなければ地方債を発行することができなくなります。また、税金や公共料金の増額、住民サービスの見直しをせざるを得なくなります。

■早期健全化団体になると

財政健全化計画を策定して健全化に取り組まなければならなくなり、県の関与もあります。

「健全化判断比率」信濃町は全てクリア

平成30年度の信濃町の決算では、上記のようにいずれの指標も「早期健全化基準」を下回りました。

基礎編

第4講　自治体のおサイフは一つなの？

「一般会計」「特別会計」

　自治体のおサイフは一つではありません。自治体の会計は大きく分けて二つあります。

　あなたのまちの予算書（あるいは決算書）をめくってください。最初のページに一般会計と特別会計の一覧が載っていませんか。これが自治体の総予算（総決算）となります。「一般会計」は自治体の基本的な経費を盛り込んだ会計です。自治体の財政というと、主に一般会計について議論されます。しかし、自治体の会計はこれだけではありません。一般会計に対し、「特別会計」は主に公共料金や利用料、一般会計からの繰入金など独自の収入で充てられているものをいいます。具体的には、病院会計、下水道会計、国民健康保険事業会計などです。

　まず、あなたのまちの一般会計、特別会計の規模と種類について確認してください。

「普通会計」「公営事業会計」

　もう一つ自治体の会計には、「一般会計」「特別会計」といった分け方とは違う分類の仕方があります。それが、「普通会計」「公営事業会計」という分け方です（**図表4-1**）。「特別会計」は自治体によって数や種類は多種多様です。そのため、全国の自治体の財政状況を比較するためには、共通の範囲を定める必要があります。それが「普通会計」という決算統計上の概念です。具体的には、一般会計を中心に公営事業会計を除いた特別会計を加えたものです（その場合、会計間の資金の移動など重複額を除きます）。

　そして、これから私たちが主に使う決算カード、決算統計という資料はこの普通会計の範囲を対象にしています。それではあなたのまちの特別会計は、公営事業会計の範疇か、普通会計に入る特別会計なのか。具体的に確認してください。

自治体が関わる団体

　先ほど自治体の直接のおサイフは「一般会計」と「特別会計」（「普通会計」と「公営事業会計」）といいました。しかし、自治体がおカネを扱っているところはこれだけではありません。一般会計から、補助金や出資金などを出している一部事務組合（他の自治体と一緒になって、清掃や病院などを広域で運営する形態）や地方公社・第三セクター・外郭団体（自治体が出資する会社など）などがあります。自治体のおカネのやりとりは**図表4-2**のようになっていることを確認してください。

必要な連結の視点

　「夕張問題」がクローズアップされて以来、自治体の「隠れ借金」といったことが問題とされています。問題の論点は、先にふれた「特別会計」「一部事務組合」「公社・第三セクター」にわたる自治体のすべての借金は把握が難しいということです。

　そこで、総務省も、各自治体の「財政状況資料集」を2010年度データから公開し見えにくい特別会計等の大まかな財政状況を公表しています。その1ページ目（総括表）を見れば、さきほどふれた、普通会計・特別会計にどのようなものがあるかもわかります。

1 「一般会計」「特別会計」という分け方―自治体で行っている会計区分

予算書・決算書をめくると…最初に一般会計、その次に特別会計と続きます。

(1)一般会計→自治体の基本的な経費を盛り込んだ会計

(2)特別会計→自治体が行っている特定の事業活動について一般会計とは別枠に立てた会計

2 「普通会計」「公営事業会計」という分け方―決算統計上の会計区分

普通会計とは：地方財政全体の分析に用いられる統計上の会計。一般会計を中心に公営事業会計を除く特別会計を加え、会計間の重複額などを取り除いた純会計。決算カードや地方財政状況調査表（決算統計）、地方財政白書で扱われる会計。

図表4-1 「普通会計」とは？

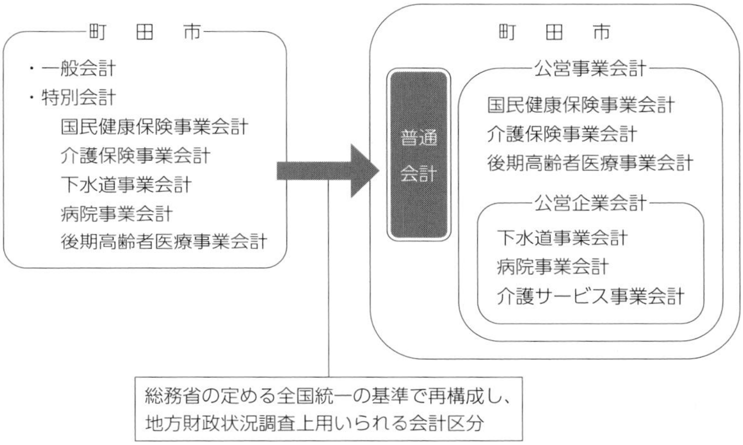

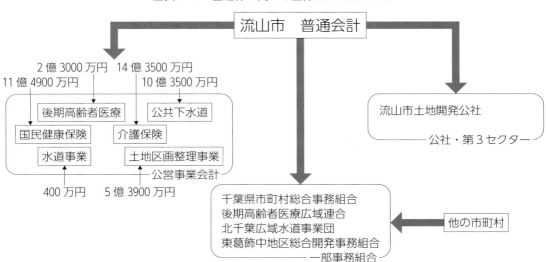

出所：東京都町田市企画部財政課『平成27年度（2015年度）町田市の財政』、
2016年に加筆

図表4-2 自治体が関わる団体はいっぱいある

出所：千葉県流山市「財政状況資料集」2014年度のデータをもとに作成

基礎編

第5講　決算カードの取り出し方

かつてと比べ、総務省はウェブ上で様々な財政資料を提供するようになりました。今やパソコンがあれば、簡単に自治体財政の情報が入手できるようになり、パソコン上級者であればウェブ上である程度の分析も可能になりました。

より良い財政運営のためにも、住民が我がまちの財政状況をチェックする必要があります。そのためには、誰もが財政情報を入手し、読み解くことが求められます。財政を分析するセンスを磨くためにも、まず総務省が公開している財政情報を検索してみましょう。パソコンが苦手な人もできない人も、家族の誰か、あるいは親しい友人に協力してもらって、以下の方法で試してください。

ステップ1：総務省ホームページの「地方財政状況調査関係資料」までたどり着こう

まず、Yahoo!・Google 等の検索サイトで「地方財政状況調査関係資料」を「検索」してみてください。

検索結果の一番上にでてくる「地方財政状況調査関係資料」をクリックし、総務省のウェブページに入ってください。

ステップ2：「地方財政状況調査関係資料」から「決算カード」、「財政状況資料集」までたどり着こう

「地方財政状況調査関係資料」のページに入ると、公表されている様々な財政資料の名前（例えば、地方財政白書や普通会計決算の概要、地方財政統計年報など）とその概要が載っています。それぞれの名前を

クリックすれば、資料がダウンロードできるページにいきます。「地方財政状況調査関係資料」のページから「決算カード」、「財政状況資料集」を探し出し、クリックしてそのページに入ってください。

ステップ3：「市町村決算カード」と「類似団体比較カード」を取り出す。

「決算カード」をクリックすると、上から「1　決算カードについて」「2　都道府県決算カード」「3　市町村決算カード」「(参考)類似団体比較カード」が並んでいるかと思います。この本で主に用いるのは、「3　市町村決算カード」「(参考)類似団体比較カード」です。それぞれ必要な「年度」をクリックし、さらに該当する都道府県をクリックしダウンロードしてみてください。これらの資料は都道府県ごとに一つのファイルになっています。ダウンロードしたファイルから我がまちの財政資料を確認してみてください。そうしましたらステップ2まで戻り「決算カード」同様に「財政状況資料集」も入手してみましょう。

もちろん、検索サイトで「決算カード」「類似団体比較カード」を検索して取得しても、役所の窓口に問い合わせて入手しても問題はありません。問い合わせる場合「総務省方式の決算カード」と言って問い合わせてください。第7講で改めて説明しますが、決算カードには、総務省による統一されたフォーマットのものと各自治体や属する都道府県が独自にフォーマットを作ったものと2種類あります。本書では「総務省」のものを用いますので注意してください。

第6講　分析の仕方は二つ

「経年的に」「他の自治体と」比較する

さて、「財政分析」と言っても、その分析の仕方はどのようなものでしょうか。それは「比較する」です。さらに「比較する」には、「経年的に比較する」と「他の自治体と比較する」があります。

(1) 経年的に比較する

最初の方法は、約20年分の決算カードで過去の決算状況を分析することにあります。自治体は単年度の決算を見ただけでは特徴はわかりません。そのためにも、**図表6−1**のように経年的な推移を見ていくことが必要となります。経年的にグラフを見るコツとして、①バブル前（〜85年）、バブル期（86〜92年）、バブル後（93年〜）で見る方法、②三位一体の改革期（06〜08年）、③リーマンショック後（08年〜10年）で見る方法、④首長の任期、⑤総合計画の期間で区切る方法があります。①②③は社会・経済情勢の影響、④は首長の財政運営、⑤は総合計画に盛り込まれた事業がどのように展開されたのかを知るためです。他にも、東日本大震災前後や新型コロナウイルス感染症発生前後での比較等地域に合わせた見方も考えられます。

(2) 他の自治体と比較する

他の自治体と比較して、自分たちの自治体の財政状況を把握する方法があります。さらに他の自治体と比べる方法は二通りです。「近隣自治体と比較する」と「類似団体と比較する」です。

① 「近隣自治体と比較する」

北海道ニセコ町の『もっと知りたいことしの仕事』では、近隣の町村と比較することで、ニセコ町がどの位置にあるかを伝えています。近隣自治体ではベットタウン化や少子・高齢化といった社会構造や地理的・経済的条件が似た傾向があります。その条件で比較します。

② 「類似団体と比較する」

もう一つは、「類似団体と比較する」です。**図表6−2**に一覧表がありますが、国は全国の自治体を「政令指定都市（大都市）」「中核市」「施行時特例市」「一般市」「特別区」「町村」に分類し、さらに「一般市」「町村」を「人口」「産業構造」で類型化しています。この分類は05年度決算データからです。それ以前はより詳細な分類をしていましたが、「平成の大合併」に伴う市町村数の削減と関連して、かなり分類の仕方を簡素化しています。04年度までは従来の類型で、05年度からは新しい類型で比較することになりました。

毎年3月に地方財政調査研究会により「類似団体別市町村財政指数表」が出され、歳入・歳出・各種財政指標が類型別に主に人口一人当たりで算出されています。もっとも、全国北から南まで、地理的経済的条件や、都道府県施策などに違いがあります。例えば都道府県から市町村への補助金（都道府県支出金）の額や内容は、都道府県で違い、特に裕福と言われている東京都の市町村は都支出金の額が大きいのが特徴です。そのため単純に類似団体で比べて良いか疑問もあります。できれば、都道府県内類似団体や同規模人口の自治体で比較したほうがいいでしょう。しかし、県内で該当する自治体が少ない、見当たらない場合があります。その場合はなるべく、近隣を選んで

基礎編

図表6-1　東京都西東京市民生費（決算額）の推移

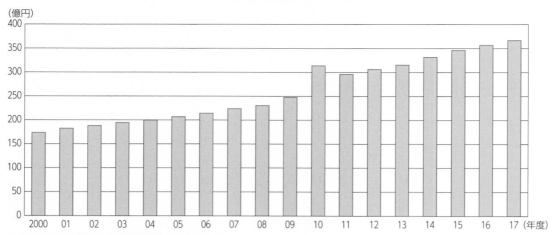

出所：東京都西東京市各年度決算カードより作成

図表6-2　市町村の類似団体（2017年度）

政令指定都市（1類型）
　　選定団体数20団体（該当団体数20団体）
特別区（1類型）
　　選定団体数22団体（該当団体数23団体）
中核市（1類型）
　　選定団体数48団体（該当団体数48団体）
施行時特例市（1類型）
　　選定団体数36団体（該当団体数36団体）

都　　　市		Ⅱ次、Ⅲ次90％以上		Ⅱ次、Ⅲ次90％未満		計
		Ⅲ次65％以上	Ⅲ次65％未満	Ⅲ次55％以上	Ⅲ次55％未満	
		3	2	1	0	
50,000人未満	Ⅰ	32（36）	64（73）	126（128）	30（35）	252（272）
50,000～100,000未満	Ⅱ	81（85）	87（93）	64（69）	12（12）	244（259）
100,000～150,000未満	Ⅲ	49（50）	28（30）	21（21）	1（1）	99（102）
150,000人以上	Ⅳ	32（32）	17（17）	5（5）	—（—）	54（54）
計		194（203）	196（213）	216（223）	43（48）	649（687）

町　　　村		Ⅱ次、Ⅲ次80％以上		Ⅱ次、Ⅲ次80％未満	計
		Ⅲ次60％以上	Ⅲ次60％未満		
		2	1	0	
5,000人未満	Ⅰ	50（64）	39（52）	120（151）	209（267）
5,000～10,000未満	Ⅱ	54（67）	69（79）	85（96）	208（242）
10,000～15,000未満	Ⅲ	49（54）	48（56）	35（36）	132（146）
15,000～20,000未満	Ⅳ	61（63）	31（31）	22（24）	114（118）
20,000人以上	Ⅴ	93（100）	48（49）	5（5）	146（154）
計		307（348）	235（267）	267（312）	809（927）

注①　都市及び町村とも（　）外は選定団体数、（　）内は該当団体数を示す。
　②　人口及び産業構造は平成27年国勢調査によった。なお、産業構造の比率は、分母を就業人口総数（分類不能の産業を含む。）とし、分子のⅡ次、Ⅲ次就業人口には分類不能の産業を含めずに算出している。
　③　市町村数は平成30年3月31日現在によった。

出所：総務省「平成29年度類似団体別市町村財政指数表」

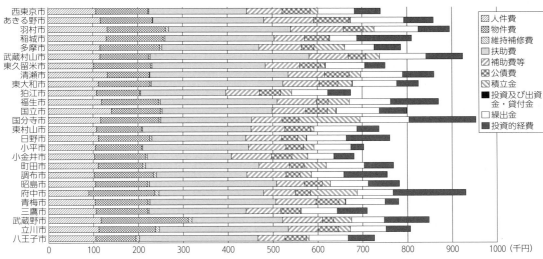

図表6-3 2017年度人口一人当たりの歳出の性質別歳出内訳

凡例：
- 人件費
- 物件費
- 維持補修費
- 扶助費
- 補助費等
- 公債費
- 積立金
- 投資及び出資金・貸付金
- 繰出金
- 投資的経費

出所：各市「決算カード」、「人口基本台帳」2017年度より作成

関東地域内、関西地域内での比較、あるいは同一都道府県内の人口規模のみで比較するのも一つの方法です（**図表6-3**）。

比べ方もいろいろあるが

最近は総務省がウェブページで、全国自治体の財政情報を積極的に公開しています。2010（平成22）年度から「財政状況資料集」が公開されました。そこでは様々な指標を全国や都道府県と比較し、類似団体内順位まで出しています（※）。また、近年では「類似団体比較カード」もウェブページで公開しています。この資料では、一人当たりの決算額と構成比で、当該団体と類似団体を比較しています。

なぜこういう数値なのかの検討を

「類似団体と比較する」ことによって類似した条件にある団体の財政運営を捉えることは、わがまちの財政を捉えていくために極めて有効な手段です。それは、類似団体の指標があるべき姿を想定した指標ではなく、また実現不可能な理想像でもないからです。類似団体の値は、身近な団体の財政状況を反映したもので、地域特性を踏まえた数値です。そのため、単純に「高い・低い」で判断するのではなく、「なぜこういう数字なのか。なぜこういう違いが出てくるのか」を検討することが大切です。類似団体の数値の背景には、どのような原因または努力があるのかを明らかにするとともに、類似団体との比較結果を例示することで当該団体における財政指標の改善に向けた取組み、さらに自治体の可能性が期待できます。私は「数字であなたの地域や住民の生活がみえますか」とよくいいます。もちろん、見えるものと見えないものがあります。しかし、数字は見えないものを見るきっかけです。比較しながら、表やグラフをつくりながら、みんなであの年はこんなことがあったね、こういう施設がつくられたねと話し合うことが大切なのです。

※「財政状況資料集」の詳細な分析については、拙書『財政状況資料集から読み解くわがまちの財政』（自治体研究社、2019年）をご参照ください。

基礎編

財政を学ぶ心構え・分析方法　**21**

平成３０年度 決算状況

	①	②		
人口	２７年国調	122,742 人		
	２２年国調	120,650 人		
	増減率	1.7 %		
面積		11.46 km		
人口密度		10,710 人		

区分	住民基本台帳人口	うち日本人
31. 1. 1	123,689 人	121,324 人
30. 1. 1	121,673 人	119,585 人
増減率	1.7 %	1.5 %

歳入の状況　（単位：千円・％）

区　分	決算額	構成比	経常一般財源等	構成比
地　方　税	23,054,347	49.5	21,184,303	87.7
地 方 譲 与 税	177,959	0.4	177,959	0.7
利 子 割 交 付 金	49,079	0.1	49,079	0.2
配 当 割 交 付 金	163,419	0.4	163,419	0.7
株式等譲渡所得割交付金	133,113	0.3	133,113	0.6
分離課税所得割交付金	–		–	
道府県民税所得割臨時交付金	–		–	
地 方 消 費 税 交 付 金	2,083,635	4.5	2,083,635	8.6
ゴルフ場利用税交付金	–		–	
特 別 地 方 消 費 税 交 付 金	–		–	
自 動 車 取 得 税 交 付 金	105,884	0.2	105,884	0.4
軽 油 引 取 税 交 付 金	–		–	
地 方 特 例 交 付 金	85,443	0.2	85,443	0.4
地 方 交 付 税	40,266	0.1	–	
内訳　普 通 交 付 税	–		–	
特 別 交 付 税	40,219	0.1	–	
震災復興特別交付税	47	0.0	–	
（ 一 般 財 源 計 ）	25,893,145	55.6	23,982,835	99.3
交通安全対策特別交付金	9,013	0.0	9,013	0.0
分 担 金 ・ 負 担 金	706,752	1.5	–	
使 用 料	656,932	1.4	167,435	0.7
手 数 料	434,926	0.9	–	
国 庫 支 出 金	6,247,621	13.4	–	
国 有 提 供 交 付 金	–		–	
（ 特 別 区 財 政 調 交 付 金 ）	–		–	
都 道 府 県 支 出 金	6,047,228	13.0	–	
財 産 収 入	104,844	0.2	–	
寄 附 金	31,839	0.1	–	
繰 入 金	2,142,648	4.6	–	
繰 越 金	1,376,440	3.0	–	
諸 収 入	1,448,333	3.1	1,669	0.0
地 方 債	1,489,500	3.2	–	
うち減収補填債（特例分）	–		–	
うち臨時財政対策債	–		–	
歳 入 合 計	46,589,221	100.0	24,160,952	100.0

市町村税の状況

区　分	収入済額
普 通 税	21,184,303
法 定 普 通 税	21,184,303
市 町 村 民 税	12,282,520
内訳　個 人 均 等 割	230,805
所 得 割	10,973,368
法 人 均 等 割	315,740
訳　法 人 税 割	762,607
固 定 資 産 税	8,059,291
うち純固定資産税	7,918,406
軽 自 動 車 税	67,474
市 町 村 た ば こ 税	775,018
鉱 産 税	–
特 別 土 地 保 有 税	–
法 定 外 普 通 税	–
目 的 税	1,870,044
法 定 目 的 税	1,870,044
内　入 湯 税	–
事 業 所 税	–
都 市 計 画 税	1,870,044
訳　水 利 地 益 税 等	–
法 定 外 目 的 税	–
旧 法 に よ る 税	–
合 計	23,054,347

性質別歳出の状況　（単位：千円・％）

区　分	決算額	構成比	充当一般財源等	経常経費充当一般財源等	経常収支比率
人 件 費	6,809,705	15.0	6,323,605	6,247,461	25.9
うち職員給	4,184,747	9.2	3,815,574		
扶 助 費	12,109,971	26.7	3,943,665	3,900,883	16.1
公 債 費	2,189,805	4.8	2,030,353	2,013,274	8.3
内　元利償還金｛元金	2,052,161	4.5	1,892,709	1,877,405	7.8
利子	137,496	0.3	137,496	135,721	0.6
訳　一時借入金利子	148	0.0	148	148	
（ 義 務 的 経 費 計 ）	21,109,481	46.6	12,297,623	12,161,618	50.3
物 件 費	7,855,710	17.3	5,812,865	5,094,644	21.1
維 持 補 修 費	232,326	0.5	182,439	182,439	0.8
補 助 費 等	4,270,760	9.4	2,786,585	2,375,474	9.8
うち一部事務組合負担金	791,424	1.7	334,226	307,312	1.3
繰 出 金	5,711,664	12.6	5,253,318	3,567,548	14.8
積 立 金	2,071,893	4.6	1,823,669	–	
投資・出資金・貸付金	17,834	0.0	17,834	–	
前 年 度 繰 上 充 用 金	–		–		
投 資 的 経 費	4,021,472	8.9	777,186		
うち人件費	46,181	0.1	46,181		
内　普 通 建 設 事 業 費	3,995,584	8.8	765,854		
うち補助	1,348,091	3.0	81,142		
訳　うち単独	2,647,493	5.8	684,712		
災害復旧事業費	25,888	0.1	11,332		
失業対策事業費	–		–		
歳 出 合 計	45,291,140	100.0	28,951,519		

経常経費充当一般財源等計	23,381,723 千円
経 常 収 支 比 率	96.8 ％（96.8 ％）
	（減収補填債（特例分）及び臨時財政対策債除く）
歳 入 一 般 財 源 等	30,249,600 千円

目的別

区　分
議 会 費
総 務 費
民 生 費
衛 生 費
労 働 費
農 林 水 産 業 費
商 工 費
土 木 費
消 防 費
教 育 費
災 害 復 旧 費
公 債 費
諸 支 出 金
前 年 度 繰 上 充 用 金
歳 出 合 計

公営事業等への歳出のうち：
合計／下水道／宅地造成／介護サービス／上水道／国民健康保険／その他

（注）　1．普通建設事業費の補助事業費には受託事業費のうちの補助事業費を含み、単独事業費には同級他団体施行事業負担金及び受託事業費のうちの単独事業費を含む。
　　　　2．東京都特別区における基準財政収入額及び基準財政需要額は、特別区財政調整交付金の算出に要した値であり、財政力指数は、前記の基準財政需要額及び基準…
　　　　3．産業構造の比率は分母を就業人口総数とし、分類不能の産業を除いて算出。
　　　　4．人口については、調査対象年度の1月1日現在の住民基本台帳に登載されている人口に基づいている。
　　　　5．面積については、調査対象年度の10月1日現在の市区町村、都道府県、全国の状況をとりまとめた「全国都道府県市区町村別面積調」（国土地理院）による。
　　　　6．個人情報保護の観点から、対象となる職員数が1人又は2人の場合、「給料月額（百円）」及び「一人当たり平均給料月額（百円）」を「アスタリスク（＊）」としてい…

４、財政指標（指数等） ⑧

⑤ ③ ④

産 業 構 造

区分	27年国調	22年国調
第 1 次	440 / 0.9	492 / 1.0
第 2 次	7,818 / 15.8	7,749 / 15.8
第 3 次	41,364 / 83.4	40,698 / 83.2

単位：千円・％

構成比	超過課税分
91.9	116,504
91.9	116,504
53.3	116,504
1.0	
47.6	
1.4	
3.3	116,504
35.0	
34.3	
0.3	
3.4	
-	
-	
8.1	
8.1	
8.1	
-	
-	
-	
100.0	116,504

指 定 団 体 等 の 指 定 状 況	
旧 新 産	×
旧 工 特	×
低 開 発	×
旧 産 炭	×
山 振	×
過 疎	×
首 都	○
近 畿	×
中 部	×
財政健全化等	×
指数表選定	○
財源超過	○

一部事務組合加入の状況	
議員公務災害	×
非常勤公務災害	×
退職手当	×
事務機共同	×
税務事務	×
老人福祉	×
伝染病	×

都 道 府 県 名	団 体 名
13	2144
東京都	国分寺市

市町村類型	Ⅲ－3
地方交付税種地	2 - 10

区 分	平成30年度（千円）	平成29年度（千円）
歳 入 総 額	46,589,221	56,639,922
歳 出 総 額	45,291,140	55,263,482
歳 入 歳 出 差 引	1,298,081	1,376,440
翌年度に繰越すべき財源	68,684	20,742
実 質 収 支	1,229,397	1,355,698
単 年 度 収 支	-126,301	494,427
積 立 金	357,400	4,361,828
繰 上 償 還 額	-	-
積 立 金 取 崩 し	750,471	613,915
実 質 単 年 度 収 支	-519,372	4,242,340

区 分	職員数（人）	給料月額（百万）	一人当たり平均給料月額（百万）
一 般 職 員	614	1,971,554	3,211
うち消防職員			
うち技能労務	47	165,205	3,515
教 育 公 務 員	2	*	*
臨 時 職 員			
合 計	616	1,980,640	3,215
ラ ス パ イ レ ス 指 数			100.1

特 別 職 等		定 数	適用開始年月日	一人当たり平均給料（報酬）月額（百万）
し 尿 処 理	×			
ご み 処 理	×			
火 葬 場	×			
常 備 消 防	×			
小 学 校	×			
中 学 校	×			
そ の 他	○			
市 区 町 村 長		1	5.12.01	9,000
副 市 区 町 村 長		2	5.12.01	7,700
教 育 長		1	5.12.01	7,100
議 会 議 長		1	5.12.01	5,400
議 会 副 議 長		1	5.12.01	4,900
議 会 議 員		20	5.12.01	4,700

1、決算収支

⑥

⑦

3、歳出

別 歳 出 の 状 況 （単位：千円・％）

決算額（A）	構成比	（A）のうち普通建設事業費	（A）の充当一般財源等
326,707	0.7	-	326,707
4,052,241	8.9	-	3,737,152
21,076,158	46.5	912,840	10,567,655
4,080,635	9.0	206,096	2,893,869
175,111	0.4	-	151,676
89,872	0.2	23,427	64,732
84,436	0.2	-	74,811
6,496,513	14.3	1,617,121	4,486,413
1,581,780	3.5	11,146	1,189,577
5,111,994	11.3	1,224,954	3,417,242
25,888	0.1	-	11,332
2,189,805	4.8	-	2,030,353
-	-	-	-
45,291,140	100.0	3,995,584	28,951,519

5,711,664	国民健康保険事業会計の状況	実 質 収 支	179,106
1,123,198		再 差 引 収 支	-359,335
483,311		加 入 世 帯 数（世帯）	16,420
109,245		被 保 険 者 数（人）	23,907
		保険税（料）収入額	92
1,538,925		被保険者1人当り｛ 国 庫 支 出 金	
2,456,985		保 険 給 付 費	281

区 分	平成30年度（千円）	平成29年度（千円）
基 準 財 政 収 入 額	18,115,974	18,306,491
基 準 財 政 需 要 額	17,874,302	17,835,117
標 準 税 収 入 額 等	23,570,129	23,748,833
標 準 財 政 規 模	23,570,129	23,748,833
財 政 力 指 数	1.02	1.02
実 質 収 支 比 率（％）	5.2	5.7
公 債 費 負 担 比 率（％）	6.7	5.6
健全化判断比率 実 質 赤 字 比 率（％）	-	-
連結実質赤字比率（％）	-	-
実 質 公 債 費 比 率（％）	-1.0	-0.6
将 来 負 担 比 率（％）	-	-
積立金現在高 財 調	4,943,501	5,336,572
減 債	2,858	2,858
特 定 目 的	6,894,347	5,973,769
地 方 債 現 在 高	19,384,933	19,947,594
債務負担行為額（支出予定額） 物件等購入	4,638,050	3,786,481
保 証 ・ 補 償		
そ の 他	12,414,249	13,075,986
実 質 的 な も の		
収 益 事 業 収 入	54,000	42,000
土 地 開 発 基 金 現 在 高		
徴収率（現年・計）（％） 合 計	99.6 / 98.8	99.5 / 98.5
市 町 村 民 税	99.5 / 98.3	99.4 / 97.9
純 固 定 資 産 税	99.7 / 99.3	99.7 / 99.1

4、財政指標（指数等）

財政収入額により算出

⑨

いる。（その他、数値のない欄については、すべてハイフン(-)としている。）

⑩

38

第7講　まずは決算カード

財政分析は「習うより慣れろ」

　まず、財政分析に必要なのは、各自治体の決算カードです。ここに自治体の財政情報が凝縮されています。よく「財政分析は難しいのでは」と不安になる方がいますが、決算カードの見方を学び、その決算カードをもとに経年的に数字を分析表に書き込んでいけば、大まかな自治体の財政状況がわかってくるものです。まさに「財政分析」は「習うより慣れろ」です。毎日、単年度ごとに決算カードを眺めてみる。そして、実際に数字を書き込む作業をおこなってみましょう。

決算カードは2種類ある

　決算カードは、総務省ないしは、各自治体のホームページから入手できます。総務省のホームページからは、22～23㌻のような決算カードが入手できます（ただし、平成13年度のデータから）。もう一つ、自治体には、自治体独自の決算カードもあります。たいていは都道府県で様式が一緒のようです。自治体独自の決算カードについては、ぜひ役所に出向き、可能な限りここ20年分を揃えてください。

決算カードを取りに行く際には

　役所へ決算カードを取りにいく際は、なるべく1人ではなく、2人でいった方がいいでしょう。一人が担当職員と交渉し、もう一人が職員の対応、課の雰囲気と決算カードを入手しやすいかどうかを観察します。これがわが自治体で財政状況が公開されているかのバロメーターになります。また、

決算カードがどこで取れるのか。情報公開室か、図書館か、財政課に直接行かなければ入手できないものなのかといった入手できる場所についても確認しましょう。

決算カードの何を見るか

　決算カードは総務省方式にしても、各自治体独自のものにしても、22～23㌻を参考に、4つのエリアを注目してください。

1．決算収支、2．歳入、3．歳出、4．財政指標（指数等）

　他にも次の項目について関心があるところから確認してください。①人口（国勢調査、住民基本台帳）、②面積、③団体名、④市町村類型、⑤指定団体等の指定状況、⑥一般職員等・特別職等・議員等の待遇、⑦一部事務組合加入の状況、⑧公営事業等への繰出、⑨国民健康保険事業会計の状況、⑩市町村民税の徴収率

2種類の決算カードの違い

　総務省方式の決算カードは北海道から沖縄まで全部同じスタイルです。それに対し、みなさんが各自治体で入手した決算カードは、都道府県や市町村によって違いがあります。例えば、東京都が取り集め作成している決算カードには「大規模事業の一覧」など独自の項目が入っています。本書では、総務省方式の決算カードを中心に分析していきます。あわせてみなさんは、自治体独自の決算カードで、総務省方式の決算カードにはない情報が入っていれば、それもぜひ活用するようにしてください。

赤字か黒字かをみる「決算収支」

第8講　赤字団体？黒字団体？

最初に「決算収支」です。これは「赤字か、黒字か」をみる指標です。総務省方式の決算カードでは「収支状況」のところにあります。

形式収支

これは単純に「歳入総額−歳出総額」で差し引きしたものです。この形式収支は次年度の繰越金や貯金（財政調整基金）となります。

実質収支

しかし、形式収支が、正確な収支を表しているわけではありません。形式収支に「翌年度に繰り越すべき財源」を引いたのが「実質収支（額）」です（図表8−1）。なぜこのようなことをするのでしょうか。「翌年度に繰り越すべき財源」は「今年度に支出される予定だったけれども、実際に支出されなかった経費」のことです。家計でたとえると、ある月の新聞代が、集金にこなかったために月をこえても支払われていない時があります。この新聞代が「翌年度に繰り越すべき財源」なのです。来年度以降、事業や支払いが発生するためにとっておかないといけないのでその分を差し引きます。「翌年度に繰り越すべき財源」を引くことで、実質的な収支がだされます。

実質収支比率

決算カードでは「実質収支比率」という指標が載っています。

$$\frac{実質収支}{標準財政規模} \times 100$$

というのが、その計算式です。先ほどの実質収支額を標準財政規模〔（標準）税収入等と普通交付税を足したもの。自治体の裁量で使える財源（収入源）です。第31講参照〕で割って導かれます。

実質収支比率は、従来から経験的に「3〜5％が望ましい」と言われています。赤字よりも黒字であることが望ましいのですが、自治体の場合、黒字が多いのも問題です。過度の黒字があることは、行政サービスをきちんと行っていない可能性があるからです。また、赤字が基準値以上だと、第42講でふれる財政健全化法により、自治体の行財政運営に制約が課せられます。そのため、自治体は実質収支が赤字にならないように様々な努力をします。近年は、赤字団体はありませんが、赤字でなくても、0％すれすれか1％台で推移している自治体も見られます。そのような自治体は緊急に出費が生じた場合、対応できるおカネが少ないということですから、財政運営が一挙に危機的になる可能性があります。

新たな指標（連結実質赤字比率）

最近は第三セクターや一部事務組合など自治体の全会計の借金や赤字にも目配りする必要性が指摘されてきました。そこで総務省は、07年度より制定された財政健全化法で定めた「連結実質赤字比率」という新しい財政指標をつくりました。

$$連結実質赤字比率 = \frac{全会計を対象とした実質赤字（又は資金の不足額）}{標準財政規模} \times 100$$

図表 8-1　実質収支とは

図表 8-2　東京都国分寺市の実質収支比率の経年的推移

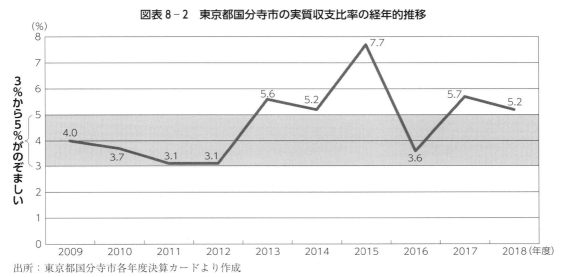

出所：東京都国分寺市各年度決算カードより作成

図表 8-3　すべての会計の収支決算の状況

○すべての会計の収支決算をチェックする
「連結実質収支比率」（プラスであれば健全）ニセコ町はプラス 4.2%

　町の人口や面積などに応じ標準的にかかるお金に対して、その年のすべての会計の決算により生じた実質収支額（収入から支出を差し引いた額）がどの程度の割合になるかを示す指標です。自治体の会計には、一般的な収支を管理する一般会計のほかに、国民健康保険や上下水道などの事業に関する特別会計があります。これら会計の収支決算を民間企業の「連結決算」と同様に合計し、チェックするためのものです。「実質収支比率」と同様、連結の収支決算が黒字であればプラス、赤字であればマイナスとなります。

　ニセコ町は、一般会計のみで計算した「実質収支比率」の場合と同様に黒字で、「プラス 4.2%」（前年度プラス 3.7%）となっています。

　財政健全化法では、「早期健全化基準」はマイナス 20%、「財政再生基準」はマイナス 40% と定められています。

　特別会計に加えて、第三セクター（町が 50% 以上出資する団体：㈱ニセコリゾート観光協会、㈱キラットニセコ、土地開発公社の 3 団体）を含めて「連結実質収支比率」を計算した場合、「プラス 4.2%」となっています。また、それぞれの実質収支額は右のグラフのとおりです。

北海道ニセコ町『もっと知りたいことしの仕事　平成 25 年度版
ニセコ町予算説明書』、155・156㌻

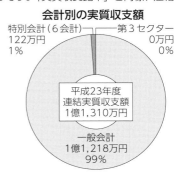

会計別の実質収支額

特別会計（6 会計）　　　　第 3 セクター
122 万円　　　　　　　　　0 万円
1%　　　　　　　　　　　　0%

平成23年度
連結実質収支額
1億1,310万円

一般会計
1億1,218万円
99%

第9講　やりくりの仕方

第8講では、実質収支について学びました。第9講は、赤字をさけるために具体的にどんなやりくりをしているか、単年度の収支を取り上げます。

単年度収支：黒字を増やしたか
減らしたか

今年度の実質収支から前年度の実質収支を引いたものです。「この1年で黒字（場合によっては赤字）をどれだけ増やしたのか（減らしたのか）」を見ます。

実質単年度収支：どうやりくりしたか

しかし、「単年度収支」だけを見てはいけません。黒字にするために（1）「財政調整基金」を取り崩します。また、将来の負担を減らすため（2）財政調整基金を積み立てたり、（3）借金を早めに返したり（繰上償還）といった「やりくり」をするからです。それが「実質単年度収支」です。計算式は単年度収支＋積立金＋繰上償還金－積立金取崩額です。積立金や繰上償還は決算収支から考えると黒字の要素となります。一方、積立金取崩しは赤字の要素となります。

それを示したのが**図表9−2、9−3**です。「やりくり」を経年的にどのように行ったのかを表しています。例えば、2001年、02年、05年、10年、13年と実質単年度収支、単年度収支が黒字であり、特に10年度は実質単年度収支が単年度収支を大幅に上回っています。これは、10年度に基金へ多額のお金を積み立てたことが背景にあります。逆に、06年〜08年は実質単年度収支が赤字になっており、07年、08年は単年度収支が黒字になっています。ここに実質単年度収支が赤字になり、単年度収支が黒字になるという矛盾があります。その背景は、単年度収支額以上の積立金を取り崩したことがあります。

このように実質単年度収支に注目することで、実質収支の背景（積立金を取り崩して黒字になっているのか、借金を早めに返したり、積立金を新たに積み立てることで将来の負担を減らす努力をした結果、黒字が少ないように見えているのか）がわかってきます。

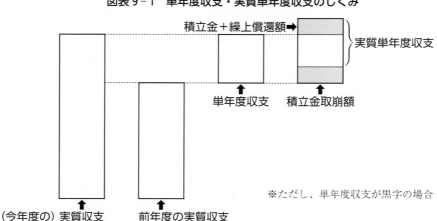

図表9−1　単年度収支・実質単年度収支のしくみ

積立金＋繰上償還額→

実質単年度収支

単年度収支　積立金取崩額

（今年度の）実質収支　　前年度の実質収支

※ただし、単年度収支が黒字の場合

図表 9‒2 岐阜県美濃市の単年度収支・実質単年度収支の推移

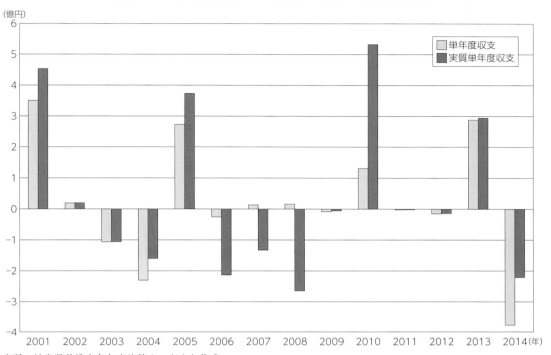

出所：岐阜県美濃市各年度決算カードより作成

図表 9‒3 岐阜県美濃市の「積立金」「繰上償還金」「積立金取崩額」の推移

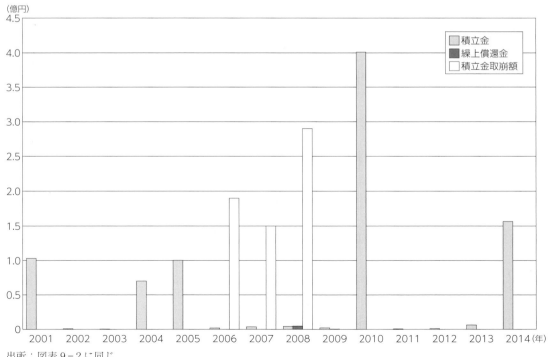

出所：図表 9‒2 に同じ

自治体の収入はどれくらい？
（歳入をみる）

第10講　まずは四大財源をおさえよう

歳入とは、自治体財政の「収入」です。自治体の歳入構造は、市町村の人口や産業構造、特に経済的環境によって異なりますし、歳出の動向とも密接に関係します。

歳入の構成と内容は

市町村の歳入の構成や内容は、財源（収入源）の調達先が国や都道府県からの収入や借金なのか、あるいは市町村が独自で調達できる財源なのか、財政運営の自立性や行政内容が決まってきます。

税の大きなしくみをつかむ

決算カードから「歳入」科目を眺めてみましょう。かなりの項目です。初めて聞くものばかりだと思います。しかし、これらは主なものをおさえればいいのです。そこでまず4つの財源をおさえます。地方税、地方交付税、国庫支出金、地方債が平均的な市町村の歳入の四大財源です（**図表10−1**）。

もっとも、財政力の強い自治体は地方税の比重が高く、逆に財政力が弱い自治体は地方交付税の比重が高くなります（38㌻参照）。また、都道府県によって、東京都のように、都道府県支出金の比重が相対的に高かったり、自衛隊や米軍の基地を抱えている自治体では国有提供施設交付金の比率が高かったりといった特性がみられます。あなたのまちはどんな特性があるか確認しましょう。

「分析表2」を書き込む

私たちのまちの歳入の特色は具体的にどんなものであるか、実際に分析表を書き込むことで理解しましょう。巻末の「分析表2」を決算カードから該当部分を転記して作成してください。特徴が分かってきます。

理解のポイントは、4点です。
①地方税の構成比率とその推移
②地方交付税の構成比率とその推移
③国庫支出金及び都道府県支出金、地方債の額は年によって乱高下していないか、しているとすれば、要因は何か（当該の年に大きな建設事業を行っていないか）
④使用料・手数料は「伸び」に着目する

図表10−1　決算カードでみる「歳入」

区　　分	決　算　額	構成比	経常一般財源等	構成比
○地　　方　　税	23,054,347	49.5	21,184,303	87.7
地　方　譲　与　税	177,959	0.4	177,959	0.7
利　子　割　交　付　金	49,079	0.1	49,079	0.2
配　当　割　交　付　金	163,419	0.4	163,419	0.7
株式等譲渡所得割交付金	133,113	0.3	133,113	0.6
分離課税所得割交付金	-	-	-	-
道府県民税所得割臨時交付金	-	-	-	-
地方消費税交付金	2,083,635	4.5	2,083,635	8.6
ゴルフ場利用税交付金	-	-	-	-
特別地方消費税交付金	-	-	-	-
自動車取得税交付金	105,884	0.2	105,884	0.4
軽油引取税交付金	-	-	-	-
地方特例交付金	85,443	0.2	85,443	0.4
地　　方　　交　　付　　税	40,266	0.1	-	-
内　普　通　交　付　税	-	-	-	-
特　別　交　付　税	40,219	0.1	-	-
訳　震災復興特別交付税	47	0.0	-	-
（　一　般　財　源　計　）	25,893,145	55.6	23,982,835	99.3
交通安全対策特別交付金	9,013	0.0	9,013	0.0
分　担　金　・　負　担　金	706,752	1.5	-	-
使　　用　　料	656,932	1.4	167,435	0.7
手　　数　　料	434,926	0.9	-	-
○国　　庫　　支　　出　　金	6,247,621	13.4	-	-
国　有　提　供　交　付　金	-	-	-	-
（　特　別　区　財　調　交　付　金　）	-	-	-	-
○都　　道　　府　　県　　支　　出　　金	6,047,228	13.0	-	-
財　　　　産　　　　収　　　　入	104,844	0.2	-	-
寄　　　　附　　　　金	31,839	0.1	-	-
繰　　　　入　　　　金	2,142,648	4.6	-	-
繰　　　　越　　　　金	1,376,440	3.0	-	-
諸　　　　収　　　　入	1,448,333	3.1	1,669	0.0
○地　　　　方　　　　債	1,489,500	3.2	-	-
うち減収補塡債（特例分）	-	-	-	-
うち臨時財政対策債	-	-	-	-
歳　　　入　　　合　　　計	46,589,221	100.0	24,160,952	100.0

○が四大財源

第11講　一般財源と特定財源という分け方

歳入には、多くの科目が存在します。これらは歳入構造の性格によって、(1)「一般財源」と「特定財源」、(2)「自主財源」と「依存財源」に分ける考え方があります。

「一般財源」「特定財源」とは

まずは、「一般財源」と「特定財源」に分ける考え方です。「財源の使い道が決まっているかどうか」で分けます。

(1)　特定財源：ひも付きといわれるゆえん

特定財源は文字通り特定の目的のために使う財源です。ひも付き財源と言われます。例えば、国庫支出金とは国の補助メニューによる施設建設、生活保護など国が推奨する政策やナショナルミニマムを保障するための国から自治体への補助金です。都道府県から市町村への補助金である都道府県支出金も同様です。自治体の借金である地方債は原則的に特定された施設や道路建設などのためのものです。

(2)　一般財源：自治体が最も気にする財源

特定財源と違い、使い道が特定されず、自治体の裁量で自由に使える財源が一般財源です。事業を行う際、自治体の持ち出し分がどのくらいになるかは自治体にとって最も気になるところです。ここでいう持ち出し分が一般財源にあたります。

「自主財源」「依存財源」とは

「自主財源」「依存財源」の分け方があります。分け方は「自治体独自で集めるか、国や都道府県などから調達するか」です。

「自主財源」とは自らの権能に基づいて自主的に収入化できるものです。主なものは地方税、使用料・手数料などです。

「依存財源」とは国や都道府県などから調達される財源です。主なものは地方交付税、国庫支出金、都道府県支出金、地方債になります。

この二つのものさしで整理したのが下の図の財源区分です。

図表11-1　財源区分
（○が四大財源）

※分担金及び負担金・使用料・手数料・財産収入・寄附金・繰入金・繰越金・諸収入は自主財源で「一般財源」「特定財源」どちらもある。

基礎編

第12講　さらに経常と臨時という分け方がある

経常的な収入？臨時的な収入？

　第11講で、歳入には「一般財源」と「特定財源」という分け方があることを学びました。さらに一般財源は「経常」と「臨時」に分かれます。

(1)　経常一般財源等

　まず、経常的なものとは毎年きちんと入ってくる収入です。家計ならお給料でしょうか。自治体だと第13講で取り上げる地方税や第14講で取り上げる地方交付税が該当します。もう一度、決算カードの「歳入の状況」(35㌻参照)を見てください。決算額の右隣に「経常一般財源等」という欄があります(35㌻のアミかけ部分)。わざわざ、決算額とあわせて「経常一般財源等」の欄を設けていることからわかるように、経常一般財源等がどれぐらいあるかが、自治体が行財政運営を進める上で大事な視点になります。

(2)　臨時一般財源等

　続いて臨時的なものとは、一年、もしくは数年間、臨時に入ってくる収入です。家計でいうと、実家からのおこづかいや資産を売却した際の収入でしょうか。自治体ですと、財産収入、都市計画税、特別地方交付税等がこれに該当します。ところで、臨時一般財源等と区分されても、実態として経常的に入ってくる収入もあります。複雑ですが、実態はともかくも区分はそうなっていると理解してください。

歳入の体系を理解する

　ここまで説明してきたように、自治体の歳入は、家計と違っていろんなルートから

いろんな意味づけで入ってきます。そこで、巻末の「分析表4」を記入する前に、**図表12-1**(巻末の「分析表3」)を埋めながら理解しましょう。以下、東京都東村山市の2018年度決算カード(総務省方式)をもとに説明します。

① **歳入**　決算カードの「歳入の状況」の「決算額」の欄にある「歳入合計」の数字を図表12-1の①「歳入」に記入します。東村山市の場合、約560億円です。

② **一般財源**　決算カードの真ん中下にある「歳入一般財源等」から②「(歳入)一般財源等」の数字を記入します。東村山市は約335億円ですので、歳入の約6割が一般財源等ということになります。

③ **特定財源**　「歳入」から「(歳入)一般財源等」を引けば、特定財源がでてきます。東村山市だと約560億円-約335億円=約225億円となります。

④ **経常一般財源等**　決算カードの「歳入の状況」の「経常一般財源等」の欄の一番下にある「歳入合計」から数字を拾います(④)。東村山市だと約268億円です。

⑤ **臨時一般財源等**　東村山市だと、「(歳入)一般財源等」約335億円のうち、「経常一般財源等」は約268億円です。するとその差し引き(②-④)が「臨時一般財源等」となります。東村山市だと約335億円-約268億円=約67億円となります。ここまで数字を入れると、わがまちの一般財源の割合はどれくらいか、一般財源のうち、経常一般財源等がどれぐらいかがわかってくると思います。その先は、第13講で数字を埋めていきます。

図表12-1　分析表3　歳入の体系

※東京都東村山市の平成30年度決算カードより（単位：億円）

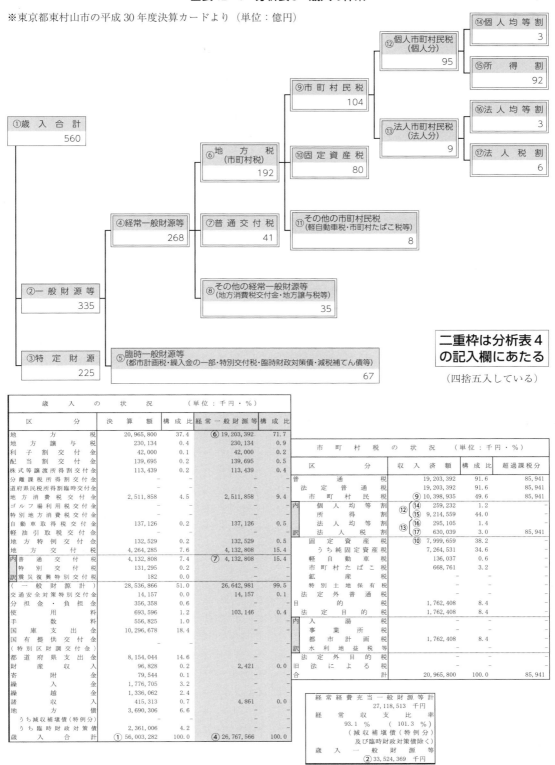

二重枠は分析表4の記入欄にあたる

（四捨五入している）

基礎編

歳入の状況（単位：千円・%）

区分	決算額	構成比	経常一般財源等	構成比
地方税	20,965,800	37.4	⑥19,203,392	71.7
地方譲与税	230,134	0.4	230,134	0.9
利子割交付金	42,000	0.1	42,000	0.2
配当割交付金	139,695	0.2	139,695	0.5
株式等譲渡所得割交付金	113,439	0.2	113,439	0.4
分離課税所得割交付金	-	-	-	-
道府県民税所得割臨時交付金	-	-	-	-
地方消費税交付金	2,511,858	4.5	2,511,858	9.4
ゴルフ場利用税交付金	-	-	-	-
特別地方消費税交付金	-	-	-	-
自動車取得税交付金	137,126	0.2	137,126	0.5
軽油引取税交付金	-	-	-	-
地方特例交付金	132,529	0.2	132,529	0.5
地方交付税	4,264,285	7.6	4,132,808	15.4
内　普通交付税	4,132,808	7.4	⑦4,132,808	15.4
特別交付税	131,295	0.2		
訳　震災復興特別交付税	182	0.0		
（一般財源計）	28,536,866	51.0	26,642,981	99.5
交通安全対策特別交付金	14,157	0.0	14,157	0.1
分担金・負担金	356,358	0.6		
使用料	693,596	1.2	103,146	0.4
手数料	556,825	1.0		
国庫支出金	10,296,678	18.4		
国有提供交付金	-	-		
（特別区財政交付金）				
都道府県支出金	8,154,044	14.6		
財産収入	96,828	0.2	2,421	0.0
寄附金	79,544	0.1		
繰入金	1,776,705	3.2		
繰越金	1,336,062	2.4		
諸収入	415,313	0.7	4,861	0.0
地方債	3,690,306	6.6		
うち減収補填債（特例分）	-	-		
うち臨時財政対策債	2,361,006	4.2		
歳入合計	①56,003,282	100.0	④26,767,566	100.0

市町村税の状況（単位：千円・%）

区分	収入済額	構成比	超過課税分
普通税	19,203,392	91.6	85,941
法定普通税	19,203,392	91.6	85,941
市町村民税	⑨10,398,935	49.6	85,941
内　個人均等割	⑫⑭259,232	1.2	-
所得割	⑮9,214,559	44.0	-
法人均等割	⑬⑯295,105	1.4	-
訳　法人税割	⑰630,039	3.0	85,941
固定資産税	⑩7,999,659	38.2	-
うち純固定資産税	7,264,531	34.6	-
軽自動車税	136,037	0.6	-
市町村たばこ税	668,761	3.2	-
鉱産税	-	-	-
特別土地保有税	-	-	-
法定外普通税	-	-	-
目的税	1,762,408	8.4	-
法定目的税	1,762,408	8.4	-
内　入湯税	-	-	-
事業所税	-	-	-
訳　都市計画税	1,762,408	8.4	-
水利地益税等	-	-	-
法定外目的税	-	-	-
旧法による税	-	-	-
合計	20,965,800	100.0	85,941

経常経費充当一般財源等計　27,118,513 千円

経常収支比率　93.1 %（101.3 %）（減収補填債（特例分）及び臨時財政対策債除く）

歳入一般財源等　②33,524,369 千円

出所：東京都東村山市「決算カード」2018年度より作成

第13講　自治体が自ら集める地方税（市町村税）

　図表12−1に、引き続き数字を埋めていきます。数字を埋めながら、ここでは、地方税の理解を深めていきましょう。第12講で確認したように、東京都東村山市の「経常一般財源等」は約268億円（④）でした。経常一般財源等は図表12−1のように、主に⑥地方税、⑦普通交付税で構成されます。⑥と⑦については、決算カードの「歳入の状況」から「経常一般財源等」の欄にある金額を書きこんでください。東村山市は、地方税（経常一般財源等）が約192億円（⑥）、普通交付税が約41億円（⑦）です。また、経常一般財源等の中には地方譲与税や地方消費税交付金といったものもあります。ここでは、金額としては小さいので⑧「その他の経常一般財源等」としてひとまとめにしています。⑧＝④−（⑥＋⑦）で算出してください。

地方税とは

　歳入のうち、みなさんが最もなじみのあるものは、市町村税といわれる地方税でしょう。自治体が自ら徴収している財源です。この地方税の割合が高い自治体ほど財政基盤が安定した自治体といわれています。第10講で作成した「分析表2」から地方税の経年的な推移（地方税はいつから伸びているのか、あるいは落ち込んでいるのか）を確認してください（図表13−2参照）。

地方税の内訳は——「普通税」と「目的税」

　さらに地方税の内訳は、「普通税」と「目的税」に分かれます。使途を特定しないのが「普通税」で、ある政策の目的で徴収さ

れるのが「目的税」となります。目的税には都市部で主に徴収されている都市計画税などがあげられます。ただし、普通税に対して、比率は多くはありません（図表12−1の下参照）。⑥で記入した地方税は決算カードの「市町村税の状況」にある「普通税」とほぼ同額となります。

市町村民税と固定資産税

　普通税には、大きく分けて二つあります。市町村民税（「個人分」と「法人分」）、それと「固定資産税」です。市町村民税の「個人分」は住民自ら払うもので、「法人分」は会社など事業所が支払っているものです。「固定資産税」は土地や家屋などの資産に課税されるものです。⑨の市町村民税は、決算カードの「市町村税の状況」にある「市町村民税」の「収入済額」です。同様に⑩「固定資産税」を書きこんでください。⑨と⑩以外が⑪の「その他の普通税」です（⑪＝⑥−（⑨＋⑩））。さらに市町村民税には「個人分」と「法人分」の割合がどれだけあるでしょうか。まず、決算カードの「市町村税の状況」にある⑭「個人均等割」と⑮「所得割」の数字を図表12−1（分析表3）に書きこんでください。この二つの合計が⑫「個人市町村民税（個人分）」となります。同様に、⑯「法人均等割」と⑰「法人税割」を書き込み、その合計が⑬「法人市町村民税（法人分）」となります（自治体独自の決算カードによっては、⑭〜⑰のように細かく分けていない場合があります）。

いよいよ「分析表3、4」を書き込む

　全国市町村の市町村税の内訳は図表13

−1になります。わがまちはどのような割合でしょうか。例えば、東京都東村山市（2018年）は市町村税のうち個人分49.5%、法人分4.7%、固定資産税41.7%となり、全国（**図表13−1**）と比較して、法人市民税が少なく、個人市民税の割合が高いことがわかります。

　次に「分析表3、4」をつくれば、「分析表2」でみた地方税の伸び（あるいは落ち込み）の原因は何かをつきとめることができます。例えば、不況のためわがまちにある事業所の業績が不振で法人市民税が落ち込んでいる、人口増で個人市町村民税が増えている、地価の評価額が上がって固定資産税が増えている…といったことがわかります。

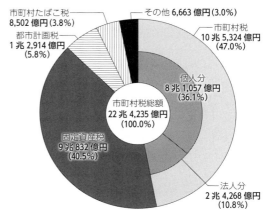

図表13−1　市町村税収入額の状況

市町村たばこ税
8,502億円（3.8%）

都市計画税
1兆2,914億円
（5.8%）

その他 6,663億円（3.0%）

市町村税
10兆5,324億円
（47.0%）

個人分
8兆1,057億円
（36.1%）

市町村税総額
22兆4,235億円
（100.0%）

固定資産税
9兆832億円
（40.5%）

法人分
2兆4,268億円
（10.8%）

出所：「令和2年版地方財政白書」、46ページ

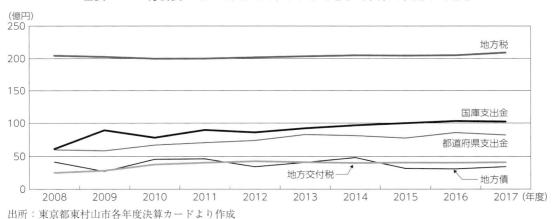

図表13−2　分析表2をつくればこのグラフができる（東村山市歳入の内訳）

（億円）

地方税
国庫支出金
都道府県支出金
地方交付税
地方債

2008 2009 2010 2011 2012 2013 2014 2015 2016 2017（年度）

出所：東京都東村山市各年度決算カードより作成

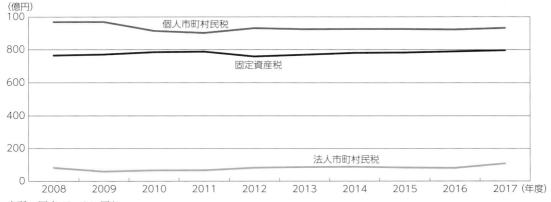

図表13−3　分析表3、4をつくればこのグラフができる（東村山市地方税の内訳）

（億円）

個人市町村民税
固定資産税
法人市町村民税

2008 2009 2010 2011 2012 2013 2014 2015 2016 2017（年度）

出所：図表13−2に同じ

基礎編

第14講　地方交付税のしくみを知る

「財源調整機能」と「財源保障機能」

　地方税のところで確認しましたが、自治体によって地方税収入の比率はまちまちです。例えば、地方税収入が乏しい過疎地域などは、地方税収入だけで行政サービスを行うことは難しいです。そこで、「どの地域においても一定の行政サービスを提供できるよう財源を保障する」ことが必要です。それが地方交付税です。この地方交付税の役割には、自治体ごとの財政力の格差を解消するため、自治体間の過不足を調整する「財源調整機能」とナショナルミニマムを保障するという「財源保障機能」の二つの機能があります。

　図表14−1は自治体の規模別の歳入状況を示したものです。地方税の割合はそれぞれの自治体ごとに差はありますが、地方交付税が加わることで、歳入総額の一般財源の差は一定程度縮小されます。

国庫支出金との違い

　地方交付税の原資は、国税である所得税、法人税、酒税、消費税の一定割合および地方法人税の全額とされています。国税から地方にまわるおカネといえばその通りなのですが、第16講の国庫支出金との違いは、自治体自らの裁量で自由に使える一般財源であることです。考え方として、本来地方の税収入とすべきものを、自治体間の財源の不均衡を調整し、すべての自治体が一定の水準を維持しうるよう財源を保障する性格から、「国が地方に代わって徴収する地方税」（地方の固有財源）とされています。

　決算カードの「歳入の状況」に地方交付税の欄があります。「普通交付税」と「特別交付税」に分かれています。特別交付税は、災害等特別の事情に応じて交付されます。地方交付税総額の94％が普通交付税、6％が特別交付税とされています。

わたしたちのまちの地方交付税額は

　わがまちに普通地方交付税はどれだけ交付されるか、決算カードで「基準財政需要額」と「基準財政収入額」を探せば、簡単に計算できます。基本的基準財政需要額−基準財政収入額が普通交付税交付額になります。どういうことかといいますと、「その自治体の標準的な行政需要（基準財政需要額）」を行うにあたって、それに充てる「地方税など法定普通税の一定割合（基準財政収入額）」をみます。それで足りない場合は、地方交付税で保障しようということです。

①「基準財政需要額」

　イメージが沸きづらいでしょうが、「基準財政需要額」とは、122ぎーの図表48−5のように「消防費」「道路橋りょう費」…と各行政項目ごとに算定し、積み上げて算出されます。

②「基準財政収入額」

　基準財政収入額も、煩雑ですが、39ぎー（74ぎーも参照）のように自治体の標準的な収入である法定普通税（市町村だと市町村民税や固定資産税）のうち100分の75などを対象とする額です。

交付税算定の変化

　最近は、「三位一体の改革」や新型交付税（「包括算定経費（新型）」）、トップランナー方式など地方交付税制度の「改革」が

進められてきました。くわしくは118ページの　　　第48講で取り上げます。

図表14-1　歳入総額に占める地方税・地方交付税の自治体規模別状況

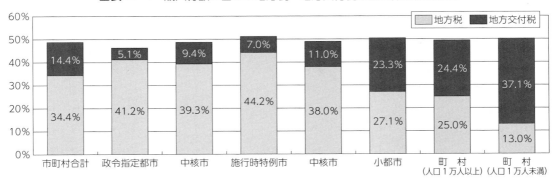

出所：令和2年版地方財政白書 第114図 団体規模別歳入決算の状況（人口1人当たり額及び構成比）

図表14—2　地方交付税とは

1　地方交付税の種類

(1)　普通交付税　　・財源不足団体に対し交付

　　　　　　　　　　・交付税総額の94％

(2)　特別交付税　　・普通交付税で補捉されない特別の財政需要に対し交付

　　　　　　　　　　・交付税総額の6％

2　各自治体ごとの普通交付税額は次の算式で計算

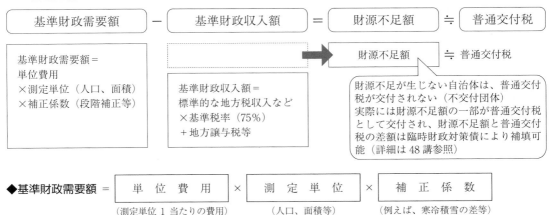

◆基準財政需要額 ＝ | 単　位　費　用 | × | 測　定　単　位 | × | 補　正　係　数 |
（測定単位1当たりの費用）　　　　（人口、面積等）　　　　（例えば、寒冷積雪の差等）

　基準財政需要額がどのように各行政項目ごとに算定し、どう積み上げるかは、第48講参照

◆基準財政収入額 ＝ 標準的な地方税収入など(A) × 75％ ＋ 地方譲与税等(B)

(A)　標準的な地方税収入など

　→法定普通税のすべて（市町村民税、固定資産税、軽自動車税、たばこ税（除たばこ交付金）、鉱産税）、税交付金（利子割交付金、配当割交付金、株式等譲渡所得割交付金、地方消費税交付金、ゴルフ場利用税交付金、自動車取得税交付金）、その他（市町村交付金、地方特例交付金）

(B)　地方譲与税等

　→税源移譲相当額（個人住民税）、地方譲与税、交通安全対策特別交付金

第15講　財政力指数とは

第14講で学習した基準財政需要額と基準財政収入額に関連して、財政力指数という財政指標があります。基準財政収入額を基準財政需要額で除して得た数値の過去3年間の平均値が財政力指数になります。これは、自治体の標準的な運営をするための必要経費に対して、わがまちで徴収する標準的な一般財源等がどのくらいの余裕を持っているのかを示す値です。

単年度の財政力指数が1をこえる自治体は、基準財政収入額が基準財政需要額を上回る分だけ、標準的な行政サービスを超えた自治体運営ができるとみなされ、普通交付税が不交付となります。そうした自治体を不交付団体と呼びます。一方で、単年度の財政力指数が1を下回る自治体は、基準財政収入額が基準財政需要額を下回る分だけ、標準的な行政サービスをするために財源が足りないとみなされ、普通交付税が交付されます。決算カードにもありますので、あなたのまちの財政力指数はどれぐらいか確認してください。

表とグラフを作成する

今回は、巻末の「分析表8」にある「基準財政収入額」「基準財政需要額」「財政力指数」「普通地方交付税交付額」の数字を書き込んで完成させてください。

「分析表8」を完成したら、図表15-1、15-2のようなグラフを作成してください。グラフを見るポイントは以下の4つです。①先に書いた「分析表2」の表で「歳入総額」の伸びを確認しつつ、地方交付税の伸び（あるいは落ち込み）を確認する。②特に地方交付税はいつがピークなのか。ピーク時と直近の交付税額を対比してみる。③ピーク時より落ち込んでいる要因は何か、「基準財政収入額」と「基準財政需要額」の推移を目配りする。④「財政力指数」の推移はどうか。財政力指数の動向の要因は何か、「基準財政収入額」と「基準財政需要額」の両方の推移を目配りする。

「基準財政収入額」と「基準財政需要額」の推移

一般的には、80年代から90年代後半頃まで基準財政需要額・基準財政収入額ともに順調に伸びていました。しかし、90年代後半から、基準財政収入額が落ち込みます。基準財政収入額を構成しているのは、大部分が地方税です。そのため、不況の結果、税収が落ち込むと、基準財政収入額も減少します。結果として、基準財政需要額と基準財政収入額の差が広がるため、普通交付税の交付額は増えることになります。ところが、2000年度をピークに基準財政需要額も落ち込みます。その落ち込みは基準財政収入額の落ち込み以上でした。そのため、地方交付税も減少してきました。これが、第48講でふれる「地方交付税」の削減も掲げた「三位一体の改革」や新型交付税（具体的には基準財政需要額算定の改革）の導入の結果です。

トップランナー方式の始まり

地方交付税は、「財源調整機能」と「財源保障機能」という自治体運営においてとても重要な役割を担っております。しかし、近年はインセンティブ算定などによって、その本来的役割が歪められつつありま

す。その一例が16年度から始まったトップ
ランナー方式による普通交付税の算定です。
トップランナー方式とは、基準財政需要額
算定での「単位費用」において、民間委託
や指定管理者制度の導入によって効率化が
進んだ自治体の経費水準を反映させる制度
のことです。地方交付税は、地方交付税法
によって標準的条件を持った地方団体の運
営経費を基準としていました。一方でトッ

プランナー方式では、より効率的な自治体
運営をしている自治体を基準とする制度で
す。そのため、地方交付税法に基づく本来
のあり方とはズレが生じています。この背
景として、効率的な財政運営をすることを
前提とし交付税額を算定することによって、
各自治体にさらなる民間委託や指定管理者
制度の導入を進め、今以上の人件費の削減
を誘導しているように感じられます。

図表 15‐1　東京都東村山市の「基準財政需要額」「基準財政収入額」の推移

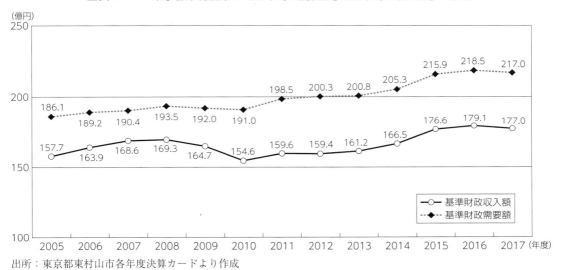

出所：東京都東村山市各年度決算カードより作成

図表 15‐2　東京都東村山市の「財政力指数」（単年度と3ヵ年平均比率）

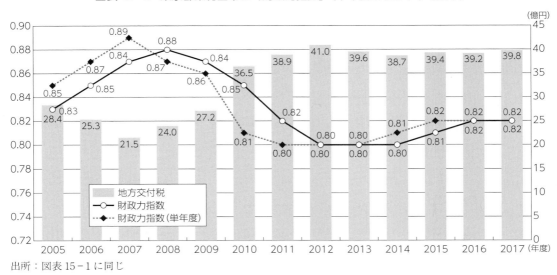

出所：図表 15‐1 に同じ

基礎編

第 16 講　国庫支出金の中身を探る

国からの補助金

国庫支出金とは、一般的に「国から地方（自治体）への補助金」として理解されています。しかし、一括りに「補助金」といわれている国庫支出金も主に三つに分かれます。「国庫負担金」「国庫補助金」「国庫委託金」です。

(1)　**国庫負担金**：「国庫負担金」とは児童手当や生活保護などナショナルミニマムを達成するために国と自治体がお互いに分担し合うものです。例えば、予算書などで確認して欲しいのですが、児童手当だと国が80％、都道府県で10％、市で10％負担します。

(2)　**国庫補助金**：「国庫補助金」とは国が自治体に対して、ダムや道路建設といった特定の事業を奨励するために支出されるものです。マスコミ等で批判されている「補助金」のイメージはこれではないでしょうか。

(3)　**国庫委託金**：「国庫委託金」は国がやるべき仕事を便宜上、自治体に委託する事務に交付されるものです。国政選挙の事務、国勢調査などが主なものです。

「三位一体の改革」では、国の統制の強い国庫支出金を削減し、地方税を拡充する話でしたが、実際にはその国庫支出金のうち、義務教育費国庫負担金など自治体の裁量が小さく、ナショナルミニマムを保障するための国庫負担金が削減されました。

予算書で「国庫支出金」を確認する

しかし、「国庫支出金」の内訳は「決算カード」からはわかりません。そこで予算書を開いてみます。歳入の部分から「（款14）国庫支出金」というページを開いてください。そこからさらに「国庫負担金」「国庫補助金」「国庫委託金」にはどのようなものがあるか、確認してください。

都道府県支出金もほぼ同じ仕組みです。

国庫支出金のチェックポイント

国庫支出金を分析する視点としては、
(1)04年度から06年度の「三位一体の改革」までに国庫負担金や国庫補助金がどこまで削減されてきたか。その影響は何か。

補助金削減の影響についてていねいな資料をつくっている自治体もありますので、そういった資料も読みこなしてください。
(2)国庫補助金は普通建設事業の財源となります。そのため、国庫支出金が年度ごとに乱高下する場合は、国庫補助金の動向が影響していると思われます。第45講でふれますが、普通建設事業を行う際の財源として、この国庫補助金（あるいは都道府県補助金）と地方債、一般財源それぞれの割合はどれぐらいか、過去の予算書や事務事業報告書などで確認してください。

国庫支出金……使途を特定化（特定財源）して、一定の補助率で市町村に交付される。
・**国庫負担金**…国と地方自治体が共同責任をもつ事務事業に対して経費負担区分を定めて義務的に負担する補助金（生活保護負担金、私立保育園運営費負担金、障害者自立支援給付費負担金、児童手当国庫負担金など）。
・**国庫補助金**…国が地方自治体に特定の事務事業を奨励するための奨励的補助金（社会資本整備総合交付金、障害者地域生活支援事業費補助金など）。
・**国庫委託金**…本来国の事務であるが便宜上、市町村に委託する場合に交付される（国会議員選挙執行委託費、統計調査事務地方公共団体委託費、国民年金事務費委託金など）。

第17講　なぜ借金をするの（地方債）

借金も収入？

地方債とは、簡単に言えば、自治体の借金です。自治体財政では、借金も財源とされます。まず、その点が私たちの生活感覚からはなじみにくいことだと思います。

本来、自治体の借金＝赤字ではない

ただし、地方債は自治体財政が赤字のために起債（借金をすること）するのではありません。そのことを初めに理解してください。地方債は、自治体が施設や道路などの建設のための財源として調達されるものです。家庭でいえば、住宅ローンのようなものです。自治体が赤字になったから起債をすることは原則的にはできません。

もう一つ、なぜ、建設事業のために起債をするのかということです。私たちの生活感覚からすれば、なるべく借金に頼らないようにすべきではないかと思います。確かにその通りなのですが、例えば、学校などは、現在の世代だけでなく、将来の世代も使うことになります。そう考えると、学校を建設する財政負担は、現在の世代だけに課すことは不公平になります。そのため、将来の世代も含めて、平等に負担していくために起債をし、20年、30年と返していくという考えになります。

実際の地方債のなかみは

実際、私たちのまちではどのようなものが起債されているのでしょうか。予算書を見てください。図表17−2のように予算書の「歳入」に「市（町村）債」という項目があります。そこでどのような事業に起債

されるのかがわかります。

「赤字地方債」？

さきほど自治体は、本来、赤字になったから起債するのではないといいました。原則は変わりないのですが、決算カードには「減収補てん債」や「臨時財政対策債」というものがあります。これらは、事業のために借金をするのではなく、減税など国の政策の影響から自治体に本来入るべきだった地方税（住民税）や国の財政対策のため普通交付税の一定額が入ってこなくなったため、その代わりにそれぞれの自治体でその不足分の範囲で起債することが許された借金です。これらをまとめて「赤字地方債」という呼び方をします。

決算カードでみる「借金」

自治体の「借金」を見る指標は
①借金をする（歳入の「地方債」発行高）
②借金を返す（歳出の「公債費」）
③借金の累積（「地方債現在高」）
の三つです。今年、事業を行うために起債した結果を示すのが、①の「地方債」で、過去の累積結果が③の地方債現在高となります。そして、過去の借金を今年どれだけ返すのかが②の公債費となります。当然、過度の地方債の乱発（事業の乱発）は、地方債現在高を積み上げ、毎年の歳出における借金の返済（公債費）割合を高め、財政運営が厳しくなっていく結果になります。

自治体が起債すること自体は、悪いことではありません。現在から将来までの負担が身の丈を超えたものになっていないかが、分析の判断基準となります。

基礎編

図表 17−1　決算カードでみる「借金」

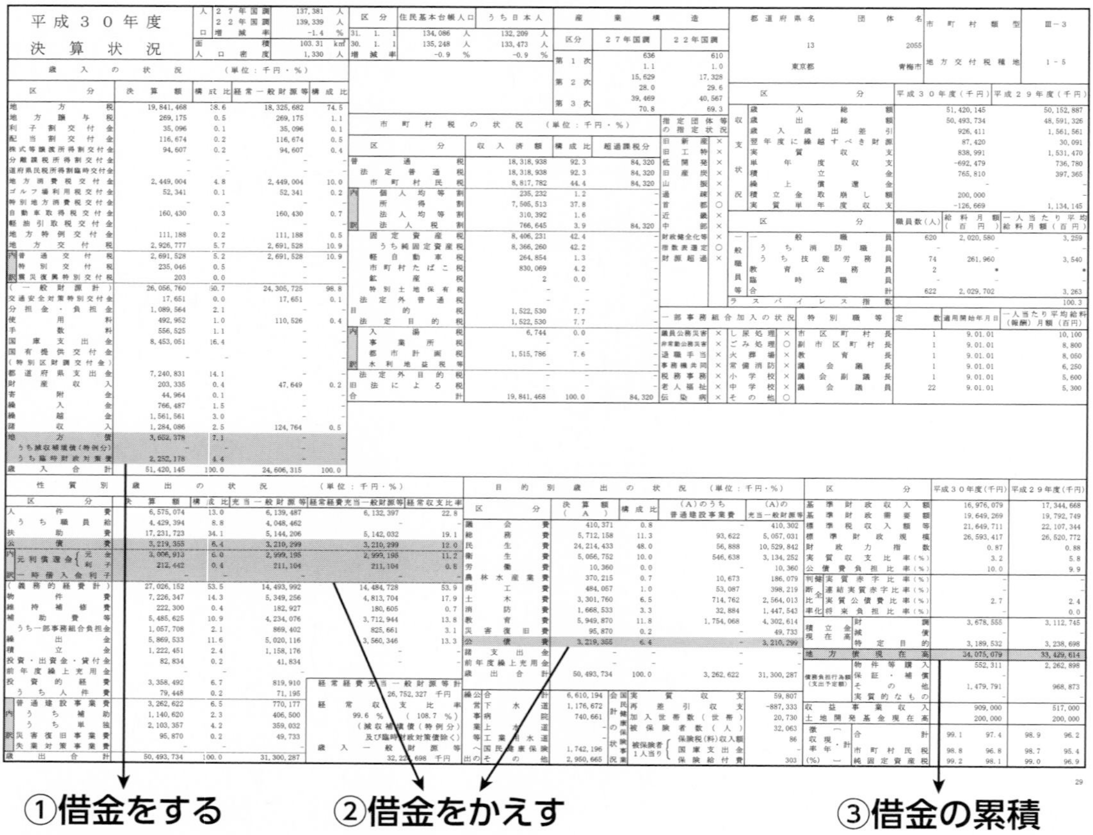

（平成３０年度 決算状況 — 東京都青梅市「決算カード」2018 年度より作成）

①借金をする　　②借金をかえす　　③借金の累積

出所：東京都青梅市「決算カード」2018 年度より作成

図表 17−2　予算書でみる地方債（東京都青梅市）

（単位　千円）

款	項	目	本 年 度	前 年 度	比 較	節 区 分	金 額	説　　明	
20	6							掌理団体負担金（社会教育課）	234
								子ども発掘体験塾共同開催事業負担金（文化課）	168
								美術館コンサート入場料（文化課）	40
								農業者年金業務委託料（農業委員会事務局）	122
21	市	債	3,664,000	2,556,900	1,107,100				
	1 市	債	3,664,000	2,556,900	1,107,100				
		1 総 務 債	16,800	14,400	2,400	1 総 務 債	16,800	市民センター施設整備事業債（財政課）	16,800
		2 衛 生 債	332,700	82,900	249,800	1 清 掃 債	332,700	し尿処理施設整備事業債（財政課）	332,700
		3 土 木 債	120,900	264,600	△143,700	1 道路橋りょう整備債	27,800	幹線道路改修事業債（財政課）	27,800
						2 都市計画事業債	42,400	青梅の森整備事業債（財政課）	42,400
						3 住 宅 債	50,700	千ヶ瀬第3住宅改修事業債（財政課）	50,700
		4 教 育 債	1,001,600	196,100	805,500	1 小 学 校 債	56,400	小学校便所改修事業債（財政課）	56,400
						2 中 学 校 債	51,500	中学校便所改修事業債（財政課）	51,500
						3 社会教育債	893,700	新生涯学習施設建設事業債（財政課）	893,700
		5 臨時財政対策債	2,192,000	1,984,600	207,400	1 臨時財政対策債	2,192,000	臨時財政対策債（財政課）	2,192,000
		○ 民 生 債	0	14,300	△14,300				
		歳 入 合 計	50,200,000	48,500,000	1,700,000				

出所：東京都青梅市「平成 30 年度一般会計予算に関する説明書」、57・58ページ。

第18講　使用料と手数料はどれくらい？

最も住民に身近な歳入

市町村の「使用料」や「手数料」は家計に直結することと、住民負担を実感することから、住民にとって身近な歳入です。「財政危機」「受益者負担」を理由にこういった「使用料」「手数料」の値上げが地方政治の争点になっていることもあります。

手数料・使用料の変化は

これまで全国の自治体で公共施設利用の有料化や値上げが進められてきました。例えば、東京都国分寺市では、1980年代から2000年代初頭にかけて、「使用料」「手数料」はそれぞれ5倍伸びてきました。

特に有料化が進められているのが公民館や生涯学習センターといった社会教育施設です。有料化の背景にあるのが市場原理による「受益者負担論」です。市場原理の場合、サービスに価格がつけられ、価格にあるお金を支払うことでサービスを請求する権利を有し、それを享受することになります。しかし、財政の場合、納税の有無にかかわらず、国民全員に初めから、必要なサービスを受ける権利があるわけです。また、公共サービスは、納税額（負担）に応じて分配されるのではなく、国や自治体が持つ社会システムを維持するために配分されます。だから、その施設を利用するからといって負担を増やすのは本来の公共サービスのあり方からズレが生じます。

また、自治体歳入の全体の中で、使用料・手数料の占める割合は、全国的にもわずか2.3%にしかすぎません［『令和元年度（平成28年度決算）地方財政白書』第10表歳入決算額の状況］。つまり、使用料・手数料を支払う私たち市民一人ひとりにとっては、負担感が多くなっているのに対し、自治体財政全体の寄与度は高くありません。そのため、受益者負担による収入増が、それを導入するコストや住民との合意形成にかかる労力に見合ったものになるのかは検討していく必要があります。

ただし一方で、既存の財政制度のなかでは、人口減少に伴い収入が減少すること、公共施設の更新による歳出が控えていることは事実です。そのため、公共施設のあり方やその施設が保障する公共サービスのあり方、さらには公共サービスを保障する我がまちの自治体のあり方が問われているわけです。

だからこそ、公共施設をどう維持するのか、は住民と行政が丁寧に議論を積み重ねていくことが必要です。

使用料・手数料を調べる

使用料と手数料の違いは何でしょうか。使用料とは市立保育園や公営住宅など自治体が設置・管理する公の施設の利用に係る収入です。手数料とは、特定の人が利益を受けたり、許可、検査、試験、登録などが伴うものも含まれ、住民票発行手数料や建築物確認申請手数料など、そしてゴミ袋有料化をされた場合のゴミ処理手数料（指定袋売上げ分など）などの収入です。実際に、わたしたちのまちの使用料・手数料はどのようなものがあるか、予算書を見てみましょう。

第19講　歳入全体からまちの地域特性がみえる

　ここでは、自治体の歳入を一通り学んだ時点で、理解できること、調べておきたいことを紹介します。

　「分析表2」の表を作成しますと、**図表19－1**のようなグラフが容易に作成できます。そして、第10講で示したポイントを一つひとつ検討してください。さらに理解を深めるために、類似団体や近隣都市と比較して、歳入の各科目の構成比の特徴を確認しましょう。まずは、直近の年など単年度で比較してください。歳入は地域特性の反映であることが実感できます。

財政基盤はどうか（一般財源から）

(1)　地方税について

　私たちのまちは類似団体と比べて地方税の構成比はどのくらいでしょうか。

　また、財政力指数や近年の地方税の伸び

にも注目し比較してください。

(2)　地方交付税について

　地方交付税の伸びはどうでしょうか。地方税収の少ない自治体は、地方交付税の割合は高くなります。そのことで、自治体の財源保障・財政調整の機能を負っていることが理解できると思います。

大型事業はいつ、どのくらい

　大規模事業を行っている年は地方債・国庫支出金の割合が例年より高くなります。もっとも、国庫支出金が他市より高いのは、大型事業を行ったからではなくて、生活保護率などが高い場合も考えられます（国庫補助金というより、国庫負担金が高い）。そういった自治体の社会構造が財政に反映していることも理解してください。

図表 19－1　東京都国分寺市の歳入の経年的推移

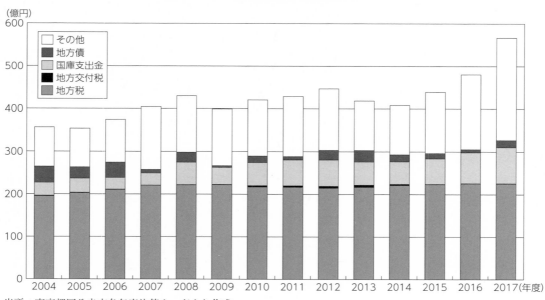

出所：東京都国分寺市各年度決算カードより作成

どこにおカネを使っているの？
（歳出のしくみ）

第20講　目的別と性質別という分け方

財政分析の醍醐味

「歳入」の次は「歳出」に入ります。現行の財政制度では「歳出」こそ、首長の政治姿勢が見えやすく、政策的動向を確認できる重要な分野です。

「目的別歳出」と「性質別歳出」

まずは「歳出」の大きなしくみをおさえましょう。決算カードを見てください。「歳出」は2通りの見方があります。「目的別歳出」と「性質別歳出」です。「目的別歳出」は「行政分野別」に分けており、「性質別歳出」は「人件費」や「公債費」といった経費の面から分けているものです。自治体の仕事は下の図のように「議会」や「民生（福祉）」、「土木」といった仕事があります。その仕事ごとに「議会事務局」「福祉部」「土木部」などのセクションが役所にはあります。その行政分野ごとに歳出を分けたのが「目的別歳出」です。一方、「福祉部」の中で職員の給料や物品購入、ときには施設をつくることがあります。各部で使った経費を横断的に分けたのが「性質別歳出」と考えてください。

目的別歳出の経年的動向は

「目的別歳出」は経費を「行政目的」に応じて区分されているので個々の行政サービスの水準や行政上の特色を分析するのに便利です。

一般的には「民生費」「土木費」「教育費」が三大経費と言われていました。近年は高齢化の影響で民生費の増加傾向が目立ちます。その反面、バブル期に上位を占めていた「土木費」が減少し、この「土木費」と「総務費」「衛生費」「教育費」が拮抗しています。バブルが崩壊した90年代中頃から「公債費」が増加している自治体が多いのも気になるところです。

実際にわがまちではどうなのか、巻末の「分析表5」を作成して明らかにしてください。

図表20-1　市町村の仕事の種類

種　類	主な内容
議　　　会	議会運営、議員活動
総　　　務	徴税、財務管理、住民基本台帳、選挙、統計調査
民　　　生	高齢者福祉、障害者福祉、児童福祉、生活保護、国民年金
衛　　　生	清掃、保健衛生、公立病院、水道
労　　　働	勤労市民共済金、失業対策
農林水産業	農業改良普及、農業基盤整備
商　　　工	中小企業育成、商店街活性化、観光
土　　　木	道路橋りょう・街路・公園整備・管理、区画整理、住宅
消　　　防	消防団費、防火施設費
教　　　育	学校、社会教育、保健体育、教育委員会
災 害 復 旧	公共土木施設や農林水産業施設などの災害復旧

第21講　目的別歳出を経年的にみる

グラフをつくることで

さっそく、「分析表5」を作成しましたか。分析表5をもとにグラフを作ると**図表21-1**のようなグラフができると思います。

図表21-1のグラフは東京都小金井市の目的別歳出の推移を表したグラフです。小金井市の目的別歳出の1989年からの経年的変化から、最大費目である民生費はほぼ増加傾向にあること、特に2008〜10年で増加の伸びが大きく、近年では歳出総額の4割以上を占めていることが見て取れます。また、教育費はほぼ横ばいだが、年度によって急激に増加していることがあることがわかります。単年度で増えた場合は、教育施設の建替など投資的な事業によることが多いです。なぜ増えたかはその年の決算書をみたり、後述する性質別歳出の状況を見れ

ばその背景がわかってきます。さらに土木費に着目すると、90年代前半で歳出に占める割合が多かったが近年では減額傾向にあることがわかります。

小金井市の分析から分かるように、①土木費・民生費などで見られる長期的な動向は何か、②教育費に見られる、短期的な（単年度の）特徴は何かなどを複眼的に見ることが必要です。その際にみる必要があるのが性質別歳出の動向です。性質別歳出は第23講で紹介します。

また今回は平成以後の財政状況を経年的に見ましたが、例えば、バブル前（82年〜85年）、バブル期（86年〜92年）、バブル後（93年から03年）の3区分に分けたり、歴代首長の任期で分け分析するなど動向が把握しやすいように工夫するケースもあります。

基礎編

図表 21-1　東京都小金井市の目的別歳出の推移

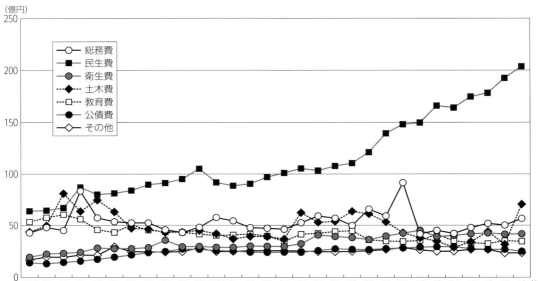

出所：東京都小金井市各年度決算カードより作成

第22講　「充当一般財源等」という考え方

一般財源に注目を

　自治体財政の歳出を見るもう一つのポイントは、決算額だけでなく、充当一般財源等に注目することです。そのことで自治体の施策の特徴をより詳しく見ることができます。

「充当一般財源等」とは

　決算カードの目的別歳出を見てください。「目的別歳出の状況」では、「決算額」とは別に右端に「充当一般財源等」という項目があり、科目（款）ごとにその「充当一般財源等」の数字があります。歳入の項目で「一般財源」「特定財源」を学習しました。一般財源とは「使い道が特定されず、自治体の裁量で使える財源」で具体的には地方税や普通地方交付税などです。この「充当一般財源等」とは、目的別歳出の科目ごとに「一般財源等」がどれだけ充てられているのか（配分されているのか）を示しています。

自治体は一般財源を気にする

　一般財源が自治体の裁量で使える財源だからこそ、自治体は、この一般財源がどのくらいあるのか、どこに配分すべきなのかを気にするのです。そのため、私たち市民も一般財源に注目することで、自治体がそれぞれの科目（行政分野）のどこに力を入れているか、その傾向をつかむ必要があります。歳出こそ首長の政治姿勢がみえやすい分野と第20講で述べました。その具体的な方法の一つが「充当一般財源等」の検討です。

「分析表6」を記入する

　第21講の「分析表5」と同様に、「分析表6」の表を作成します。その上で、科目や年度ごとに「決算額」と「充当一般財源等」を比較しましょう。

充当一般財源等を見るポイント

　図表22−2のグラフは埼玉県秩父市の民生費決算額と歳出総額に占める割合・充当一般財源等の推移です。目的別歳出の科目ごとに「決算額」と「充当一般財源等」を経年ごとに並べて分析しています。決算額は充当一般財源等と特定財源をあわせたものです。歳出の経年グラフを作成した際に、次のことをチェックしてください。

① **ある年度で決算額が増加し、充当一般財源等が例年並みの場合**　この場合、特定財源のみが増加しています。この傾向は民生費に良く見られます。民生費の増加は、生活保護事業や児童手当などの給付金の増加が背景にあります。これらは国や都道府県が一定の経費負担をする事業であり、その財源の多くは国庫支出金や都道府県支出金といった特定財源として各市町村に入ってきます。民生費が市町村財政を圧迫しているとよくいわれますが、自治体の自由裁量で使える一般財源等に着目すると決してそうではないことがわかります。

② **ある年度で決算額も充当一般財源等も急増した場合**　市の独自事業が始まったり、そのサービス量を増加させたことが考えられます。民生費の充当一般財源等の推移にこそ自治体独自の福祉政策のあり方が現れます。類似団体と比較し、わがまちらしさを

とらえてみてください。

また、その際は第25講で説明するように民生費の「項」にまで着目し、福祉に関して障がい者、子ども、高齢者、貧困など、どの分野にわがまちの福祉政策は力を入れているのかを明らかにしてみましょう。

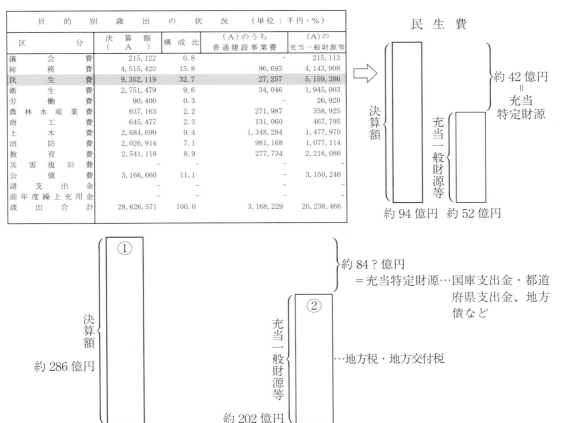

図表 22 - 1　決算カードでみる決算額・充当一般財源等

目 的 別 歳 出 の 状 況 （単位：千円・%）				
区　　　分	決 算 額 （ A ）	構 成 比 （　　　）	（A）のうち 普通建設事業費	（A）の 充当一般財源等
議　　会　　費	215,122	0.8	–	215,113
総　　務　　費	4,515,420	15.8	96,693	4,143,908
民　　生　　費	9,352,119	32.7	27,257	5,159,386
衛　　生　　費	2,751,479	9.6	34,046	1,945,003
労　　働　　費	90,400	0.3	–	26,920
農 林 水 産 業 費	637,163	2.2	271,987	358,925
商　　工　　費	645,477	2.3	131,060	467,795
土　　木　　費	2,684,699	9.4	1,348,284	1,477,970
消　　防　　費	2,026,914	7.1	981,168	1,077,114
教　　育　　費	2,541,118	8.9	277,734	2,216,086
災 害 復 旧 費	–	–	–	–
公　　債　　費	3,166,660	11.1	–	3,150,246
諸　支　出　金	–	–	–	–
前年度繰上充用金	–	–	–	–
歳　出　合　計	28,626,571	100.0	3,168,229	20,238,466

民 生 費

約 42 億円
＝
充当
特定財源

決算額

充当一般財源等

約 94 億円　約 52 億円

① 決算額　約 286 億円

② 充当一般財源等　約 202 億円

約 84 ? 億円
＝充当特定財源…国庫支出金・都道府県支出金、地方債など

…地方税・地方交付税

出所：埼玉県秩父市「決算カード」2018 年度より作成

図表 22 - 2　民生費決算額と歳出総額に占める割合・充当一般財源等の推移

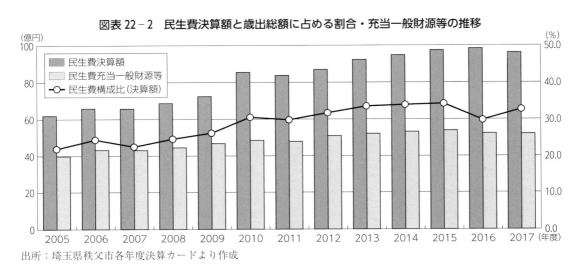

出所：埼玉県秩父市各年度決算カードより作成

第23講　経費の使い道をみる性質別歳出

第20講では目的別歳出と性質別歳出の二つ視点があることを学びました。

ここでは、性質別歳出についてやや詳しく見てみます。

「経常的経費」と「投資的経費」

性質別歳出は「経常的経費」と「投資的経費」に分けられます。「経常的経費」は、文字通り、毎年経常的に支出される経費であるのに対し、「投資的経費」は道路や施設づくりといった自治体のインフラ整備のために使われる経費です。

(1) 経常的経費

さらに経常的経費は「義務的経費」と「その他の経費」に分けられます。

「義務的経費」

決算カードの「性質別歳出」のうち、上段の「人件費」「扶助費」「公債費」が「義務的経費」と呼ばれます。これらは、一言で言えば、「法令の規定で義務づけられている」経費です。一般的な理解では義務的経費の構成比が高いほど財政は硬直していると言われています。この義務的経費を家計でたとえるならば、毎月の家賃、ローン返済、光熱費といった固定費と考えればわかりやすいでしょうか。

「その他の経費」

「その他の経費」に該当するのは、「物件費」「維持補修費」「補助費等」「積立金」「投資・出資金・貸付金」「繰出金」です。このうち、「物件費」は先の「義務的経費」とあわせて「準義務的経費」と呼ぶ場合もあります。「物件費」はイメージしにくいですが、細かい中身を分類すると、賃金（臨時・アルバイト職員の人件費）・旅費・交際費・備品購入費・委託料などがあります。物件費の大半を占める委託料は、自治体の公の施設や公共サービスを民間に委託した場合に支払われる経費です。

(2) 投資的経費

それに対し、投資的経費は53ジーCの部分です。その経費がインフラ整備に向けられます。具体的にはハコモノ建設と言われている建設事業や用地、山林といった不動産取得などを指します。

さらに「普通建設事業費」は「補助」と「単独」に分けられています。

「補助」とは国家的な見地から、国庫から直接・間接の補助を受ける「補助事業」のことを言います。

一方、「単独」は国の補助金を受けない、まさに自治体による「単独事業」のことです。

「投資的経費」のこれまでの動向を見ると、自治体が国の政策に影響を受けてきたことがわかります。戦後、国の景気対策や国土開発政策にしたがい、自治体では補助事業が盛んに展開されました。

しかし、90年代に入ると、国の補助金抑制の流れと「内需拡大」の必要性から「借金をしてその返済分については、国が地方交付税で面倒をみる（交付税措置をする）」として単独事業が国の誘導のもと展開されました。さらに近年の「平成の大合併」では、合併特例債による「ハコモノ」づくりを展開した合併自治体もあります。しかし、近年の多くの自治体では財政危機のもとで、目的別歳出の土木費の動向と同様に、投資的経費は縮減傾向にあります。

図表 23-1　広報と決算カードでみる性質別歳出

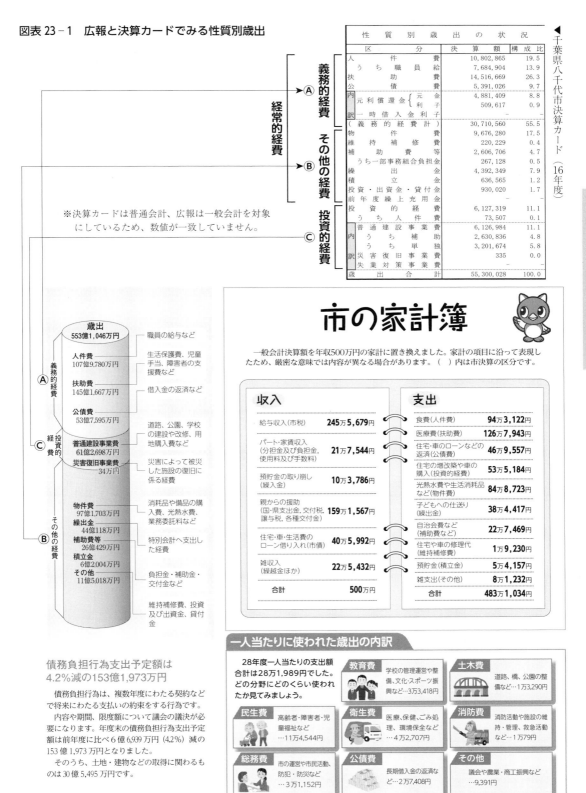

経常的経費

- 義務的経費 → Ⓐ
- その他の経費 → Ⓑ
- 投資的経費 → Ⓒ

※決算カードは普通会計、広報は一般会計を対象にしているため、数値が一致していません。

千葉県八千代市決算カード（16年度）

性　質　別　歳　出　の　状　況		
区　　分	決算額	構成比
人　件　費	10,802,865	19.5
うち職員給	7,684,904	13.9
扶　助　費	14,516,669	26.3
公　債　費	5,391,026	9.7
内訳 元利償還金 元金	4,881,409	8.8
利子	509,617	0.9
一時借入金利子	―	―
（義務的経費計）	30,710,560	55.5
物　件　費	9,676,280	17.5
維持補修費	220,229	0.4
補助費等	2,606,706	4.7
うち一部事務組合負担金	267,128	0.5
繰　出　金	4,392,349	7.9
積　立　金	636,565	1.2
投資・出資金・貸付金	930,020	1.7
前年度繰上充用金	―	―
投資的経費	6,127,319	11.1
うち人件費	73,507	0.1
内訳 普通建設事業費	6,126,984	11.1
うち補助	2,630,836	4.8
うち単独	3,201,674	5.8
災害復旧事業費	335	0.0
失業対策事業費	―	―
歳　出　合　計	55,300,028	100.0

歳出
553億1,046万円

- Ⓐ 義務的経費
  - 人件費 107億9,780万円 ── 職員の給与など
  - 扶助費 145億1,667万円 ── 生活保護費、児童手当、障害者の支援費など
  - 公債費 53億7,595万円 ── 借入金の返済など
- Ⓒ 経常的経費・投資的経費
  - 普通建設事業費 61億2,698万円 ── 道路、公園、学校の建設や改修、用地購入費など
  - 災害復旧事業費 34万円 ── 災害によって被災した施設の復旧に係る経費
- Ⓑ その他の経費
  - 物件費 97億1,703万円 ── 消耗品や備品の購入費、光熱水費、業務委託料など
  - 繰出金 44億118万円 ── 特別会計へ支出した経費
  - 補助費等 26億429万円 ── 負担金・補助金・交付金など
  - 積立金 6億2,004万円
  - その他 11億5,018万円 ── 維持補修費、投資及び出資金、貸付金

市の家計簿

一般会計決算額を年収500万円の家計に置き換えました。家計の項目に沿って表現したため、厳密な意味では内容が異なる場合があります。（　）内は市決算の区分です。

収入

給与収入（市税）	245万5,679円
パート・家賃収入（分担金及び負担金、使用料及び手数料）	21万7,544円
預貯金の取り崩し（繰入金）	10万3,786円
親からの援助（国・県支出金、交付税、譲与税、各種交付金）	159万1,567円
住宅・車・生活費のローン借り入れ（市債）	40万5,992円
雑収入（繰越金ほか）	22万5,432円
合計	500万円

支出

食費（人件費）	94万3,122円
医療費（扶助費）	126万7,943円
住宅・車のローンなどの返済（公債費）	46万9,557円
住宅の増改築や車の購入（投資的経費）	53万5,184円
光熱水費や生活消耗品など（物件費）	84万8,723円
子どもへの仕送り（繰出金）	38万4,417円
自治会費など（補助費など）	22万7,469円
住宅や車の修理代（維持補修費）	1万9,230円
預貯金（積立金）	5万4,157円
雑支出（その他）	8万1,232円
合計	483万1,034円

債務負担行為支出予定額は4.2%減の153億1,973万円

債務負担行為は、複数年度にわたる契約などで将来にわたる支払いの約束をする行為です。

内容や期間、限度額について議会の議決が必要になります。年度末の債務負担行為支出予定額は前年度に比べ6億6,939万円（4.2%）減の153億1,973万円となりました。

そのうち、土地・建物などの取得に関わるものは30億5,495万円です。

一人当たりに使われた歳出の内訳

28年度一人当たりの支出額合計は28万1,989円でした。どの分野にどのくらい使われたか見てみましょう。

- **教育費** 学校の管理運営や整備、文化・スポーツ振興など…3万3,418円
- **土木費** 道路、橋、公園の整備など…1万3,290円
- **民生費** 高齢者・障害者・児童福祉など…11万4,544円
- **衛生費** 医療、保健、ごみ処理、環境保全など…4万2,707円
- **消防費** 消防活動や施設の維持・管理、救急活動など…1万79円
- **総務費** 市の運営や市民活動、防犯・防災など…3万1,152円
- **公債費** 長期借入金の返済など…2万7,408円
- **その他** 議会や農業・商工振興など…9,391円

出所：「広報やちよ」2017年11月1日号、千葉県八千代市「決算カード」2016年度より作成

基礎編

第24講　経年的に性質別歳出をみる

目的別歳出と同様に

第21講で目的別歳出の決算額を、第22講で目的別歳出の充当一般財源等の経年的な分析表とグラフをつくりました。同様に性質別歳出についても巻末の「分析表7」を作成してください。より精緻な分析をするなら、巻末にはありませんが「性質別歳出の『充当一般財源等』の科目順位」を作成するとよいでしょう。

実際にグラフをつくって

第21講では小金井市の目的別歳出のグラフを紹介しました。**図表24−1**では、小金井市の性質別歳出を載せておきます。先の目的別歳出では、特徴として90年代前半で多額の土木費を支出してきたことを指摘しました。性質別歳出でも土木費と同じ傾向が投資的経費にも見られます。

義務的経費と投資的経費の比較でも

性質別歳出については、決算カードにある「人件費」「扶助費」など11ある科目をグラフにすると、煩雑になりますので、**図表24−2**のように、まずは義務的経費（人件費・扶助費・公債費）と投資的経費を比較をして、その後に注目すべき科目を分析する方法もあります。

経年的な傾向は

図表24−2から投資的経費と義務的経費は相関関係を示していることがわかります。つまり、投資的経費のピークがあって、そのピークが過ぎると、義務的経費の比重が高まります。それは、義務的経費の扶助費の増加が大きな要因です。義務的経費を経年的にみるポイントは、次の通りです。

① **投資的経費のピークはバブル期か、バブル後まで引きずってきたのか**　普通建設事業を大規模に展開していた時期が直近であればあるほど、公債費の償還による負担がこれからやってくる可能性があります。自治体の借金について、地方債現在高や将来の償還計画を確認する必要があります。

② **近年の性質別歳出の動向は**　どの自治体も、投資的経費のピークを過ぎると、近年ほど、投資的経費が抑えられ、義務的経費が高くなっているのがわかります。それは、子ども手当の導入（のちに児童手当に一本化）や生活保護受給者の増加などによる扶助費の増加が背景にあります。また、バブル期の行政運営のツケが公債費の増大に、そして高齢化やリーマンショックなどの不況の影響、格差社会の到来が義務的経費全体の伸びの要因になっていると思います。

ここ20年近い期間で見た時、減少傾向にあるのが、正規職員の給与等からなる人件費です。多くの自治体で大体90年代半ばから人件費の減少傾向が続き、ここ数年は減少もしくは横ばい傾向にあります。横ばい傾向にあるのは、これまでの人件費削減を求める自治体施策の在り方が変更したのではなく、人件費の下げ止まりと考えた方がいいと思います。

人件費の減少を補うように増加傾向にあるのが物件費です。これまで多くの自治体は、人件費を削減するため正規職員を減らし、非正規職員の割合を増やしてきました。その結果、物件費に分類される指定管理料や委託料、非正規職員の賃金が増加してい

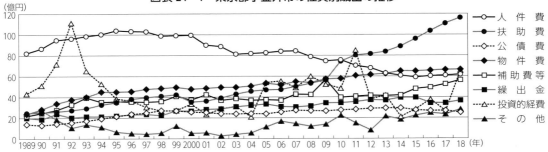

図表 24-1　東京都小金井市の性質別歳出の推移

（億円）

凡例:
- ─○─　人　件　費
- ─●─　扶　助　費
- ─◇─　公　債　費
- ─◆─　物　件　費
- ─□─　補　助　費　等
- ─■─　繰　出　金
- ─△─　投資的経費
- ─▲─　そ　の　他

出所：東京都小金井市各年度決算カードより作成

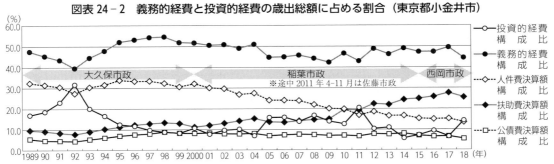

図表 24-2　義務的経費と投資的経費の歳出総額に占める割合（東京都小金井市）

（％）

大久保市政　　稲葉市政　※途中2011年4-11月は佐藤市政　　西岡市政

凡例:
- ─○─　投資的経費構成比
- ─●─　義務的経費構成比
- ─◇─　人件費決算額構成比
- ─◆─　扶助費決算額構成比
- ─□─　公債費決算額構成比

出所：東京都小金井市各年度決算カードより作成

基礎編

きました。しかし、減らした人件費分、そのまま物件費を増額してしまったら、歳出削減が図れません。そのため、物件費の増加以上に人件費が減少してきています。そうしたなかで以前から問題視されているのが、「官製ワーキングプア」と呼ばれるような、非正規職員たちの不安定かつ低賃金という実態です。特に指定管理者が管理の更新をする際、以前の指定管理料から減らした額で更新するケースが多くあります。そうした結果、法定最低賃金並の条件で働かざるを得ない職員も出てきています。

　そうした厳しい条件のなかで、良い仕事ができるわけがありません。もしできていたとしても疲弊していく一方です。公共サービスの質を保っていくためにも、その担い手である職員の給与等を保障し、安心して仕事ができる環境づくりが求められます。

　近年では、2020年度から会計年度任用職員制度が始まりました。職員制度の変更によって人件費や物件費がどのように変わっていくのかを着目する必要があります。

　また物件費について詳細に分析するならば、委託先の情報を調べてみることをお勧めします。例えば、地域づくりに関して「地域内経済循環」という考え方があります。これは、地域にある資源を生かし、それを地域で消費することで、地域外からの資金を含めて地域内でお金を回す仕組みを指します。その視点から物件費を考えるならば、自治体内の事業主に委託をしたり、指定管理者とする必要があります。また、近年では、行政と市民との学習会を積み重ね、公共サービスの担い手となるNPOや市民団体を育て上げ、その団体に委託するケースもあります。このように市民とともに学び、市民が公共サービスの担い手となる準備を進め、そこに正当な価格で委託をしていくことが自治を育む地域づくりとなると思います。

科目ごとに「充当一般財源等」をみる

第22講の目的別歳出で行ったように、決算カードから性質別歳出の科目ごとに充当一般財源等を見てみましょう。決算カードの性質別歳出の箇所には、決算額と充当一般財源等額、経常経費充当一般財源等の額が載っています。経常経費充当一般財源等の額は経常収支比率の算定に用います（詳細は第22講参照）。性質別歳出の分析においても、決算額とともに充当一般財源等を分析する必要があります。

では「義務的経費」から見ていきます。まず「義務的経費」を構成する「人件費」「扶助費」「公債費」の決算額と充当一般財源額等を見比べてみましょう。もっとと差額が大きいのが「扶助費」だと思います。その背景は先に説明した民生費で同様です。例えば、扶助費を構成する一つとして生活保護や子ども手当にかかる扶助は、国と自治体とで費用を負担しています。そしてそれらの国や都道府県負担分は、特定財源である国庫支出金や都道府県負担金として市町村財政に入り、市町村が対象者に支給しています。そのため、決算額と充当一般財源額等の差額が多い、つまり扶助費における充当特定財源の割合が多い傾向があります。充当一般財源の額がその自治体の持ち出しになります。近年、どの自治体でも扶助費額が増加し、その割合も増えていることが指摘されています。しかし、扶助費は充当特定財源の額が多いため、決算額として現れているほどには財政を圧迫しているとはいえません。また、扶助費を削減しようととしても、このような国や都道府県との兼ね合いがあるのでなかなか削減できない構造にあります。

では公債費はどうでしょうか。決算額と充当一般財源等額はほぼ同じになっているはずです。つまり、公債費はほぼ市町村の持ち出しで賄われている、ということです。だから地方債の起債は慎重でなくてはなりません。ただし、公債費はあらかじめ定められている地方債の返済計画との兼ね合いもあって、短期的に削減することはできません。

一般的な理解では義務的経費の構成比が高いほど財政は硬直していると言われています。それ故に、各自治体では義務的経費の削減を進めてきました。しかし、扶助費や公債費を削減することは容易ではありません。そこで着目されたのが人件費でした。人件費も公債費同様決算額のほぼ全てが充当一般財源等であり、市町村の裁量が働きやすい性質があります。そのため正規職員を減らすことで人件費を削減したり、非正規職員の割合を増やすことで人件費から物件費の付け替えをしてきたわけです。

では次に投資的経費を見てみましょう。投資的経費も充当一般財源の割合が少ない科目です。建設事業には多くのお金がかかります。そのため、一般財源のほか、通常、地方債や特定目的基金の取り崩し、国庫補助金、都道府県負担金が使われます。

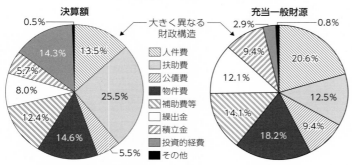

図表 24-3　決算額と充当一般財源額の違い

出所：東京都小金井市「決算カード」2018年度より作成

第25講 「款-項-目」という分け方がある

決算カードでわかる「款」という分け方

決算カードで目的別歳出を見ると、「議会費」「総務費」…というように14の科目に分かれます。これを財政用語では「款」といいます。

予算書を開けると…「項」「目」とは

さらに「款」は、「項」という分類に分かれます。そして「項」から「目」に分かれます。埼玉県和光市の民生費を例にすると、「（款）民生費」がさらに「社会福祉費」「児童福祉費」「生活保護費」「国民年金費」といった形で分かれます。それが「項」です。さらに「（項）児童福祉費」も「市立保育園費」や「学童保育所費」などに分かれます。これが「目」となります。そういったことを図示すると、**図表25-2**のようになります。

実際に、あなたのまちの予算書を開いてみましょう。歳出を開くと、**図表25-1**のような区分になっていると思います。見開きページの上に「款3　民生費」があり、その次に「項1　社会福祉費」が表示され、目に「1　社会福祉総務費」というかたちで表示されます。自治体の予算書や予算説明書によっては、**図表25-1**のように款項が構成され、それぞれの本年度の予算額等が分かります（**図表25-3**）。

なぜ「項」「目」のレベルまで見るのか

多くの自治体で民生費は歳出総額の3～5割程度を占めていると思います。そのため財政分析において、「民生費は歳出総額の〇〇％を占める」というだけでは物足りません。民生費であれば、具体的にどの福祉分野にお金が使われているのか、にまで細かく分析する必要があります。また、教育費も「項」「目」をみることで、支出が多いのは小学校なのか中学校なのか、公民館なのかなどがわかります。具体的な問題関心に基づき財政分析をするならば、「項」「目」まで着目することをお勧めします。

その際の注意点ですが、自治体の予算書レベルでの「項」「目」の分け方は自治体によって様々です。そのため、他自治体との比較には向かない資料です。他自治体との比較を優先する場合は、「地方財政状況調査表」（決算統計）を使ってください（第27講参照）。決算カードのもとデータである「地方財政状況調査表」（決算統計）での「款」「項」「目」の区分は**図表25-4**のようになっており全国共通となっています。

図表25-1　予算書でみる「款-項-目」

（単位：千円）

款	項	目	本年度	前年度	比較	節 区分	節 金額	説明 財源内訳 国県支出金	地方債	その他	一般財源
3 民生費			13,653,698	12,686,960	966,738			6,390,594	149,200	466,940	6,646,964
	1 社会福祉費		4,225,515	4,133,189	92,326			1,214,700	18,500	26,540	2,965,775
		1 社会福祉総務費	285,481	324,643	△ 39,162			13,550		200	271,731

出所：「埼玉県和光市一般会計予算」2020年度、150・151ページ

図表 25 - 2 「款」-「項」-「目」という区分

（埼玉県和光市の場合。自治体の予算書・決算書の場合、項・目の分け方は自治体によって違います。
あなたのまちはどのようになっているか、調べてみましょう）

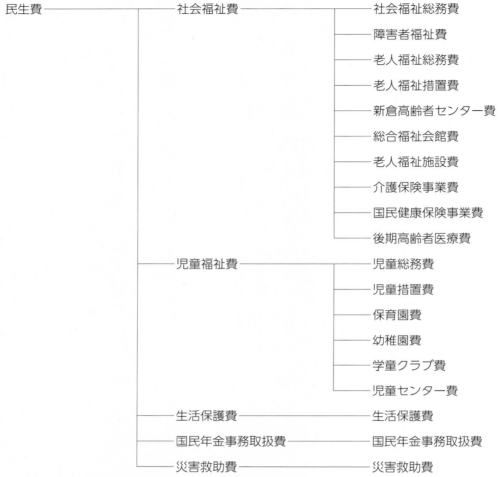

出所：「埼玉県和光市一般会計予算」2020 年度より作成

図表 25-3　自治体予算でみる「款・項」

歳出

款　項	本年度予算額	前年度予算額	比較	特定財源 国都支出金	特定財源 地方債	特定財源 その他	一般財源	本年度予算のうち一般財源充当割合	本年度一般財源総額に対する一般財源充当割合	本年度予算のによる予算総額に対する割合	対前年度増減率
	千円	千円	千円	千円	千円	千円	千円	％	％	％	％
1 議会費	374,795	403,000	△ 28,205	0	0		701	374,094	99.8	1.5	0.9	△ 7.0
1 議　会　費	374,795	403,000	△ 28,205	0	0		701	374,094	99.8	1.5	0.9	△ 7.0
2 総務費	3,514,478	3,383,994	130,484	295,783	0	84,382	3,134,313	89.2	12.5	8.7	3.9
1 総務管理費	2,565,529	2,550,841	14,688	12,231	0	43,067	2,510,231	97.8	10.0	6.4	0.6
2 徴税費	501,972	459,024	42,948	193,656	0	9,689	298,627	59.5	1.2	1.2	9.4
3 戸籍住民基本台帳費	225,548	191,654	33,894	11,826	0	31,618	182,104	80.7	0.7	0.6	17.7
4 選挙費	184,760	78,738	106,022	73,505	0		111,255	60.2	0.4	0.4	134.7
5 統計調査費	4,700	73,550	△ 68,850	4,565	0	8	127	2.7	0.0	0.0	△ 93.6
6 監査委員費	31,969	30,187	1,782	0	0	0	31,969	100.0	0.1	0.1	5.9
3 民生費	18,139,936	17,288,641	851,295	8,521,728	0	525,361	9,092,847	50.1	36.2	45.1	4.9
1 社会福祉費	7,233,412	6,877,887	355,525	2,289,944	0	87,989	4,855,479	67.1	19.3	18.0	5.2
2 児童福祉費	7,614,030	7,192,238	421,792	3,722,752	0	425,424	3,465,854	45.5	13.8	18.9	5.9
3 生活保護費	3,260,028	3,187,868	72,160	2,476,566	0	11,948	771,514	23.7	3.1	8.1	2.3
4 国民年金費	32,466	30,648	1,818	32,466	0		0	0.0	0.0	0.1	5.9
4 衛生費	4,114,033	4,022,021	92,012	472,304	0	841,885	2,799,844	68.1	11.2	10.2	2.3
1 保健衛生費	987,935	937,430	50,505	199,046	0	16,691	772,198	78.2	3.1	2.4	5.4
2 清掃費	3,126,098	3,084,591	41,507	273,258	0	825,194	2,027,646	64.9	8.1	7.8	1.3
5 労働費	14,487	14,246	241	0	0	0	14,487	100.0	0.1	0.0	1.7
1 労働諸費	14,487	14,246	241				14,487	100.0	0.1	0.0	1.7
6 農林水産業費	44,104	37,185	6,919	8,732	0	1,119	34,253	77.7	0.1	0.1	18.6
1 農業費	44,104	37,185	6,919	8,732	0	1,119	34,253	77.7	0.1	0.1	18.6
7 商工費	179,201	176,194	3,007	12,483	0	439	166,279	92.8	0.7	0.5	1.7
1 商工費	179,201	176,194	3,007	12,483	0	439	166,279	92.8	0.7	0.5	1.7
8 土木費	6,115,417	4,207,450	1,907,967	3,212,024	396,000	166,292	2,341,101	38.3	9.3	15.2	45.3
1 土木管理費	198,299	194,148	4,151	12,808	0	4,007	181,484	91.5	0.7	0.5	2.1
2 道路橋りょう費	1,230,630	896,625	334,005	748,496	0	126,006	356,128	28.9	1.4	3.1	37.3
3 河川費	2,475	2,475					2,475	100.0	0.0	0.0	0.0
4 都市計画費	4,677,456	3,101,929	1,575,527	2,450,720	396,000	29,723	1,801,013	38.5	7.2	11.6	50.8
5 住宅費	6,557	12,273	△ 5,716			6,556	1	0.0	0.0	0.0	△ 46.6
9 消防費	1,762,151	1,713,956	48,195	102,600	243,000	91	1,416,460	80.4	5.6	4.4	2.8
1 消防費	1,762,151	1,713,956	48,195	102,600	243,000	91	1,416,460	80.4	5.6	4.4	2.8
10 教育費	3,168,424	3,228,123	△ 59,699	204,671	0	19,588	2,944,165	92.9	11.7	7.9	△ 1.8
1 教育総務費	689,322	730,861	△ 41,539	7,553	0	127	681,642	98.9	2.7	1.7	△ 5.7
2 小学校費	892,936	938,871	△ 45,935	62,152	0	1,298	829,486	92.9	3.3	2.2	△ 4.9
3 中学校費	569,930	487,774	82,156	75,572	0	718	493,640	86.6	2.0	1.4	16.8
4 社会教育費	697,710	735,407	△ 37,697	35,930	0	2,150	659,630	94.5	2.6	1.8	△ 5.1
5 保健体育費	318,526	335,210	△ 16,684	23,464	0	15,295	279,767	87.8	1.1	0.8	△ 5.0
11 公債費	2,683,433	2,747,909	△ 64,476	0	0	0	2,683,433	100.0	10.7	6.7	△ 2.3
1 公債費	2,683,433	2,747,909	△ 64,476	0	0	0	2,683,433	100.0	10.7	6.7	△ 2.3
12 諸支出金	57,240	64,720	△ 7,480				57,240	100.0	0.2	0.2	△ 11.6
1 土地基金費	1	1					1	100.0	0.0	0.0	0.0
2 開発公社費	57,239	64,719	△ 7,480				57,239	100.0	0.2	0.2	△ 11.6
13 予備費	36,301	52,561	△ 16,260				36,301	100.0	0.2	0.1	△ 30.9
1 予備費	36,301	52,561	△ 16,260				36,301	100.0	0.2	0.1	△ 30.9
合　計	40,204,000	37,340,000	2,864,000	12,830,325	639,000	1,639,858	25,094,817	62.4	100.0	100.0	7.7

※一般財源には、①地方道路整備臨時交付金 20,350 千円、②臨時財政対策債 1,000,000 千円も含む。

出所：東京都小金井市「平成 28 年度小金井市一般会計歳入歳出予算説明資料」、8頁

基礎編

図表 25-4　地方財政状況調査表でみた目的別区分（市区町村の場合）

漢数字が「款」、算用数字が項（一部、地方自治法施行規則において「目」に区分しているものも含む）

調査表番号	目　的　別　区　分	調査表番号	目　的　別　区　分
07	**一　議会費** **二　総務費** 　1　総務管理費 　2　徴税費 　3　戸籍・住民基本台帳費 　4　選挙費 　5　統計調査費 　6　監査委員費	10	**八　土木費** 　1　土木管理費 　2　道路橋りょう費 　3　河川費 　4　港湾費 　5　都市計画費 　　(1)　街路費 　　(2)　公園費 　　(3)　下水道費 　　(4)　区画整備費等 　6　住宅費 　7　空港費
08	**三　民生費** 　1　社会福祉費 　2　老人福祉費 　3　児童福祉費 　4　生活保護費 　5　災害救助費 **四　衛生費** 　1　保健衛生費 　2　結核対策費 　3　保健所費 　4　清掃費	11	**九　消防費**
		11	**十　教育費** 　1　教育総務費 　2　小学校費 　3　中学校費 　4　高等学校費 　5　特別支援学校費 　6　幼稚園費 　7　社会教育費 　8　保健体育費 　　(1)　体育施設費等 　　(2)　学校給食費 　9　大学費
09	**五　労働費** 　1　失業対策費 　2　労働諸費 **六　農林水産業費** 　1　農業費 　2　畜産業費 　3　農地費 　4　林業費 　5　水産業費 **七　商工費**	12	**十一　災害復旧費** 　1　農林水産施設災害復旧費 　2　公共土木施設災害復旧費 　3　その他 **十二　公債費** **十三　諸支出金** 　1　普通財産取得費 　2　公営企業費 　3　市町村たばこ税 都道府県交付金 **十四　前年度繰上充用金** **十五　特別区財政調整納付金** 　（注）　東京都特別区が該当

※調査表番号は、66ﾍ゙ーにある表番号に対応している。116ﾍ゙ーも
　参照。

＊「地方自治法施行規則に定める歳出予算上の
　区分」もありますが、若干異なります。

第26講　目的別歳出と性質別歳出をクロスする

クロス表とは

これまで目的別歳出と性質別歳出のそれぞれの分析方法を学びました。ここでは、目的別歳出と性質別歳出の両面からのもう一歩先の分析を学びます。

第20講でふれたように、例えば、「わが市は民生費の占める割合が多い」といっても、施設建設を旺盛におこなっているからなのか（普通建設事業費の割合が多いのか）、各家庭への手当が手厚いからなのか（扶助費の割合が多いのか）で大きく違ってきます。それを知ることができるのが、「目的別歳出」と「性質別歳出」のクロス分析です。1人あたりの額を算出したり、類似団体の比較を行えば、その特徴はより明確になります。

実際のクロス表は**図表26-2**の表です。縦軸に目的別歳出、横軸に性質別歳出となっています。

目的別歳出の内訳を見る

民生費と一口で言っても、その内訳は、**図表26-2**の表にあるように、人件費・物件費・扶助費…と様々です。**図表26-2**をもとに作成したのが**図表26-1**の民生費と土木費のグラフです。

東京都小金井市の2019年度予算における民生費総額は約212.7億円で、その内訳は、多い順で、扶助費約121億円、繰出金約37.1億円、人件費約19.6億円と続きます。生活保護や児童手当といった扶助費が5.5割以上を占めています。一方、土木費は約60.5億円のうち、建設事業費は約44.5億円と7割以上を占めます（**図表26-2**参照）。

どこで手に入れるの？

クロス表を予算書や決算書の中に載せている自治体があります。事務報告書や監査報告書に添付されている場合もあります。しかし、全国ではクロス表を作成していない、公表していない自治体もあるでしょう。その場合、地方財政状況調査表（決算統計）を使えば、普通会計・決算ベースのクロス表を作成できます。

しかし、本来ならば、自治体でつくる「予算書」「決算書」「事務事業報告書」などに添付されるべき資料です。東京都あきる野市では、「あきる野市政を考えるみんなの会」のみなさんが実際に財政課に行き、職員にクロス表を作成してもらった事例もあります。ぜひ、みなさんも、わがまちの自治体の「予算書」「決算書」「事務報告書」にクロス表があるのかをチェックし、自治体でクロス表を作成するよう要求しましょう。

性質別歳出の内訳を見る

性質別歳出を目的別に見る視点もあります。**図表26-3**は建設事業費のグラフです。小金井市の2019年度予算の建設事業費は約54.4億円で、そのうち土木費（道路整備や区画整理事業）に約44.5億円、教育費（小学校・中学校の耐震や整備事業）に約4.3億円です。つまり、クロス表から建設事業費を目的別に把握することが可能です。さらに予算書をひも解けば、具体的な事業を知ることができます。

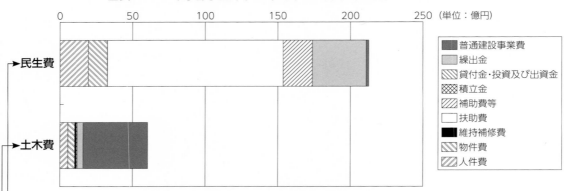

図表 26−1　東京都小金井市の民生費・土木費の性質別内訳（2019 年度）

凡例：
- 普通建設事業費
- 繰出金
- 貸付金・投資及び出資金
- 積立金
- 補助費等
- 扶助費
- 維持補修費
- 物件費
- 人件費

出所：東京都小金井市「平成 31 年度一般会計歳入歳出予算説明資料」より作成

図表 26−2　東京都小金井市の性質別分類表（2019 年度）

(単位：千円、%)

性質別／款別	人件費	物件費	維持補修費	扶助費	補助費等	公債費	積立金	貸付金・投資及び出資金	繰出金	普通建設事業費	その他	計	構成比	平成30年度 金額	構成比
議　会　費	340,318	29,437			10,095							379,850	0.9	370,825	0.8
総　務　費	1,838,560	1,768,972	9,114		174,589		518			43,146		3,834,899	8.8	3,630,258	8.2
民　生　費	1,956,294	1,305,092	12,774	12,094,866	2,014,280		72	200	3,713,492	170,909		21,267,979	48.5	20,069,241	45.6
衛　生　費	416,239	2,142,967	6,300	14,231	1,400,861		200,163			345,664		4,526,425	10.3	4,257,746	9.7
労　働　費		1,007			14,183							15,190	0.0	15,074	0.0
農林水産業費	9,697	2,777			25,198							37,672	0.1	40,990	0.1
商　工　費	81,225	18,741			101,601					3,500		205,067	0.5	186,098	0.4
土　木　費	548,245	472,432	100,422		58,085		3,312		419,058	4,445,910		6,047,464	13.8	8,076,718	18.3
消　防　費	14,554	76,862	206		1,405,051			1		5,940		1,502,614	3.4	1,503,903	3.4
教　育　費	1,166,818	1,717,657	60,582	55,727	110,432		520	100		426,609		3,538,440	8.1	3,289,677	7.5
公　債　費						2,383,292						2,383,292	5.4	2,508,539	5.7
諸支出金					23,384				1			23,385	0.1	39,181	0.1
予　備　費											62,723	62,723	0.1	69,750	0.2
計	6,371,945	7,535,944	189,398	12,164,824	5,337,759	2,383,292	204,585	301	4,132,551	5,441,678	62,723	43,825,000	100.0	44,058,000	100.0
構　成　比	14.5	17.2	0.4	27.8	12.2	5.4	0.5	0.0	9.4	12.4	0.2	100.0			
平成30年度 金額	6,382,719	6,932,081	221,506	11,363,092	5,347,416	2,508,539	362,942	601	4,062,825	6,806,529	69,750	44,058,000			
構　成　比	14.5	15.7	0.5	25.8	12.1	5.7	0.8	0.0	9.2	15.5	0.2	100.0			

出所：東京都小金井市「平成 31 年度一般会計歳入歳出予算説明資料」、8ﾟ より作成

図表 26−3　東京都小金井市の普通建設事業費の目的別内訳

(単位：億円)

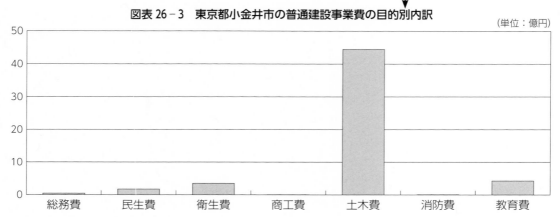

出所：図表 26−1 に同じ。

決算統計って

第26講でクロス表をつくる際の資料として、「地方財政状況調査表」を紹介しました。この「地方財政状況調査表」は、略称として「決算統計」ともいいます。

これまで私たちは主に決算カードを財政分析の道具として使ってきました。一年度分の財政状況を紙一枚で表しているものです。一方、決算統計は一年度分で約100枚あります。ですから、あなたのまちの財政状況を詳細に表しています。書式は全国共通で、市町村の財政課が記入し、都道府県に提出し、さらに都道府県が総務省に提出します。それを集計したものが、『地方財政白書』や決算カードとなります。

この、決算統計は図表27−2のような構成となっています。目的別歳出（款・項）と性質別歳出のクロス、目的別歳出の款・項ごとの財源内訳、物件費・補助費等・扶助費の内訳など、決算カードではできない、詳しい分析が可能となります。

どうやって入手するか

決算統計を手に入れるには、決算カードと同じように、情報公開室か財政課にとりに行きましょう。もっとも、1年分で約100枚と膨大な量です。決算カードとともに決算統計がファイルされて、自由に閲覧し、コピーができるような環境をつくっていくために、何度も足を運びます。決算統計の必要な箇所を入手したいときは、決算統計の必要な表番号や頁を要求してみることが大事です。

都道府県資料を活用する

しかし、近隣・類似都市との比較、経年分析を行う際に、必要な分の決算統計を集めるのは一苦労です。都道府県の市町村課では（各都道府県で所管や名称は多少異な

図表27−1　地方財政状況調査表の最初の頁

平成３０年度　1頁

平成３０年度 地方財政状況調査表（市町村・一部事務組合分）

都道府県名 長野県
団 体 名 信濃町

団体コード　　２０５８３４
表番号　　　　００

| 都道府県名 | 長野県 |
| 団 体 名 | 信濃町 |

区　　分	行	数　　値	
基準財政収入額（千円）	0 1	1,071,513	(5)
基準財政需要額（千円）		3,150,104	(6)
標準税収入額等（千円）		1,356,365	(7)
標準財政規模（千円）		3,607,526	(8)
臨時財政対策債発行可能額（千円）		172,570	(9)
財政力指数(28～30年度)		0.34	(10)

出所：長野県信濃町「地方財政状況調査表」2018年度

どこにおカネを使っているの？（歳出のしくみ）　63

りますが）「市町村財政の状況」といった冊子を発行しています。冊子には都道府県内全市町村の財政指標の一覧が収録されています。東京都発行の「市町村決算状況調査結果」には、全市町村の物件費や扶助費、投資的経費の目的別歳出別の内訳、民生費の項別の決算額なども記載され、目的別歳出の分析に活用することができます。

図表 27－2 「平成 27 年度　地方財政状況調査表（市町村・一部事務組合分）」にはこれだけのことが書かれている（＊構成は毎年少しずつ変わります）

表番号		頁
00	団体コード、基準財政収入額、基準財政需要額、標準税収入額、標準財政規模、臨時財政対策債発行可能額、財政力指数（3 年平均）	1
01	一部事務組合への加入等状況	2
02	決算収支の状況	3
03	繰越額等の状況	4
04	歳入内訳	5
05	収入の状況	6
06	市町村税の徴収実績	7
07	歳出内訳及び財源内訳（その 1）	8～9
08	歳出内訳及び財源内訳（その 2）	10～11
09	歳出内訳及び財源内訳（その 3）	12～13
10	歳出内訳及び財源内訳（その 4）	14～15
11	歳出内訳及び財源内訳（その 5）	16～17
12	歳出内訳及び財源内訳（その 6）	18～21
13	歳出内訳及び財源内訳（その 7）	22～23
14	性質別経費の状況	25
15	人件費の内訳	27
16	職員給の状況	28
19	補助費等・維持補修費及び扶助費の内訳	29
20	維持補修費及び受託事業費の目的別の状況	32
21	投資的経費の状況　普通建設事業費の状況　補助事業費	33～34
22	投資的経費の状況　普通建設事業費の状況　単独事業費	35～36
23	投資的経費の状況　普通建設事業費の状況　県営事業負担金	37～38
27	公営企業（法非適）等に対する繰出し等の状況	42
28	公営企業（法適）等に対する繰出し等の状況	43
29	基金の状況	44
30	貸付金、投資及び出資金の状況	45
32	資金収支の状況	46
33	地方債現在高の状況	47
34	地方債借入先別及び利率別現在高の状況	48
36	地方債年度別償還状況	49
37	債務負担行為の状況	51
40	道路交通安全対策の状況	52
41	歳入内訳（復旧・復興事業分）	58
42	歳入内訳（全国防災事業分）	77
43	繰越額等の状況（復旧・復興事業分）	57
44	繰越額等の状況（全国防災事業分）	76
45	一部事務組合負担金等の性質別内訳の状況	26
46	施設の管理費等の状況	53
47	扶助費の内訳	31
48	財産区の決算状況	56
50	収益事業会計決算の状況	95
51	収益金の使途状況	96
52	国民健康保険事業会計（事業勘定）決算の状況	97
53	国民健康保険事業会計（直診勘定）決算の状況	98
56	農業共済事業会計決算の状況（法適を含む。）	99
57	交通災害共済事業会計決算の状況（直営分のみ）	104
60	事業債現在高等の状況	105
63	介護保険事業会計決算の状況（保険事業勘定）	102
64	介護保険事業会計決算の状況（介護サービス事業勘定）	103
70	道路関係経費の状況	54
71	投資的経費の状況　用地取得費の状況　補助事業費	39
72	投資的経費の状況　用地取得費の状況　単独事業費	40
73	投資的経費の状況　用地取得費の状況　合計	41
74	復旧・復興事業経費の歳出内訳及び財源内訳（その 1）	59～60
75	復旧・復興事業経費の歳出内訳及び財源内訳（その 2）	61～62
76	復旧・復興事業経費の歳出内訳及び財源内訳（その 3）	63～64
77	復旧・復興事業経費の歳出内訳及び財源内訳（その 4）	65～66
78	復旧・復興事業経費の歳出内訳及び財源内訳（その 5）	67～68
79	復旧・復興事業経費の歳出内訳及び財源内訳（その 6）	69～72
80	復旧・復興事業経費の歳出内訳及び財源内訳（その 7）	73～74
81	全国防災事業経費の歳出内訳及び財源内訳（その 1）	78～79
82	全国防災事業経費の歳出内訳及び財源内訳（その 2）	80～81
83	全国防災事業経費の歳出内訳及び財源内訳（その 3）	82～83
84	全国防災事業経費の歳出内訳及び財源内訳（その 4）	84～85
85	全国防災事業経費の歳出内訳及び財源内訳（その 5）	86～87
86	全国防災事業経費の歳出内訳及び財源内訳（その 6）	87～91
87	全国防災事業経費の歳出内訳及び財源内訳（その 7）	92～93
89	物件費の内訳	30
90	一般行政経費の状況	24
93	一時借入金の状況	50
94	後期高齢者医療事業会計決算の状況（市町村）	100
95	後期高齢者医療事業会計決算の状況（広域連合）	101
96	選挙費の内訳	55
97	基金の状況　（復旧・復興事業分）	75
98	基金の状況　（全国防災事業分）	94

第28講 「節」を見てみる

性質別歳出の「節」とは

第25講では目的別歳出が「款」からさらに枝分かれして、「項」-「目」という分類の仕方があることを学びました。性質別歳出もさらに28もの区分に分けて再構成された「節」というものがあります。性質別の項目と「節」の関係は、**図表28-2**をみていただけると、その仕組みがわかります。また、節の28区分の名称と番号は、「節主義」と言って法律で決まっています。各自治体で名称と番号を勝手に変えることはできません。予算書をめくると、**図表28-1**のように目ごとに節の内訳が載っています。詳しい予算書なら事業ごとに節の内訳と具体的な経費名が記載されていることがあります。また、事務事業報告書でも事業ごとに節分類と金額が表示されているものもあ

ります。節ごとに調べてわかることもあります。例えば、「10 交際費」を追いかけることで「総務費」だと首長、「議会費」だと議会議長、「教育費」だと教育長の交際費であることがわかります。

「節」に親しむ

もっとも、28もある節それぞれが、どういうものなのかなじみのないものが多く、それが理解を妨げている面もあります。やはり、節も「習うより慣れろ」で「事務事業報告書」「予算書」「決算書」を眺めてみる必要があります。例えば「11 需用費」ならば、具体的にはどういうものがあるのか、そのつど確認する。その習慣を付けることで、節に親しんでいく、その方法が良いと思います。節についてさらに理解を深めていく場合には、月刊「地方財務」編集局編

図表28-1　予算書で見る節

(単位：千円)

款	項	目	本年度	前年度	比較	本年度の財源内訳				区分	金額
						特定財源			一般財源		
						国都支出金	市債	その他			
10		教育費	4,998,601	5,653,964	△655,363	755,636	297,300	126,937	3,818,728		
	1	教育総務費	1,690,317	1,526,438	163,879	276,548		41,341	1,372,428		
		1 教育総務費	113,173	110,718	2,455	12,066		6	101,101	01 報酬	5,856
						(都)地域ぐるみの学校安全体制整備推進事業補助金 (教育総務課) 128				02 給料	41,759
						(都)教育調査統計事務委託金 (教育総務課) 11				03 職員手当等	32,610
						(都)教職員給与等支給事務委託金 (指導室) 4,868				04 共済費	25,784
						(都)学校教育指導・研修等委託金 (指導室) 818				08 報償費	284
						(都)学校マネジメント強化モデル事業委託金(指導室) 1,182				09 旅費	166
										10 交際費	49
						(都)スクール・サポート・スタッフ配置事業委託金 (指導室) 5,056				11 需用費	2,264
										12 役務費	1,192
										13 委託料	2,926

出所：東京都青梅市「平成28年度一般会計特別会計予算及び説明書」、226・227ページ

『［八訂］地方公共団体歳入歳出科目解説』（ぎょうせい、2016年）や小笠原春夫編著『予算の見方・つくり方平成28年度版』（学陽書房、2016年）などに詳しい説明がありますので、手元において置くと便利です。

図表 28 - 2　節の内訳はこうなっている （ここででてくる具体的な費目はあくまで一例です）

1　**報酬**→議員報酬、委員報酬、非常勤職員報酬
2　**給料**→特別職に対するものと一般職に対するものの2つに分かれる
3　**職員手当等**→管理職手当、扶養手当、住居手当、通勤手当など職員に支給される手当
4　**共済費**→地方公務員共済組合に対する負担金と報酬、給料及び賃金に係る社会保険料
5　**災害補償費**→療養補償費、休業補償費など労働基準法に基づく補償に要する経費
6　**恩給及び退職年金**→恩給と退職年金の2つの経費
7　**賃金**（※）→臨時職員等の勤務に対して支払われる給与
8　**報償費**→講師謝礼など
9　**旅費**→公務のために議員や職員などが旅行する際に要する経費
10　**交際費**→首長及び市町村交際費、議長交際費、教育委員会交際費、学校交際費
11　**需用費**→消耗品費（文具品の購入や新聞代、雑誌代など）、燃料費、食料費（式日用の茶菓、弁当等）、印刷製本費、光熱水費、修繕料、賄材料費、飼料費、医薬材料費
12　**役務費**→通信運搬費（郵便料金や電話代など）、広告料、手数料、火災保険料
13　**委託料**→事務、事業、調査、施設管理などの委託に要する経費
14　**使用料及び賃借料**→土地や会場の借上げに必要な経費、駐車場使用料など
15　**工事請負費**→道路建設や学校の建築など土木工事に必要な経費
16　**原材料費**→セメント等の工事用原材料や原木などの加工用原料費
17　**公有財産購入費**→土地や家屋などの不動産購入費（都市公園整備に要する用地買収費）
18　**備品購入費**→机や椅子、書棚など比較的長期にわたって使用できる物品（備品）購入費
19　**負担金、補助及び交付金**→法令又は契約に基づいて負担しなければならない経費など（①一部事務組合・広域連合、②公営企業（法適）、③市長会や議長会、④市内各種団体）
20　**扶助費**→生活保護法などの法律に基づく手当などの支給や、まちが単独で行う各種扶助のための経費
21　**貸付金**→公益上の必要があると認めて、特定の行政目的を遂行させるために市町村、公益法人や個人などに貸し付ける経費（自治体独自の育英基金等）
22　**補償、補填及び賠償金**→補償金（道路建設に関する物件移転補償費）、補填金、賠償金
23　**償還金、利子及び割引料**→地方債の元利償還金など
24　**投資及び出資金**→財団法人等への出えん金など
25　**積立金**→基金などへの積立金
26　**寄附金**→被災した他自治体への見舞金等
27　**公課費**→公租公課（税金）を支払う場合に要する経費
28　**繰出金**→特別会計への繰出金

※2020年度から会計年度任用職員制度が開始し、臨時職員は会計年度任用職員に移行する。それに伴い、従来、臨時職員に支払われていた7賃金は、1報酬、2給料、3職員手当等として会計年度任用職員に支払われることとなり、7賃金は廃止、8報償費以降の番号は繰上げとなる。
出所：鳥取県湯梨浜町及び岐阜県ホームページより作成

歳　出　項　目	区　　節　　分
一　人件費 　　事業費支弁職員分を除く。	
1　議員報酬手当	①　報酬　③　職員手当等（ただし、議員の期末手当相当分）
2　委員等報酬	①　報酬
3　市町村長等特別職の給与	②　給料　③　職員手当等
4　職員給（細目省略）	②　給料　③　職員手当等 ⑦　賃金（ただし、臨時職員給与相当分）
5　地方公務員共済組合等負担金	④　共済費（地方公務員共済組合等に対する負担金）
6　退職金（細目省略）	③　職員手当等（退職手当に限る。） ⑲　負担金、補助及び交付金（退職手当組合に対する負担金）
7　恩給及び退職年金	⑥　恩給及び退職年金
8　災害補償費	
①　地方公務員災害補償基金負担金	④　共済費（地方公務員災害補償基金に対する負担金）
②　その他	⑤　災害補償費
9　職員互助会補助金	④　共済費　⑲　負担金、補助及び交付金
10　その他	④　共済費（報酬、給料及び賃金に係る社会保険料に限る。） ⑩　負担金、補助及び交付金
二　物件費 　　維持補修費、普通建設事業費、災害復旧事業費及び失業対策事業費に係るもの以外で、次に掲げるもの。	
1　賃金	⑦　賃金（ただし、人件費に計上されるものを除く。）
2　旅費	⑨　旅費
3　交際費	⑩　交際費
4　需用費	⑪　需用費（ただし、家屋等の修繕で維持補修費に計上されるものを除く。）
5　役務費	⑫　役務費（ただし、火災保険料及び自動車損害保険料等の保険料を除く。）
6　備品購入費	⑱　備品購入費（ただし、1件100万円以上の機械器具等の購入費を除く。）
7　委託料	⑬　委託料（映画等製作委託料、交通量調査委託料、健康診断等反対給付のあるもので補助金的性格でないもの。）
8　その他	④　共済費（ただし、人件費に計上されるものを除く。）　⑧　報償費（買上金に限る。）　⑭　使用料及び賃借料 ⑯　原材料費（ただし、事業費に計上されるものを除く。）
三　維持補修費	目（目の一部であっても目に準ずるものを含む。）による。ただし、人件費、事業費及び物件費に計上されるものを除く。
四　扶助費	⑳　扶助費（これに準ずるものを含む。）
五　補助費等（細目省略）	⑧　報償費（報償金及び賞賜金）　⑫　役務費（火災保険金及び自動車損害保険等の保険料に限る。） ⑬　委託料（ただし、物件費に計上されるものを除く。） ⑲　負担金、補助及び交付金（ただし、人件費及び事業費に計上されるものを除く。）　㉒　補償、補填及び賠償金（ただし、事業費に計上されるもの及び繰上充用金を除く。）　㉓　償還金、利子及び割引料（ただし、公債費に計上されるもの除く。）　㉖　寄附金 ㉗　公課費
六　普通建設事業費	目（目の一部であっても独立の1事業である場合を含む。）による。なお、人件費（事業費支弁職員分のみ）、事務費、⑰公有財産購入費、⑱備品購入費（1件100万円以上の機械器具等の購入費）及び⑲負担金、補助及び交付金（当該市町村が直接には実施しないが、その最終使途が資本形成のための支出であるもの。ただし、一部事務組合負担金を除く。）を含める。
七　災害復旧事業費	
八　失業対策事業費	
九　公債費	㉓　償還金、利子及び割引料（ただし、地方債の元利償還金及び一時借入金の利子並びに割引発行する地方債の割引料のみ）
十　積立金	㉕　積立金
十一　投資及び出資金	㉔　投資及び出資金
十二　貸付金	㉑　貸付金
十三　繰出金	㉘　繰出金
十四　前年度繰上充用金	㉒　補償、補填及び賠償金（繰上充用金のみ）

出所：山口県地域振興部市町村課「市町村財政概要（平成16年度）」、2006年

コラム：市民による財政分析に必要な二つの力

これまで私は様々な自治体で、財政学習講座の講師をつとめてきました。その中から、第57講で触れるような、市民による財政白書をつくる動きがでてきました。そこには二つの力がありました。それは、「情報公開の力」と「社会教育の力」です。

「情報公開の力」

この本で使う決算カードは、今では総務省のホームページで全国どの市町村の決算カードも入手することができます。しかし、総務省ホームページでは01年度の決算カードからしか公開されていないので、それ以前の決算カードは役所に出かけて入手する必要があります。

今ではほとんどの自治体で決算カードを入手することができます。しかし、以前は決算カードを入手することが困難でした。なかには議員でさえ開示請求して初めて入手できた自治体もあったのです。もともと決算カードは役所の中の財政課の内部資料という性格が強かったため、なぜ、市民や議員に公開しなければならないのかという意識が強かったのでしょう。

しかし、こういった意識を変えて、決算カードを「支配の道具」から「市民の道具」にしていったのは、他ならぬ市民の力でした。実際に市民が何度も決算カードを取りにいくことで「自治体の対応が変わった」という声をよく聞きます。何度も足を運び、要求することで、窓口でスムーズにとれるようになっただけでなく、情報公開室や図書館、また自治体のホームページで自治体独自の決算カードを公開する自治体もでてきました。そして、いまや市民は決算カードや財政状況資料集だけでなく、地方財政状況調査表（決算統計）や地方交付税算定台帳などの公開を求める段階となっています。

「社会教育の力」

169ページで紹介する数々の市民による白書づくりで共通することがあります。それは白書づくりのきっかけをつくったのは公的社会教育機関である公民館の学習講座だということです。

まず、痛感するのは公民館職員の専門性です。市民の学ぶ意欲やニーズをいかにつかみ、それを市民と共に具体化していくか、それが専門性です。

20年前くらいにある住民が企画した公民館講座の講師となりました。連続12回でしたが、講師の私や市民と議論しながら講座のカリキュラムをつくり、運営に奮闘する公民館職員の姿がありました。この講座から近隣自治体で同様の講座が次々と生まれます。自治体の枠を越えた公民館職員のネットワークがそのようにさせたのです。

また、ゼミ方式を設定したり、市民と自治体職員が協働で財政白書づくりを目指す講座など様々な工夫をこらした講座もでてきました。公民館で行われる講座は5回から6回が定番ですが、終わると受講者同士が集まって、作成した表をもとにもっとまちの財政を調べてみようという自主講座がスタートします。そこから財政白書が次々と生まれているのです。

もちろん、社会教育が充実していない自治体もあります。そういうところは、私のいる多摩住民自治研究所をはじめ各地の自治体問題研究所が住民の財政学習や財政白書づくりに協力しています。

第29講　款と節をクロスする

目的別歳出の款と節のクロス表

第26講で目的別歳出と性質別歳出のクロス表について学習しました。自治体の予算書には、「目的別歳出と性質別歳出」のクロス表とは別に、**図表 29 - 2** のように「目的別歳出の款と節」のクロス表も存在します。この表があれば、第28講で触れたように「10 交際費」は誰が使っているか、「13 委託料」の割合の多い分野はどこかなどといった点が気づかされます。クロス表の基本的な見方については、70㌻にまとめておきました。参考にしてください。

予算書・決算書にあるか

第26講で「目的別歳出と性質別歳出」のクロス表が「予算書」「決算書」「事務事業報告書」で記載されているかチェックすることをお願いしました。あわせて、「目的別歳出の款と節のクロス表」も確認してください。どちらか一方が載っている自治体もありますが、予算書・決算書にそれぞれ2表ずつあれば精緻な分析ができます。下のグラフは、埼玉県富士見市の教育費（決算額）における物品購入費の推移です。

分析例：教育費の節を分析する

東京都町田市の「まちだ市民財政分析研究会」は、2005 年に刊行した『市民が分析した町田市の財政』で、「目的別歳出の款と節のクロス表」から教育費における節を分析しました。使用した資料は、市が毎年 9 月に発行している「主要な施策の成果に関する説明書」の節別決算一覧表です。白書は、①15 年間で「職員手当」が減少している一方で、「賃金」が増加しており、正規職員が手がけていた部分が臨時職員に置き換わっていること。②施設が増大している中で、「需用費」「委託料」が横ばいであること。③大規模建設事業によって「工事請負費」と「公有財産購入費」が大きく変動していること。④「備品購入費」が減り続けている中で、IT 関連のリースなどで 90 年代末から「使用料及び賃貸料」が急増していること。⑤就学援助金・就学奨励金などの「扶助費」が 10 年前から増え続けていること、などを明らかにしました。

基礎編

図表 29 - 1　教育費における備品購入費

(単位：億円)

出所：埼玉県富士見市各年度「歳入歳出決算書」より作成

図表 29-2 2016 年度 一般会計歳出節別集計表

(単位：千円・%)

款別／節別	議会費	総務費	民生費	衛生費	労働費	農林業費	商工費	土木費	消防費	教育費	災害復旧費	公債費	諸支出金	予備費	合計
1 報酬	150,081	503,466	156,324	7,724		7,020	12,799	1,271	20,115	331,311					1,190,111
2 給料	38,082	1,078,719	853,391	214,384		16,953	41,624	264,988		711,365					3,219,506
3 職員手当等	90,687	1,368,485	652,349	159,889		13,782	37,217	203,756		671,334					3,197,499
4 共済費	73,634	447,654	295,223	74,828		6,087	14,563	91,222		245,710					1,248,375
5 災害補償費		2													2
6 恩給及退職年金															0
7 賃金		140,936	1,962												142,898
8 報償費	127	29,984	20,817	18,861		549	122	7,870	1,650	55,526					135,506
9 旅費	3,122	26,612	6,511	589		316	668	600	20,605	13,652					72,675
10 交際費	500	820					50		100	1,020					2,490
11 需用費	3,464	204,130	92,576	201,490	446	204	2,815	183,004	65,627	716,414					1,470,170
12 役務費		111,820	27,383	10,907	48		336	9,677	2,015	54,867					217,053
13 委託料	12,623	1,532,085	1,636,702	1,836,982	324	4,614	16,346	989,019	1,645,930	1,401,230					9,075,855
14 使用料及び賃借料	967	310,263	25,166	3,806	5,419	7,434	10,787	24,360	2,545	246,134					636,881
15 工事請負費	22,150	793,622	12,044	12,770				522,888	48,717	2,804,557	4				4,216,752
16 原材料費		54	110	132				2,046	332	41					2,715
17 公有財産購入費				83,014				89,720		451,465					624,199
18 備品購入費		21,828	5,538				24	80	11,968	115,823					155,261
19 負担金・補助及び交付金	8,879	131,183	5,503,323	1,326,584	12,375	4,671	204,318	200,981	58,381	723,420					8,174,115
20 扶助費			11,767,988	10,500						118,550					11,897,038
21 貸付金		200			3,000										3,200
22 補償補填及び賠償金		2		516				33,630		1					34,149
23 償還金・利子及び割引料		90,011	52	1			7			601		2,159,955	1		2,250,628
24 投資及び出資金															0
25 積立金		164,482	1					771,174							935,657
26 寄附金															0
27 公課費		165	38	175				113	469	38					998
28 繰出金			5,247,115					263,179							5,510,294
予 予備費														55,973	55,973
合計	404,316	6,956,523	26,304,613	3,962,606	21,612	61,680	341,626	3,659,578	1,878,454	8,663,059	4	2,159,955	1	55,973	54,470,000
構成比	0.7	12.8	48.3	7.3	0.0	0.1	0.6	6.7	3.5	15.9	0.0	4.0	0.0	0.1	100.0

出所：東京都多摩市「平成 28 年度一般会計特別会計予算及び説明書」

クロス表の見方・活用の仕方 （ここででてくる方法、予算書の項目はあくまで一例です）

10 交際費 （住民監査請求、住民訴訟を起こすと低くなる）
「議会費」→議長交際費　「総務費」→市長及び市交際費など

11 需用費 （節をさらに分けた細節「食糧費」から官官接待の実態が明らかになったことも）

13 委託料 （自治体のどういうしごとが委託されているか）
「議会費」→電算処理委託料、「総務費」→市報等配布委託料、地域センター施設維持管理委託料、清掃委託料、「民生費」→高齢者給食サービス委託料、身体障害者授産施設、ホームヘルプサービス、「衛生費」→可燃ごみ・資源物等収集運搬業務委託、「土木費」→自転車駐車場管理委託料、道路清掃等委託料、「教育費」→学校給食施設維持管理委託料

19 負担金、補助及び交付金 （一人当たりの額をだし、他の自治体と比べてみる）
①一部事務組合・広域連合等：一部事務組合への負担金は経年的にみるとどうか。
「衛生費」→清掃の一部事務組合（東京たま広域資源循環組合分担金）、「民生費」→介護保険関係など。
②公営企業（法適）→自治体立病院など
③自治体外の団体
「議会費」→市議会議長会負担金、「総務費」→市長会関係負担金
④自治体内の各種団体：市民感覚から改革できる分野。
「総務費」→防犯灯電気料補助、「民生費」→老人クラブ助成費補助金、敬老金、共同作業所運営費補助金、「土木費」→○○地区再開発事業費負担金、「教育費」→体育協会補助金、「商工費」→小口事業資金融資に対する利子補給金・保証料補助、商工会振興補助金

20 扶助費 （生活保護法など法令に基づいて現金・現物給付）
「民生費」→生活保護世帯の割合など自治体の社会的特性をみてどうか
　　　「上乗せ・横だし」・市独自の施策（単独扶助）はあるか
　　　　＊難病患者等日常生活用具購入費助成、老人福祉手当、児童手当など
「教育費」→＊要保護・準要保護生徒修学援助金など
「衛生費」→ここが高い割合だと、難病・公害患者が多い自治体

28 繰出金 （特別会計への繰出金）
「民生費」→後期高齢者医療保険特別会計、国民健康保険特別会計、介護保険特別会計
「土木費」→下水道事業特別会計

様々な財政指標（指数等）を読む

第30講　財政指標（指数等）はいっぱいある

余裕はあるのか、借金はどれくらいか

　これまで私たちは、決算収支（赤字か黒字か）・歳入・歳出…といったことを一つひとつ学んできました。この章からは、自治体の財政はどれだけ余裕があるのか、借金や積立金などはどれくらいかなどを示す「指数等」を学びます。そのため、実額だけでなく「％」などを使う場合もあります。

決算カードの右下と真ん中下

　この章で扱う項目は、73ﾍﾟの決算カードでは右下と真ん中下の色がついているところにあります。73ﾍﾟを見ながら、お手元の決算カードでわがまちの値を確認してください。また、総務省方式の決算カードの真ん中下に「経常収支比率」などがあります。この章では、これも扱います。

「指数等」にはどんなものがあるか

　この章で扱う「指数等」でどんなことがわかるのでしょうか。ざっとあげると、

(1)　**財政規模を見る→標準財政規模**

　　（関連して「基準財政収入額」「基準財政需要額」「標準税収入額等」など）

(2)　**財政力を見る→財政力指数**

(3)　**財政の余裕度（弾力性）→経常収支比率**

(4)　**借金を返済するための負担度合い→実質公債費比率**

　　（関連して「公債費比率」「公債費負担比率」「起債制限比率」）

(5)　**貯金はどれくらいか→積立金現在高**

(6)　**借金はどれだけ累積しているのか**

　　①地方債現在高

　　②債務負担行為額（翌年度以降支出予定額）

(6)　**将来の負担の度合いは**

　　①実質債務残高比率・実質的将来財政負担額比率（総務省方式の決算カードには載っていません）

　　②将来負担比率

自治体行財政運営と「財政の健全化」

　なぜこのような指標を見るのでしょうか。それは「財政は健全であるか」を見るためです。たとえ良い事業計画や施策案であっても、それを裏付ける財政基盤や財政計画がなければ実現できません。そのためにも、安定的な財政基盤か、緊急時も耐えうる弾力性のある財政構造であるか、たえずチェックしておく必要があります。

　わがまちの傾向を巻末の「分析表8」に記入し把握してみましょう。

　もっとも、新聞などで、「経常収支比率」が何％だから、この自治体の財政状況がいいとか、悪いとか書かれたりします。しかし、果してそうなのか、そして、数字の示す意味も検証し、そこからどのような行財政運営をすべきか、どのような地方財政システムが良いかまで考えたいものです。

図表 30‑1　決算カードでみる財政指標（指数等）

平成３０年度　決算状況

人	27年国調	122,742人	区分	住民基本台帳人口	うち日本人
口	22年国調	122,650人	31. 1. 1	123,689	121,324
	人口増減率	1.7%	30. 1. 1	121,673	119,585
面積		11.46 km²	増減率	1.7	1.5

産業構造	27年国調	22年国調
第1次	0.9	1.0
第2次	15.8	15.8
第3次	83.4	83.2

都道府県名　13　東京都　　団体名　2144　国分寺市　　市町村類型　Ⅲ‑3　　地方交付税種地　2‑10

歳入の状況（単位：千円・%）

区　分	決算額	構成比	経常一般財源等	構成比
地方税	23,054,347	49.5	21,184,303	87.7
地方譲与税	177,959	0.4	177,959	0.7
利子割交付金	49,079	0.1	49,079	0.2
配当割交付金	163,419	0.4	163,419	0.7
株式等譲渡所得割交付金	133,113	0.3	133,113	0.5
地方消費税交付金	2,083,635	4.5	2,083,635	8.6
自動車取得税交付金	105,884	0.2	105,884	0.4
地方特例交付金	85,443	0.2	85,443	0.4
地方交付税	40,266	0.1		
うち特別交付税	40,219	0.1		
うち震災復興特別交付税	47	0.0		
一般財源計	25,893,145	55.6	23,982,835	99.3
交通安全対策特別交付金	9,013	0.0	9,013	0.0
分担金・負担金	706,752	1.5		
使用料	656,932	1.4	167,435	0.7
手数料	434,926	0.9		
国庫支出金	6,247,621	13.4		
都道府県支出金	6,047,228	13.0		
財産収入	104,844	0.2		
寄附金	31,839	0.1		
繰入金	2,142,648	4.6		
繰越金	1,376,440	3.0		
諸収入	1,448,333	3.1	1,669	0.0
地方債	1,489,500	3.2		
歳入合計	46,589,221	100.0	24,160,952	100.0

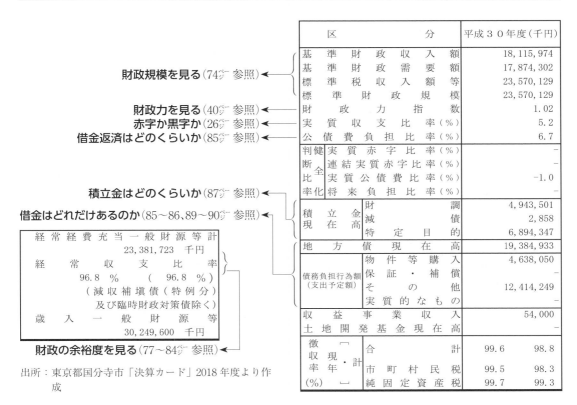

財政指標（指数等）

区　　　　　分	平成３０年度（千円）	
基　準　財　政　収　入　額	18,115,974	
基　準　財　政　需　要　額	17,874,302	
標　準　税　収　入　額　等	23,570,129	
標　準　財　政　規　模	23,570,129	
財　政　力　指　数	1.02	
実　質　収　支　比　率（％）	5.2	
公　債　費　負　担　比　率（％）	6.7	
判健　実　質　赤　字　比　率（％）	－	
断全　連結実質赤字比率（％）	－	
比化　実質公債費比率（％）	-1.0	
率　　将　来　負　担　比　率（％）	－	
積立金　財　調	4,943,501	
現在高　減　債	2,858	
特　定　目　的	6,894,347	
地　方　債　現　在　高	19,384,933	
債務負担行為額　物件等購入	4,638,050	
（支出予定額）　保証・補償	－	
その他　実質的なもの	12,414,249	
収　益　事　業　収　入	54,000	
土地開発基金現在高	－	

徴収率（現年・計）（％）		平成30年度	平成29年度
	合　計	99.6	98.8
	市　町　村　民　税	99.5	98.3
	純　固　定　資　産　税	99.7	99.3

財政規模を見る（74㌻参照）
財政力を見る（40㌻参照）
赤字か黒字か（26㌻参照）
借金返済はどのくらいか（85㌻参照）
積立金はどのくらいか（87㌻参照）
借金はどれだけあるのか（85～86、89～90㌻参照）

経常経費充当一般財源等計　23,381,723 千円
経常収支比率　96.8 %（ 96.8 %）（減収補塡債（特例分）及び臨時財政対策債除く）
歳入一般財源等　30,249,600 千円

財政の余裕度を見る（77～84㌻参照）

出所：東京都国分寺市「決算カード」2018年度より作成

基礎編

第31講　わがまちの財政規模はどれくらい（標準財政規模）

よく使われる「標準財政規模」

「標準財政規模」という聞きなれない財政用語があります。これは様々な財政指標（指数等）の「分母」に使われる数字です。

「経常一般財源等」のおさらい

「標準財政規模」を理解する前に、「経常一般財源等」を思い出してください。経常一般財源等とは、毎年経常的に入ってくる自治体の裁量で自由に使えるおカネで、家庭でいえばお給料のようなものだと学びました。経常一般財源等がどれだけあるかで、自治体財政の安定度が違ってきます。そのため経常一般財源等とは自治体が最も頼りにしている財源といえます。

そもそも「標準財政規模」とは

そして、標準財政規模とは、「地方公共団体の標準的な状態で通常収入されるであろう経常的一般財源の規模を示すもので、標準税収入額等に普通交付税を加算した額」（『地方財政白書』）とされています。この説明を少しかみ砕いていうと、一定の計算式のもとで示した経常一般財源等の見込額（理論値）が標準財政規模となります。ただし、2008年度の総務省方式の決算カードから、これまでの標準財政規模に臨時財政対策債発行可能額が加わりました（75ページのアミかけ参照）。もっとも、その年の徴収状況などによって、実際の経常一般財源等と標準財政規模にズレがでます。しかし、75ページの埼玉県朝霞市をみてわかるように、多少のズレ（経常一般財源等が約239.7億円に対し、標準財政規模−臨時財政対策債発行

可能額は約233.8億円）があるにしてもおおむね同じ財政規模です。

なぜ「経常一般財源等」がものさしに？

各財政指標（指数等）のように、自治体の借金返済の負担度合いや黒字の規模がどれぐらいあるかをみる場合、経常一般財源等がものさしになります。なぜなら、経常一般財源等は特定財源と違い、比較的変動が少なく、毎年ほぼ一定の金額が入ってきます。そのため、経常一般財源等をものさしにした方が「経年的に」「他自治体と」比較しやすくなります。そして、経常一般財源等の見込額（理論値）である「標準財政規模」が実際のものさしとなります。

2008年度より標準財政規模が変わる

さきほどふれたように2008年度決算カードから、各指標の分母にこれまでの標準財政規模に臨時財政対策債発行可能額が加わることになりました。分母が大きくなったため、2007年度以前の計算式で計算するよりも、各指標の数値が多少低くなります。

分母が標準財政規模の財政指標（指数等）

・実質収支比率
・実質赤字比率
・連結実質赤字比率
・実質公債費比率
・将来負担比率
・公債費比率
・起債制限比率
・実質債務残高比率
・実質的将来財政負担額比率

※太字が財政健全化法の健全化判断比率

図表 31-1　市町村の普通会計の財源構成モデル（2001 年以降）

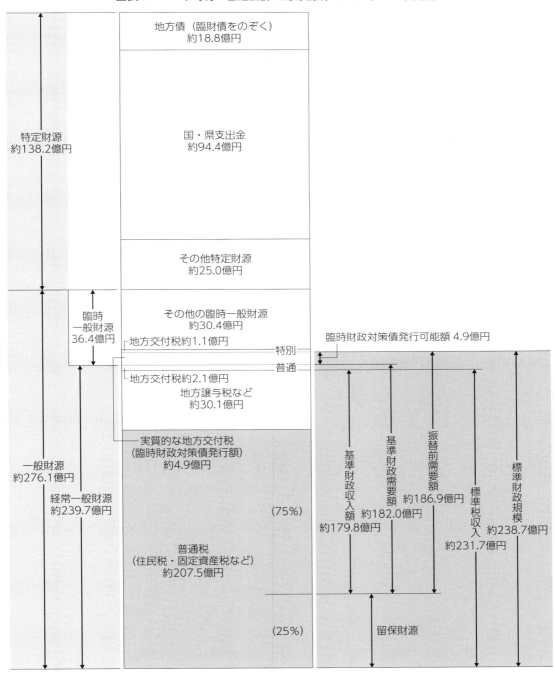

注：図表32-1の右のモデル図は理論値なので左図の数値と一致しない
出所：埼玉県朝霞市「決算カード」・「市町村地方交付税算定台帳」2017 年度より作成

基礎編

入手しよう「財政比較分析表」

ここでは、総務省ホームページから入手できる「財政状況資料集」の4つ目、「財政比較分析表」を見てみましょう。

自治体の「偏差値」で都市間競争を促す

ここでは、この「財政比較分析表」のねらいは何なのか、市民がどう読んでいくかについて指摘したいと思います。まず、この「財政比較分析表」の構成は**図表32−1**の「財政力指数」「経常収支比率」などを経年的にみるグラフ「個別指標図」、**図表32−2**の数値の背景や今後の方策等自治体なりの評価を記入した「分析欄」の二つに分かれます。

「個別指標図」を見てください。「財政力」を例に見てみます。下のように、その年度の類似団体内最大値と最小値が示され、わがまちの比率と類似団体内平均値の推移が5ヵ年分示されます。欄外には、全国市町村平均、都道府県内市町村平均に加えて、類似団体内順位が載っています。例えば、[6/50]ですと、類似団体50自治体のうち6番目に財政力指数が高いという意味です。これをみると、受験の頃の「席次」

を思い出された方がいらっしゃるのではないでしょうか。

さらに、7つの個別指標図は「人件費・物件費等」「給与水準」「定員管理」といった自治体職員の人件費をみる指標が入っています。このことから、自治体「リストラ」を目的とした指標を選択していることがわかります。これは何を示しているのでしょうか。偏差値、席次による自治体「リストラ」の都市間競争を誘導しているということです。

「分析欄」は「教科書」ではない

さらに**図表32−2**の「分析欄」は、主として、どのように職員を削減するかといった自治体「リストラ」の方向性を示しています。「財政比較分析表の説明」によれば、「分析欄」は「各団体において記述」しているとされています。これはあくまで、役所の視点です。同じ結果でも、市民的な視点では評価が違ってくる可能性もあります。ですから、この「分析欄」の記述が、今後の財政運営を示す、「教科書」として一人歩きすることに注意が必要です。「分析欄」を参考にしつつも、市民自らが、わがまちの財政を比較・分析し、市民なりに今後の財政運営を示す必要があります。それが市民による「財政白書」づくりへの取り組みにつながります。

図表32−1　「個別指数表」をみる

	財政力			
	財政力指数　[1.02]			

出所：東京都国分寺市「財政状況資料集」2018年度

図表32−2　「分析欄」をみる

類似団体内順位 6/50　　全国平均 0.51　　東京都平均 0.76

財政力指数の分析欄
社会福祉費の単位費用の増等により基準財政需要額が増加した一方で、地方消費税交付金の減等に伴い基準財政収入額が減少した。過去3年の平均値である財政力指数は前年度と同数値となった。今後は景気動向により市税収入等に大きな影響を受けることが懸念されるが、事務事業の見直しなどによる経常経費の削減を進めることにより財政基盤の強化に努める。

出所：図表32−1に同じ

第33講 余裕がある財政なの？（経常収支比率1）

地方財政のエンゲル係数

経常収支比率という言葉も、マスコミや選挙での財政問題の争点に使われる指標です。この経常収支比率は、財政の弾力性を表すものと説明されます。中学校の社会科の副読本によってはこの経常収支比率が紹介されているものもあり、「地方財政のエンゲル係数」とも表現されます。

経常収支比率とは

本題に入りまして、経常収支比率の計算式は、

$$\frac{②経常経費充当一般財源等}{①経常一般財源等} \times 100$$

です。

また、（様々な議論がありますが）都市における目安として

70〜 80%　適正
80〜 90%　弾力性をやや欠く
90〜100%　弾力性を欠く
100% 以上　硬直化
＝新たな投資ができない

とされています。

「①経常一般財源等」については、第12講で紹介しました。歳入の段階で「毎年きちんと一定額が入ってくる、自治体の裁量で自由に使える財源」のことです。目的税を除いた地方税や普通交付税が中心です。17年度の東京都小平市では歳入総額約641.4億円のうち、約346.6億円が経常一般財源等となります（図表33−1Ⓐ）。

「②経常経費充当一般財源等」は、歳出の段階で「経常経費を経常一般財源等で充てた額」のことをいいます。

歳出で学んだように、歳出は経常経費と臨時経費に分かれます。経常経費は、人件費や扶助費など毎年必ず支出しなければならない経費をいいます。

その経常経費のうち「一般財源等」で充てる額を「②経常経費充当一般財源等」といいます。**図表33−1**のBに、「経常経費充当一般財源等計」というものがあります。2017年度の小平市の決算カードを見ると、約334.7億円が経常経費充当一般財源等となります。

ですから、経常収支比率の計算式にそれぞれの数字を当てはめ、約334.7億／約346.6億円に100を掛けると経常収支比率の値（96.6%）がでます。それが、**図表33−2**にあるCの経常収支比率です。

経常収支比率で何をみるか

お給料のように定期的に入ってくる収入から食費やローン、光熱費などの経常経費にどれだけ充てているかを見るのが「経常収支比率」となります。この数値が低いほど、投資できるゆとりがあるといわれます。例えば経常収支比率が80%だと残りの20%を投資的経費や基金積立といった臨時経費にあてることができます。東京都小平市の場合は、約346.6億円の経常一般財源等のうち、約11.9億円（約346.6億−約334.7億）が臨時経費に充当可能ということになります。

反対に経常収支比率が100%を超えるということは、経常経費充当一般財源等が経常一般財源等だけでは賄えず、臨時一般財源等も充てられたということになります。

基礎編

様々な財政指標（指数等）を読む　77

図表33-1 「経常収支比率」＝財政の余裕度をみる

歳 入 の 状 況 （単位：千円・%）				
区 分	決 算 額	構 成 比	経常一般財源等	構 成 比
地 方 税	31,171,061	48.6	28,866,596	83.3
地 方 譲 与 税	257,228	0.4	257,228	0.7
利 子 割 交 付 金	57,317	0.1	57,317	0.2
配 当 割 交 付 金	235,867	0.4	235,867	0.7
株式等譲渡所得割交付金	235,978	0.4	235,978	0.7
分 離 課 税 所 得 割 交 付 金	–		–	
道府県民税所得割臨時交付金	–		–	
地 方 消 費 税 交 付 金	3,825,929	6.0	3,825,929	11.0
ゴ ル フ 場 利 用 税 交 付 金	15,172	0.0	15,172	0.0
特 別 地 方 消 費 税 交 付 金	–		–	
自 動 車 取 得 税 交 付 金	147,428	0.2	147,428	0.4
軽 油 引 取 税 交 付 金	–		–	
地 方 特 例 交 付 金	173,761	0.3	173,761	0.5
地 方 交 付 税	799,355	1.2	689,276	2.0
内訳　普 通 交 付 税	689,276	1.1	689,276	2.0
特 別 交 付 税	109,640	0.2		
震災復興特別交付税	439	0.0		
（ 一 般 財 源 計 ）	36,919,096	57.6	34,504,552	99.6
交通安全対策特別交付金	18,125	0.0	18,125	0.1
分 担 金 ・ 負 担 金	614,417	1.0		
使 用 料	747,633	1.2	107,510	0.3
手 数 料	265,110	0.4		
国 庫 支 出 金	11,040,318	17.2		
国 有 提 供 施 設 （特別区財調交付金）				
都 道 府 県 支 出 金	8,402,771	13.1		
財 産 収 入	34,618	0.1	15,143	0.0
寄 附 金	2,962	0.0		
繰 入 金	1,451,685	2.3		
繰 越 金	1,642,985	2.6		
諸 収 入	702,739	1.1	10,502	0.0
地 方 債	2,300,328	3.6		
うち減収補填債（特例分）	–			
うち臨時財政対策債	1,349,428	2.1		
歳 入 合 計	64,142,787	100.0	Ⓐ34,655,832	100.0

・自治体の財政構造の弾力性を表す指標といわれています。地方財政のエンゲル係数とも呼ばれ、投資へのゆとり度を示すものです。

$$\frac{経常経費充当一般財源等}{経常一般財源等} \times 100 =$$

70〜 80% （65〜 75%）	適正
80〜 90% （75〜 85%）	弾力性をやや欠く
90〜100% （85〜 95%）	弾力性を欠く
100% 以上 （95% 以上）	硬直化＝新たな投資的経費がない

＊（ ）の町村の場合は扶助費の大半を国と都道府県が肩がわりするために5%程度低くなります。

経 常 経 費 充 当 一 般 財 源 等 計 Ⓑ 33,474,971 千円
経 常 収 支 比 率 Ⓒ 93.0 %　（　96.6 %） （減収補填債（特例分） 及び臨時財政対策債除く）
歳 入 一 般 財 源 等 41,745,089 千円

出所：東京都小平市の「決算カード」2017年度より作成

図表33-2 経常収支比率を図式化すると…

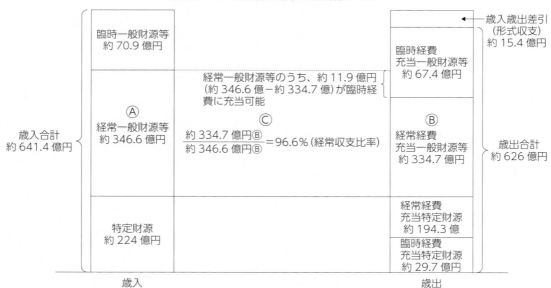

出所：初村尤而『図説　市民とすすめる自治体財政再建』、自治体研究社、15?? の「図表Ｉ-4-1　財源の配分と経常収支比率の意味」を参考に、東京都小平市の2017年度の「決算カード」と「地方財政状況調査表」の表番号「05」と「14」をもとに作成

第34講 もう一つの経常収支比率（経常収支比率2）

2001年からの二つの経常収支比率

2001年度以降、二つの経常収支比率が存在します。2000年度と比較して、一つの経常収支比率は上昇し、もう一つの経常収支比率は2000年度より下降していきます。2001年度以降でてきた経常収支比率は以下の計算式で算出します。

$$\frac{②経常経費充当一般財源等}{①経常一般財源等 + ③臨時財政対策債 + ④その他の赤字地方債^{※}} \times 100$$

※③④とも発行額

計算方法からわかるように、以前の計算方法に③「臨時財政対策債」などの赤字地方債が加わったことがポイントです。この赤字地方債は経常経費等に充てる借金であり、生活費が足りず借金で工面しているようなものです。それを経常一般財源等に加えると、起債をすれば分母の額が増えるため、見かけ上、経常収支比率は「改善」します。

国の「都合」で

もっとも、この借金は国の都合で各自治体が借りざるをえなくなったものです。「臨時財政対策債」は、国の「地方交付税」の原資が足りないことや2005年度まで続いた「恒久減税」の影響で自治体の地方税収入が減収したこと等を要因として、地方交付税額算定に必要な基準財政需要額を抑えていることが背景にあります。しかし、地方交付税が減ることで財源不足が起こったら困るので、国が地方自治体に「財源不足の際には、地方交付税を減らした額、借金していいよ」と認めた借金です（詳細は第48講）。

例えば図表35−2の狭山市の経常収支比率を見ると、直近の2014年度ではその赤字地方債を入れると、経常収支比率は91.9%ですが、赤字地方債を除けば（従来の計算方法だと）、97.7%になります。

「赤字地方債」が増えてきた

第13講でも指摘しましたが、2004年度をピークに2005年度頃まで事業債よりも赤字地方債の起債が増えていました。下の図表は長野県信濃町の例です。当然、地方債現在高の赤字地方債の占める割合も増えています。後年度負担を検証する必要があります。

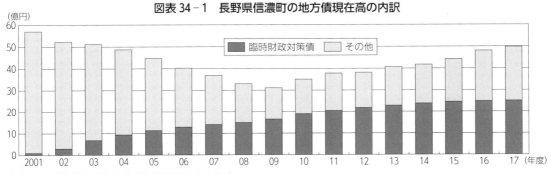

図表34−1　長野県信濃町の地方債現在高の内訳

出所：長野県信濃町各年度「決算統計」より作成

様々な財政指標（指数等）を読む　　79

経常収支比率も経年的動向を分析することが必要です。埼玉県狭山市を例にします。

経常一般財源等・
経常経費充当一般財源等の推移

まず、決算カードから約 30 年間の経常一般財源等、経常経費充当一般財源等の推移をみましょう。それが、下のグラフです。図表 35 − 1 の黒い部分が経常一般財源等を経常経費充当一般財源等から差し引いた部分です。黒い部分が大きいほど投資的経費等に充てる余裕が大きいということになります。さらに、経常収支比率の推移のグラフ（図表 35 − 2）を見ると、図表 35 − 1 の黒い部分の幅が小さくなればなるほど、経常収支比率の数値が上がっていくことがわかります。グラフから狭山市の経常収支比率は 30 年間で上昇していることがわかります。さらに①経常収支比率が 20% も上昇した 90 年代前中期、②経常収支比率が 80〜90% 台を乱高下する 90 年代後期から 2000 年代後半、③経常収支比率が 100% 前後で

推移する 2010 年代以降の三つの時代に分けられます。なぜ、経常収支比率が上昇したのでしょう。グラフからわかることは、①経常一般財源等が 90 年代前半まで右肩上がりであったのが、1991 年度から 1996 年度まで約 250 億円台で頭打ちとなっているのにもかかわらず、経常経費充当一般財源等については、一貫して上昇していることです。②97 年度以降、経常一般財源等が乱高下しながら、再び上昇していますが、経常経費充当一般財源等も緩やかなカーブになりながらも上昇し、現在では 250〜260 億円で推移しています。90 年代において経常経費充当一般財源等を引き上げた要因、言い換えると、どういった歳出科目（例えば、民生費）が増えたことで経常経費充当一般財源等の額が増加したのか、経常一般財源等が増えたり減ったりする要因として、何の歳入が増えたのかについて決算カード等から探ってみると、経常収支比率の推移の背景がわかるかと思います。

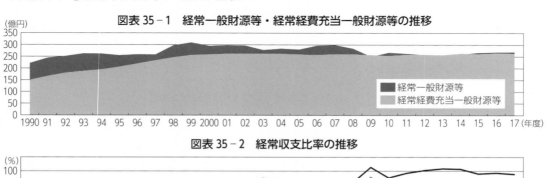

図表 35 − 1　経常一般財源等・経常経費充当一般財源等の推移

凡例：
■ 経常一般財源等
■ 経常経費充当一般財源等

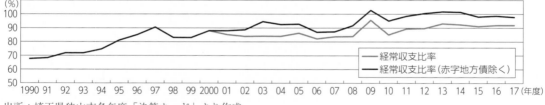

図表 35 − 2　経常収支比率の推移

凡例：
— 経常収支比率
— 経常収支比率（赤字地方債除く）

出所：埼玉県狭山市各年度「決算カード」より作成

第36講　経常収支比率があがったワケは（経常収支比率4）

高い年と低い年で比較する

第35講の埼玉県狭山市で経常経費充当一般財源等が上昇した要因を探りました。

30年間の推移を眺めるだけでいくつかの要因をつかむことができますが、**図表36-1**のように経常収支比率が最も高い年と低い年を比較してみました（ただし、減税補てん債及び臨時財政対策債を除く）。

経常収支比率が最も低かった年は、1990年度です。そして最も高かった年は2009年度になります。この19年間に経常収支比率が、67.7%から102.7%と35%も上昇しています。性質別歳出の各内訳における経常収支比率の変化をみると、公債費11.5%（5.5%→17.0%）、扶助費8.3%（3.4%→11.7%）、繰出金7.0%（3.6%→10.5%）、人件費（33.5%→39.7%）、という順番です。

大型建設事業展開のサイクルで

性質別歳出の経年的動向もあわせて見てみます。それが**図表36-2**です。普通建設事業費と公債費・物件費に絞ってみます。

経常収支比率が60～70%代であった90年度前半は、普通建設事業費がおおむね30%前後を推移しています。普通建設事業費が歳出の25～35%を占める傾向は、96年度まで続きます。その後、物件費・公債費があわせて上昇していき、90年度から96年度まで経常収支比率が20%も上昇します。経常収支比率が上昇すると、今度は普通建設事業費が抑制されます。こういったサイクルが読みとれます。

つまり、大型の普通建設事業を展開する

ことで、その財源として起債した公債費の返済が、後年度に増大することになります。それが95年度以降の公債費の上昇です。また、大型のハコモノ施設がいったんできると管理運営に伴う委託費や管理費がランニングコストとして経常的にのしかかります。グラフはそのサイクルを示しています。あわせて、扶助費の上昇は子ども手当（児童手当）や生活保護世帯の増加、繰出金の増加は、国保や下水道を中心とした特別会計の赤字補てんのための支出が増加することから生じます。みなさんもわがまちの経常収支比率がなぜあがっているのか、巻末の「分析表4の補表」を記入して理解しましょう。

近隣自治体と比較する

さらに近隣自治体や類似都市と比較することで、わがまちの経常収支比率がなぜ高いのか、低いのか、どの性質別科目がその要因なのかが明らかになります。東京都多摩市の多摩市財政分析研究会のみなさんは、多摩地域26市の経常収支比率を性質別科目ごとに比較しました。そこから、多摩市の物件費が26市の中で最も高いこと、補助費等も類似都市10市のなかで最も高いことを突き止めました。例えば2003年度はこの二つで42.6%でした（ただし、減税補てん債・臨時財政対策債を含めない場合）。

そのことを多摩市役所や市民に指摘した結果、多摩市も補助金改革や大型施設の委託料見直しを進めています。市民が分析することで、自治体財政のあり方を変えた一つの例です。

基礎編

図表 36 – 1　「経常収支比率の構成比の比較」を作成する

	2009 年度		1990 年度	最も高い年度－最も低い年度
人　件　費	39.7%	～	33.5%	6.2%
物　件　費	19.3%	～	17.0%	2.3%
維 持 補 修 費	0.6%	～	1.1%	− 0.5%
扶　助　費	11.7%	～	3.4%	8.3%
補　助　費　等	3.7%	～	3.5%	0.3%
公　債　費	17.0%	～	5.5%	11.5%
繰　出　金	10.5%	～	3.6%	7.0%
経 常 収 支 比 率	102.7%	～	67.7%	35.0%

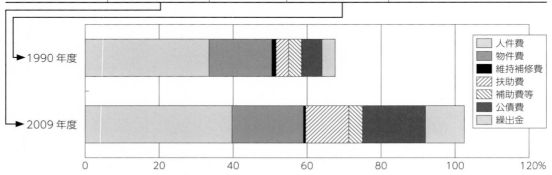

出所：埼玉県狭山市各年度「決算カード」より作成

図表 36 – 2　埼玉県狭山市の普通建設事業費（投資的経費）・物件費・公債費の決算額構成比

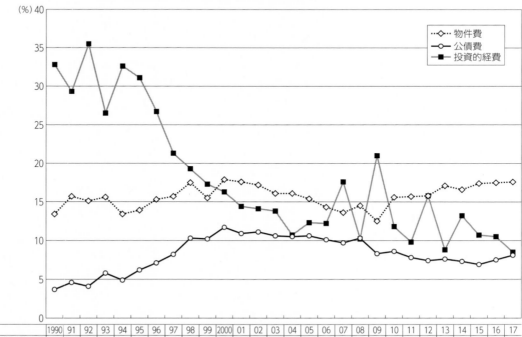

	1990	91	92	93	94	95	96	97	98	99	2000	01	02	03	04	05	06	07	08	09	10	11	12	13	14	15	16	17
物　件　費	13.4	15.7	15.1	15.6	13.4	13.9	15.3	15.7	17.5	15.5	17.9	17.6	17.2	16.1	16.1	15.4	14.3	13.6	14.5	12.5	15.6	15.7	15.8	17.1	16.6	17.4	17.5	17.6
公　債　費	3.7	4.6	4.1	5.8	4.9	6.2	7.1	8.2	10.3	10.2	11.7	10.9	11.1	10.6	10.5	10.6	10.1	9.7	10.3	8.3	8.6	7.8	7.4	7.6	7.3	6.9	7.5	8.1
投資的経費	32.8	29.3	35.5	26.5	32.6	31.1	26.7	21.3	19.3	17.3	16.3	14.4	14.1	13.8	10.7	12.3	12.2	17.6	10.2	21.0	11.8	9.8	15.8	8.8	13.2	10.7	10.5	8.5

出所：図表 36 – 1 に同じ

「2点セット」の一つ

経常収支比率の分析をするにあたって活用できる資料が、2010年度より総務省のホームページで公開されました。「財政状況資料集」の一つである「市町村経常経費分析表」です。

「市町村経常経費分析表」の構成

「市町村経常経費分析表」は「財政状況資料集」の5ページ目、6ページ目にあります。5ページ目が図表37-1の「経常収支比率の分析」、6ページ目が「人件費・公債費・普通建設事業費の分析」です。

ここでは、5ページ目の「経常収支比率の分析」に注目してください。

「経常収支比率の分析」を見る

これは、第32講で紹介した「財政比較分析表」と似た構成になっています。

つまり、①「人件費」「物件費」…といった性質別歳出ごとの「個別指標図」、②なぜこのような比率になったのか、今後どのような対策をするかという自治体なりの評価を記入している「分析欄」の二つに分かれます。

ちなみにここで引用されている経常収支比率は「臨時財政対策債とその他の赤字地方債を含む」計算式を用いた経常収支比率（二つの経常収支比率のうち、数値の低い方の経常収支比率）です。

「経年」「他自治体」比較が同時に

一番注目すべきは「個別指標図」です。「財政比較分析表」と同様、①類似団体のうち数値が高い自治体、低い自治体、②類似団体順位、全国市町村平均、都道府県内市町村平均が記載され、当該年から過去5年間の当該自治体と類似団体の経年比較が載っています。つまり、「経年」「他自治体」比較が同時にできるようになっています。

「市町村経常経費分析表」も弱点がある

「市町村経常経費分析表」も弱点があります。

まず、経年分析といっても5年間です。第35講で触れたように、経常収支比率が高くなっていったのは、バブル経済が崩壊した後になります。また、経常収支比率が上がったのは、経費が増加したのか、経常一般財源等が減少したのかといった分析もあわせて、やはり20年程度の経年分析を行わないとわかりません。

2点目は、「経常収支比率の分析」の右下にある「その他」についてです。決算カードで「性質別歳出の状況」をみると、経常収支比率を構成する科目は、「人件費」「扶助費」「公債費」「物件費」「維持補修費」「補助費等」「繰出金」「投資・出資金・貸付金」となります。そのうち、「その他」に入るのは主に「維持補修費」「繰出金」です。なぜ、「繰出金」が「その他」で括られているのでしょうか。

第46講でふれるように、都市部では下水道事業会計、国民健康保険事業会計や介護保険事業会計などの繰出金が年々増加しており、そのことが経常収支比率を押し上げる大きな要因となっています。「市町村経常経費分析表」ではその点がつかめません。

ちなみに町村の場合ですと、「扶助費」の

基礎編

比重はそれほど多くありません。にも関わらず、「扶助費」は記載されています。「繰出金」についてもきちんと記載すべきです。

そもそも、この市町村経常経費分析表の繰出金などは、国保、介護、病院、下水など自治体自身の問題というよりも制度的な改革をしなければ解決できないものです。そういったものを、「その他」に入れて見えにくくしていると思うのは考えすぎでしょうか。

最後に「分析欄」です。総務省はこれまで、厳しい財政状況の中で地方自治体に行政改革を迫ってきました。例えば、05 年には「新地方行革指針」を各自治体向けにだ

し、その中で職員削減や民間委託の促進について数値目標などを掲げた「集中改革プラン」の策定・公表を自治体に求めています。また 07 年には「頑張る地方応援プログラム」のように地方独自のプロジェクトを自ら考え取り組む自治体に対して、地方交付税等の支援措置を講じてきました。こういった総務省の方針を踏まえながら「分析欄」を書くと、住民サービスを向上させるためというよりは、経費削減に重きをおいた記述になりがちです。

そういった点をおさえつつ、「歳出比較分析表」や「経常経費分析表」を活用するようにしてください。

図表 37 - 1 「市町村経常経費分析表」をみる

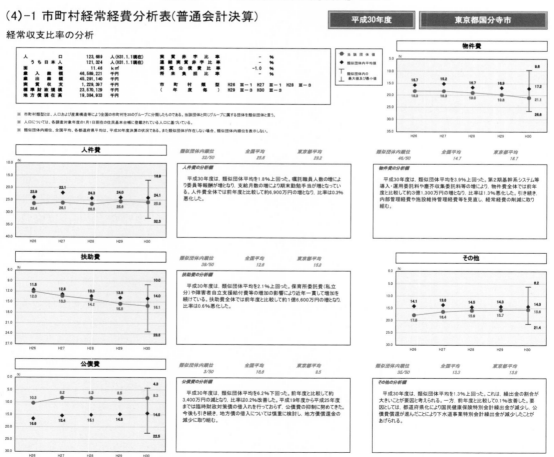

出所：東京都国分寺市「財政状況資料集」2018 年度より作成

第38講　借金の負担感は？（借金をみる1）

借金を返済するための負担度合いは？

公債費の負担の度合いの尺度を示す指標がいくつかあります。それは、「公債費負担比率」「公債費比率」「実質公債費比率」「起債制限比率」などです。指標をみる基準は**図表38-1**にまとめておきました。公債費負担比率は、公債費充当一般財源（地方債の元利償還金等の公債費に充当された一般財源）が一般財源総額に対し、どの程度の割合になっているかを示す指標です。また、公債費比率は、地方債の返済額及びこれに準じる額の大きさを指標化したものです。起債制限比率は、地方債の返済に関する地方交付税措置等を勘案した指標です。これらの指標は、公債費がどの程度、財政の自由度を圧迫しているか、財政構造の弾力性を判断するために用いられます。

「実質公債費比率」に注目

なかでも必ずチェックしてほしいのは、「実質公債費比率」です。05年度の総務省方式の決算カードより登場し、財政健全化法による健全化判断比率と呼ばれる4つの指標の一つとなっています（第42講参照）。他の借金を見る指標が普通会計を対象にしているのに対し、公営事業会計や一部事務組合・広域連合などの公債費を返済するために普通会計からだされる繰出金をも対象にしています。そのため、一般的に見えにくい公営事業会計等も勘案した自治体の借金返済に関する負担具合を見ることができます。

この実質公債費比率は、これまで国の「許可」が必要だった地方債の発行が、2006年度より「協議」となったことで導入された財政指標です。「許可」から「協議」になった場合、国が認めなくても当該自治体の議決と地方債を受け入れる金融機関があれば、地方債を発行することができます。ただし、実質公債費比率が18％以上の団体は、起債にあたり「公債費負担適正化計画」の策定が義務づけられた上で、従来のように総務省の許可が必要になります。ちなみにそれ以前は、起債制限比率が、地方債発行にあたり国の許可が必要かどうかの判断に用いられ、それが14％以上の団体は許可が必要とされてきました。この起債制限比率は普通会計のみを対象にしています。

さらに実質公債費比率が25％以上になると財政健全化法のイエローカードの早期健全化段階に、35％以上だとレッドカードの財政再生段階となり、地方債の発行など様々な制約を受けることになります。

わがまちの普通会計、公営事業会計、一部事務組合等などそれぞれの借金返済の負担割合はどれぐらいあるのでしょうか。その点は財政状況資料集6〜目「(4)-2市町

図表38-1　各財政指標をみる基準

```
公債費負担比率　15％…警戒ライン
　　　　　　　　20％…危険ライン
公債費比率
　10％超えないほうが望ましいとされる
起債制限比率
　14％～20％未満の団体…要注意団体
　20％～30％未満の団体
　　　　　…一般単独事業・厚生福祉施設整備
　　　　　　事業の制限
　30％以上…一般事業債のうち災害関連事業を
　　　　　　除いて制限
将来負担率　都道府県・政令市…400％
　　　　　　市区町村…………350％
```

基礎編

村経常経費分析表（普通会計決算）」にある「公債費及び公債費に準ずる費用の分析」を見ればわかります（**巻末付録②の210～211ジ**参照）。**図表38-2**における(3)や(4)が公営事業会計や一部事務組合等で起債した借金の返済に関する普通会計の負担額です。

将来の財政負担は二つ

次に借金の累積を見ます。将来の財政負担としては、地方債現在高と債務負担行為額（支出予定額）というものがあります。

① 地方債現在高にはどんなものがあるか

地方債現在高は普通会計ベースでの借金の累積分です。すぐれた予算書なら事業名、現在高、利率、最終償還日を一覧にまとめ

ています。

② 「債務負担行為」

「債務負担行為」とは後年度に支出を約束した債務です。通常、自治体の予算はその年度内で執行（予算消化）される「単年度主義」がとられています。一方、情報機器や土地・建物の賃貸借など、複数年度にわたり支出を予定しているものがあります。こういったものは将来の財政負担を予定しているものとして、あらかじめ予算に内容を定めておきます。これが「債務負担行為」です。一般的に理解しにくい財政用語ですので、どんなものがあるか予算書等で確認してください（**図表38-3**参照）。

図表38-2　実質公債費比率の計算式

$$\text{実質公債費比率}_{(3ヵ年平均)} = \frac{^{(1)}\binom{\text{地方債の}}{\text{元利償還金}} + \binom{\text{準元利}}{\text{償還金}} - \binom{\text{特定財源}}{} + \binom{\text{元利償還金・準元利償還金}}{\text{に係る基準財政需要額算入額}}}{\text{標準財政規模} - \binom{\text{元利償還金・準元利償還金}}{\text{に係る基準財政需要額算入額}}}$$

・準元利償還金：イからホまでの合計額
(2)　イ　満期一括償還地方債について、償還期間を30年とする元金均等年賦償還とした場合における1年当たりの元金償還金相当額
(3)　ロ　一般会計等から一般会計等以外の特別会計への繰出金のうち、公営企業債の償還の財源に充てたと認められるもの
(4)　ハ　組合・地方開発事業団（組合等）への負担金・補助金のうち、組合等が起こした地方債の償還の財源に充てたと認められるもの
(5)　ニ　債務負担行為に基づく支出のうち公債費に準ずるもの
(6)　ホ　一時借入金の利子

図表38-3　予算書からみる地方債、債務負担行為

第2表　債務負担行為

事　　　　項	期　　間	限　度　額
国分寺市土地開発公社の土地先行取得事業	平成19年度から履行の年度まで	平成19年度に国分寺市土地開発公社が取得した用地買収費等
事務機器・OA機器及びOA機器をもって構成する電子計算組織の賃貸借事業	平成19年度から賃貸借契約終了年度まで	賃貸借契約により決定した額

出所：東京都国分寺市「平成19年度一般会計特別会計予算及び説明書」、8ジ

第39講　貯金はどれだけあるの？（積立金）

積立金は3種類ある

　自治体の貯金のことを「積立金（基金）」といいます。決算カードで確認すると、積立金現在高として表示されます。積立金には、「財政調整基金」「減債基金」「特定目的基金」の3種類があります。総務省方式の決算カードでは、それぞれ「財調」「減債」「特定目的」の3種類で表記されます。

(1)　「財調」＝「財政調整基金」：「財政調整基金」とは財政運営上、財源不足を補うために活用される、「やりくり」のための貯金です。家庭でいうと「普通預金」です。地方財政法第7条では、決算上剰余金を生じた場合には、当該剰余金の2分の1を下らない額を翌々年度までに積み立てるか又は償還期限を繰り上げて行う地方債の償還の財源に充てることが規定されています。

(2)　「減債」＝「減債基金」：「減債基金」は、地方債の償還を計画的に行うための資金を積み立てる目的で設けられた基金です。

(3)　「特定目的」＝「特定目的基金」：そして、「特定目的基金」は文字通り、「財政調整基金」「減債基金」以外の庁舎建設や緑地保全といったある特定の目的のために積み立てている基金です。ですから、その目的以外で勝手に取り崩せないものです。家庭でいうなら「学資貯金」といったものでしょうか。特定目的基金もどのようなものがあるか、自治体によって様々です。例として、図表39-1に長野県信濃町の基金を列挙しておきました。

財政調整基金残高に注意

　予算議会前になると、「財政危機で○○市は財源不足のため、基金を○○億円取り崩す予算を編成した」といった報道を目にします。自治体では、実質収支が赤字にならないよう、財政調整基金から取り崩しを行うことがあります。しかし、積立金も限りがありますので、このやりくりも一過性のものです。29㌻の図表9-3のグラフのように各年度の財政調整基金の取り崩しの動向をおさえる他、残高も常に確認しておく必要があります。

積立金の額と内訳を比べてみる

　財政調整基金だけでなく、三つの基金がそれぞれどのくらいあるのかを調べてもいいでしょう。図表39-2は東京都多摩地域26市の積立金現在高の内訳です。人口や財政規模にばらつきがあるので、便宜上、一人当たりで出してみました。あわせて、特定目的基金のうち、「庁舎等の建設」基金についても計算してみました。

　グラフで注目して欲しいのは青梅市です。青梅市は26市中5番目の約11万円ですが、庁舎建設のための基金を除けば、21番目（財政調整基金だと14番目）になります。なぜなら、基金の76.3%が庁舎建設のための基金だからです。このように、積立金現在高が他市よりも高いといっても、それだけで安定的な財政運営が可能かは判断できません。例えば、自治体の実質収支が赤字になるからといって、庁舎建設のための基金を取り崩すことはできません。

　同時に、「将来、市庁舎を建設するため基金を積み立てる」というように特定目的基金の推移から自治体ごとの政策課題・動向をみることができます。

図表 39-1　わがまちには、どんな基金がある？　長野県信濃町の基金一覧（一般会計のみ）

基金の詳細（平成 30 年度末現在）

基金名	残高	増減
財政調整基金	8億1,900万円	△1億9,200万円
減債基金	4億4,200万円	200万円
公共施設等整備基金	5億5,600万円	△4,400万円
ふれあい地域福祉基金	2億円	0円
農業振興公社設立準備基金	4,133万円	4万円
土地開発基金	1億100万円	20円
堆肥センター施設等整備基金	1,741万円	163万円
地域医療介護等総合確保基金	5億4,000万円	8,000万円
奨学資金貸付基金	2,800万円	0円
ふるさと信濃町応援基金	1,524万円	429万円
小林一茶資料整備基金	900万円	100万円
国民健康保険給付準備基金	1億1,545万円	△495万円
介護保険支払準備基金	1億2,140万円	20円
その他	220万円	0円

※企業会計の積立金などは含まれていません。
※簡易水道事業は、平成 28 年度決算をもって水道事業会計（公営企業会計）へ統合されました。

出所：『広報しなの No.407』2019 年 10 月号、8ジ

＊さらに詳しく調べるには、決算統計（64 ジ 参照）の表番号「29」（44 頁）の「基金の状況」から、「財政調整基金」「減債基金」「その他特定目的基金」「合計」のそれぞれの「前年度末現在高」と当年度の「歳出決算額（積立額）」「取り崩し額」「当年度末現在高」が分かります。

図表 39-2　東京都多摩地域 26 市の積立金現在高の内訳（人口一人あたり　05 年度決算）

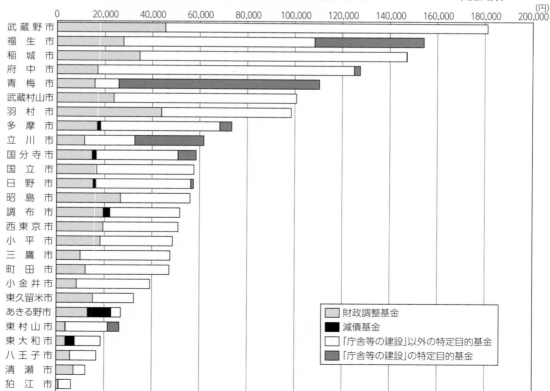

出所：各自治体「決算統計」2005 年度より作成

身の丈にあった借金額か

第38講で、借金を返す際の負担の度合いを測る指標について簡単に紹介しました。ここでは、地方債現在高と債務負担行為翌年度以降支出予定額といった「将来の負担」が自治体の身の丈にあったものかを測る指標をみます。それが、「実質債務残高比率」と「実質的将来財政負担額比率」です。もっともこの二つは決算カードには載っていない指標です。

(1) 「実質債務残高比率」

名称は様々ですが、地方債現在高と債務負担行為翌年度以降支出予定額を足して、それを標準財政規模で割ったものです。06年度までの東京都内市町村の決算カードには、標準財政規模を A、地方債現在高を B、債務負担行為翌年度以降支出予定額を C として、「(B＋C)/A」と記載されていました。目安としては100% 程度が望ましいとされています。

(2) 「実質的将来財政負担額比率」

上の B＋C から積立金（D）を引いたものを「実質的将来財政負担額」といいます。90㌻ の計算式を見ると分かると思いますが、「赤字の要素」としての「地方債現在高」と「債務負担行為翌年度以降支出予定額」に対し、「黒字の要素」としての積立金現在高を引いて、より精緻に将来の財政負担を見るものです。この考え方は毎年、総務省から刊行される『地方財政白書』に「将来にわたる実質的な財政負担の推移」として紹介されています。

この B＋C－D を標準財政規模で割ったものが、「実質的将来財政負担額比率」です。目安としては 50〜100% 程度が望ましいとされています。

(3) 「将来負担比率」

将来負担比率とは自治体の一般会計等の借金の現在高や将来支払っていく可能性のある負担額の現時点での残高を指標化し、将来財政を圧迫する可能性の度合いを標準財政規模比で示したものです。将来負担比率の分析には、①財政状況資料集3㌻ 目の資料（各会計、関係団体の財政状況及び健全化判断比率（市町村）、②財政状況資料集12㌻ 目の資料（将来負担比率（分子）の構造）を用います（巻末付録②の205㌻ 参照）。

①の資料では、特に下部に記されている「将来の負担の状況（将来負担比率）」を見ます。そこには、将来負担比率の分子を構成している将来負担額と充当可能財源等について記載されています。将来負担額は、将来にわたる負担すべき実質的な負債であり、①にはその各費目の金額が並べてあります。充当可能財源等は、将来負担額の返済に充てることができると想定される財源のことであり、①には将来負担額から控除すべき額として列挙されています。②には、将来負担額と充当可能財源額の棒グラフが載っています。

では、この①・②の資料を使って分析表9（財政状況資料集の将来負担の状況）将来負担比率に転記してみましょう。将来負担比率の分子の将来負担額の内訳は理解できると思います。しかし、分子のマイナスの要素である、充当可能財源等がわかりにくいという意見が多々あります。充当可能財源等とは、充当可能基金（基金残高）と充当可能特定財源歳入（大部分の都市計画

計算してみましょう「将来の負担」

(1)「実質債務残高比率」（「将来債務比率」「純借金残高比率」ともいいます）

$$\frac{地方債現在高（B）＋債務負担行為翌年度以降支出予定額（C）}{標準財政規模（A）} \times 100 = 目安100\% 程度$$

(2)「実質的将来財政負担額比率」（「実質的借金残高比率」ともいいます）

$$\frac{地方債現在高（B）＋債務負担行為翌年度以降支出予定額（C）－積立金現在高（D）}{標準財政規模（A）} \times 100$$

= 目安50〜100% 程度

(3)「将来負担比率」

将来負担比率

$$= \frac{将来負担額－（充当可能基金額＋特定財源見込額＋地方債現在高等に係る基準財政需要額算入見込額）}{標準財政規模－（元利償還金・準元利償還金に係る基準財政需要額算入額）}$$

・将来負担額：次のイからチまでの合計額

イ　一般会計等の当該年度の前年度末における地方債現在高

ロ　債務負担行為に基づく支出予定額（地方財政法第 5 条各号の経費に係るもの）

ハ　一般会計等以外の会計の地方債の元金償還に充てる一般会計等からの繰入見込額

ニ　当該団体が加入する組合等の地方債の元金償還に充てる当該団体からの負担等見込額

ホ　退職手当支給予定額（全職員に対する期末用支給額）のうち、一般会計等の負担見込額

ヘ　地方公共団体が設立した一定の法人の負債の額、その者のために債務を負担している場合の当該債務の額のうち、当該法人等の財務・経営状況を勘案した一般会計等の負担見込額

ト　連結実質赤字額

チ　組合等の連結実質赤字額相当額のうち一般会計等の負担見込額

・充当可能基金額：イからヘまでの償還額等に充てることができる地方自治法第 241 条の基金

税を指す）、さらに地方債現在高等に係る基準財政需要額算入見込額を加えた金額をいいます。

　経年的に将来負担比率を見ると、地方債現在高は大して減少していないにもかかわらず、健全化法施行時から大きく低下しているのに気づくでしょう。その理由は、これまで見えにくかったと言われる公営企業債等見込額や退職手当負担見込額等の削減のほか、マイナスの要素である充当可能財源等が増加していることが考えられます。充当可能財源等の多くは、充当可能特定歳入と基準財政需要額算入見込額からなり、それらは複雑な計算式によって算出した理論値です。さらにこれは実際に算入した額ではなく、将来にわたって算入されること

が見込まれる理論値でもあります。そのため、その値の根拠は極めて曖昧だといえます。

　また、実質的な借金の総量である将来負担額よりも充当可能財源等が多く、将来負担比率がマイナスになる自治体数は 3 桁に及びます。どの自治体にも大なり小なり将来負担額はあるはずです。それにもかかわらず将来負担比率がマイナスになるということから、将来負担比率は実態とはかけ離れた指標になっているといえます。

　将来負担比率がマイナスの場合、財政資料の多くはマイナスの値まで掲載しておらず、「値なし」という意味で「－（ハイフン）」と表示されることが多いです。財政状況資料集の 4つ目の将来負担比率の類似

団体内順位では、マイナスの値が多くても少なくても「値なし」のため、一律に第1位と表示されています。私は、充当可能財源等という曖昧な値があるため、実質公債費比率と同様に将来負担比率は、総合（基本）計画の長期財政見通しや財政フレームの成果目標には使えないと考えています。

では、図表40-1、2を見ながら東村山市の将来負担比率（分子の構造）をひも解くことにします。分子のプラスの要素である将来負担額について、2013年度と2014年度とを比べると地方債の現在高の増加分よりもそれ以外の減少分が大きいために、将来負担額については減になっていることがわかります。特に土地開発公社の保有土地を買い戻したことによって債務負担行為に基づく支出予定額が減少したことが大きな要因でした。一方で、分子の理論的控除である充当可能財源等の充当可能基金が14億円積み増したことにより、将来負担比率の分子自体は11億円減少しました。その結果、将来負担比率が18.8%から16.2%に低下しました。しかし、充当可能財源等において、基準財政需要額算入見込額の割合とその額があまりにも大きく、大切な実態値の増減が見えにくくなっています。基準財政需要額算入見込額が何を見込んでいるのかがわからない限り、将来負担比率を活用して、債務を二重に解消していくことは難しいのです。

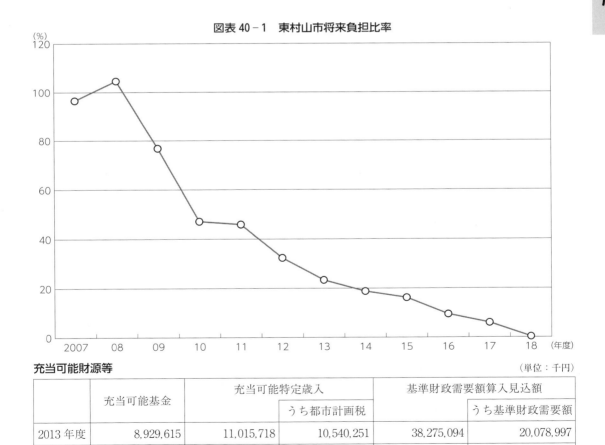

図表40-1　東村山市将来負担比率

充当可能財源等

(単位：千円)

	充当可能基金	充当可能特定歳入	うち都市計画税	基準財政需要額算入見込額	うち基準財政需要額
2013年度	8,929,615	11,015,718	10,540,251	38,275,094	20,078,997
2014年度	10,350,503	10,165,498	9,885,494	38,348,774	20,529,663

出所：東京都東村山市「財政状況資料集」より作成

図表 40-2　東村山市の将来負担比率（分子）の構造

(百万円)

分子の構造		年度	2013	2014
将来負担額(A)	一般会計等に係る地方債の現在高		41,148	42,447
	債務負担行為に基づく支出予定額		4,432	3,259
	公営企業債等繰入見込額		11,372	10,722
	組合等負担等見込額		837	762
	退職手当負担見込額		6,224	6,355
	設立法人等の負債額等負担見込額		—	—
	連結実質赤字額		—	—
	組合等連結実質赤字額負担見込額		—	—
充当可能財源等(B)	充当可能基金		8,930	10,351
	充当可能特定歳入		11,016	10,165
	基準財政需要額算入見込額		38,275	38,349
(A)−(B)	将来負担比率の分子		5,792	4,680

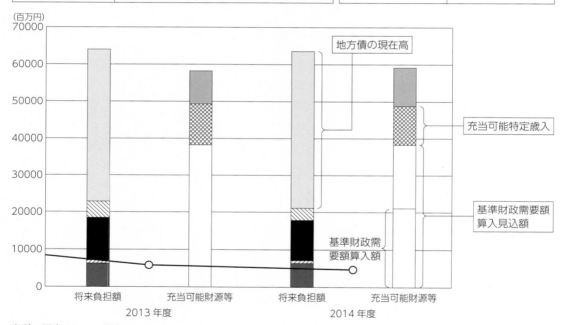

出所：図表 40-1 に同じ

第41講　決算カードを学んでわかること
（夕張市の決算カードをみる）

財政健全化法成立のきっかけとなった夕張市の財政破綻。その問題点を確認します。

夕張破たんの原因は

「私たちのまちが夕張のようにならない

の？」。そういう言葉を耳にします。

本当の夕張市の財政破たんの主な原因は、①炭坑の閉山、②リゾート企業の撤退、③三位一体の改革による地方交付税の削減です。しかし、市が赤字隠しの会計操作を行

図表 41 - 1　北海道夕張市の財政指標等

（単位は％、指数以外は千円）

区　　分		1990年 平成2年度	2004年度 平成16年度	2005年度 平成17年度	
人口	住民基本台帳人口	21,147	13,615	13,268	→人口減少で05年/90年対比で約4割減に。
	国勢調査人口	20,969 （2年国調）	14,791 （12年国調）	13,001 （17年国調）	
決算収支	歳入総額	17,458,502	19,349,322	10,969,748	→赤字隠しが明るみにでてから05年/04年対比で約4割減に
	歳出総額	17,454,437	19,348,788	12,618,853	
	歳入歳出差引	4,065	534	-1,649,105	→赤字隠しが明るみにでてから05年/04年対比で約3.5割減に
	翌年度に繰越すべき財源	2,441	—	1,636	
	実質収支	1,624	534	-1,650,741	→会計操作が明らかになって大幅な歳入不足を表す
	単年度収支	-2,267	-602	-1,651,275	
	積立金	239	2	2	
	繰上償還金	486,576	—	—	
	積立金取崩し額	0	—	—	
	実質単年度収支	484,548	-600	-1,651,273	
財政指標（指数等）	経常収支比率(%)	—	116.3	125.6	→(2)100%を大幅に超え、硬直化
	経常収支比率(%) （減税補てん債及び臨時財政対策債除く）	88.8	126.0	134.2	
	基準財政収入額	1,172,023	966,861	981,835	→(3)人口減少と三位一体の改革の影響で05年/90年対比で半減に。
	基準財政需要額	8,050,691	4,233,299	4,092,906	
	標準税収入額等	1,531,519	1,258,189	1,260,463	→(3)人口減少の影響で05年/90年対比で半減に。
	標準財政規模	8,419,527	4,525,155	4,371,534	
	財政力指数	0.17	0.22	0.23	
	実質収支比率(%)	0.0	0.0	-37.8	→(1)90年、04年と0.0%。05年に-20%を超え、再建団体に手を挙げる
	経常一般財源等比率(%)	102.8	100.3	100.2	
	公債費負担比率(%)	24.7	21.2	29.7	→危険ラインに
	公債費比率(%)	22.3	20.5	28.4	→「望ましい」基準を大幅にこえる
	実質公債費比率(%)	—	—	28.6	→25%を超え、一般事業等の起債が制限される
	起債制限比率(%)	18.6	17.0	26.8	→一般単独事業・厚生福祉施設整備事業の制限
積立金現在高	財調	6,450	6,103	6,638	→バブル絶頂期でも財政調整基金が底をついている
	減債	226	10	10	
	特定目的	699,854	53,421	89,434	
地方債現在高		21,451,515	13,710,236	14,873,906	→実質的将来財政負担比率でみると、90年度は315.7、04年度は374.4、05年度は409.9に。
うち政府資金		21,174,081	8,278,456	7,889,789	
（支出予定額） 債務負担 行為額	物件等購入	3,499,774	3,127,877	2,997,629	
	保証・補償	0	—	—	
	その他	2,337,599	162,889	141,788	
	実質的なもの	0	—	—	

図表 41‐2　北海道夕張市の歳入・歳出の推移

（研鑽額は千円、構成比は％）

区　分	1990年 平成2年度 決算額	構成比	2004年度 平成16年度 決算額	構成比	2005年度 平成17年度 決算額	構成比	
地　方　税	1,408,853	8.1	973,783	5.0	946,722	8.6	
地　方　譲　与　税	187,804	1.1	119,061	0.6	144,426	1.3	
利　子　割　交　付　金	94,069	0.5	8,348	0.0	5,250	0.0	
配　当　割　交　付　金	−	−	688	0.0	1,287	0.0	
株式等譲渡所得割交付金	−	−	681	0.0	1,687	0.0	
地　方　消　費　税　交　付　金	−	−	149,998	0.8	139,761	1.3	
ゴルフ場利用税交付金	0	0.0	−	−	−	−	
特別地方消費税交付金	−	−	−	−	−	−	
自動車取得税交付金	66,450	0.4	28,383	0.1	28,855	0.3	
軽油引取税交付金	0	0.0	−	−	−	−	
地　方　特　例　交　付　金	−	−	27,609	0.1	25,388	0.2	
地　方　交　付　税	7,953,691	45.6	4,588,349	23.7	4,360,227	39.7	
普　通　交　付　税	6,888,008	39.5	3,266,966	16.9	3,111,071	28.4	
特　別　交　付　税	1,065,683	6.1	1,321,383	6.8	1,249,156	11.4	
（一　般　財　源　計）	9,710,867	55.6	5,896,900	30.5	5,653,603	51.5	
交通安全対策特別交付金	4,175	0.0	1,023	0.0	1,030	0.0	
分　担　金・負　担　金	184,332	1.1	90,654	0.5	88,849	0.8	
使　　用　　料	836,874	4.8	785,469	4.1	760,364	6.9	
手　　数　　料	8,761	0.1	10,383	0.1	11,996	0.1	
国　庫　支　出　金	2,510,196	14.4	1,142,674	5.9	978,648	8.9	
国 有 提 供 交 付 金（特 別 区 財 調 交 付 金）	0	0.0	−	−	−	−	
都　道　府　県　支　出　金	742,637	4.3	251,531	1.3	273,298	2.5	
財　　産　　収　　入	311,888	1.8	38,796	0.2	61,385	0.6	
寄　　附　　金	520	0.0	1,000	0.0	4,930	0.0	
繰　　入　　金	257,200	1.5	98,130	0.5	29,101	0.3	
繰　　越　　金	11,858	0.1	47	0.0	1	0.0	
諸　　収　　入	1,343,839	7.7	9,973,315	51.5	1,958,143	17.9	(4)
地　　方　　債	1,535,355	8.8	1,059,400	5.5	1,148,400	10.5	
うち減税補てん債	−	−	11,500	0.1	11,400	0.1	
うち臨時財政対策債	−	−	370,000	0.9	287,500	2.6	
歳　入　合　計	17,458,502	100.0	19,349,322	100.0	10,969,748	100.0	
人　　件　　費	3,736,429	21.4	2,745,272	14.2	2,435,000	19.3	
う　ち　職　員　給	2,717,337	15.6	1,772,453	9.2	1,677,483	13.3	
扶　　助　　費	1,982,632	11.4	1,517,337	7.8	1,414,943	11.2	
公　　債　　費	3,227,210	18.5	1,976,440	10.2	2,338,876	18.5	
内訳　元　利　償　還　金	3,168,296	18.2	1,921,223	9.9	2,202,622	17.5	
内訳　一　時　借　入　金　利　子	58,914	0.3	55,217	0.3	136,254	1.1	(5)
（義　務　的　経　費　計）	8,946,271	51.3	6,239,049	32.2	6,188,819	49.0	
物　　件　　費	1,538,292	8.8	1,079,141	5.6	1,081,349	8.6	
維　持　補　修　費	546,331	3.1	540,812	2.8	522,224	4.1	
補　助　費　等	658,267	3.8	710,434	3.7	395,696	3.1	
うち一部事務組合負担金	937	0.0	1,279	0.0	1,218	0.0	
繰　　出　　金	687,563	3.9	366,275	1.9	386,320	3.1	
積　　立　　金	705,210	4.0	11,441	0.1	60,826	0.5	
投　資・出　資　金・貸　付　金	741,812	4.2	9,265,775	47.9	2,684,240	21.3	(6)
前　年　度　繰　上　充　用　金	0	0.0	−	−	−	−	
投　資　的　経　費	3,630,691	20.8	1,135,861	5.9	1,299,379	10.3	
う　ち　人　件　費	153,206	0.9	29,955	0.2	34,837	0.3	
内訳　普　通　建　設　事　業　費	3,383,455	19.4	1,121,937	5.8	1,298,350	10.3	
内訳　うち　補　助	1,395,527	8.0	317,350	1.6	225,882	1.8	
内訳　うち　単　独	1,595,595	9.1	804,587	4.2	1,072,468	8.5	
内訳　災　害　復　旧　事　業　費	44,566	0.3	13,924	0.1	1,029	0.0	
失　業　対　策　事　業　費	202,670	1.2	−	−	−	−	
歳　出　合　計	17,454,437	100.0	19,348,788	100.0	12,618,853	100.0	

⑷諸収入は特別会計（観光会計）からの償還金。財源は96㌻の図表41‐3の③の通り、次年度会計で充てる。

⑸全国的にみても過大な一時借入金利子。96㌻の図表41‐3の②を参照

⑹全国的にみても過大な投資・出資金・貸付金。実際は特別会計（観光会計）への貸付金（96㌻の図表41‐3の①参照）。それが⑷へ。

出所：北海道夕張市各年度「決算カード」より作成

っていたことで、重大化していきました。

決算カードについて一通り学んだみなさんならこの会計操作の一端について見抜けることができるはずです。では、**図表41－1及び図表41－2**で90年、04年、05年の財政状況を比較します。

決算カードでみる「夕張破たん」

(1) 実質収支比率に着目すると

まずは実質収支比率を見てください。「0.0%」となっています。しかし、赤字隠しの会計操作を行ったために取り繕ったにすぎません。実際に、05年度には実質収支比率が－37.8%となり、その結果、財政再建団体（財政再建準用団体）に手をあげました。

私自身、夕張市に足を運んだおりに、07年4月に退任した後藤健二前市長のインタビュー記事が載った07年4月25日付けの朝日新聞北海道版を目にしました。

市長になる前から総務部長、助役と長年、市の中枢部にいた後藤市長ですが、インタビューでは、「もっと早く対処できなかったのか？」という質問に対し、「早くと言うなら90年に炭坑が去ったときに財政状態を公開し、議会と市民で論議すべきだった」と答えていました。この記事を読んで私はハッとして、90年度の夕張市の決算カードを入手しました。90年度決算カードから実質収支比率は「0.0%」だったのです。

(2) 経常収支比率に注目すると

あわせて、経常収支比率が04年度には116.3%（減税補てん債及び臨時財政対策債を除くと126.0%）、05年度には125.6%（同134.2%）と、硬直化を示す100%を大幅に越えていました。

(3) 財政規模に注目すると

04年度の夕張市の財政規模は約193億円となっています。この財政規模は人口約5

～6万人の自治体と同じ規模です。標準財政規模が約45億円の自治体で、約193億円の財政規模は過大な規模といえます。

実際に、会計操作が明るみになった後の05年度決算カードでは、約110億円と半分ほどの財政規模になりました。

(4) 「歳入」の諸収入に注目すると

では、なぜ財政規模が膨らんでいたのでしょうか。04年度決算カードの「歳入」を見てください。諸収入が約100億円と、歳入総額の実に半分以上を占めます。

諸収入の歳入総額に占める割合の全国平均値は、04年度5.4%に過ぎません。実に10倍です。

(5) 「歳出」の一時借入金に注目すると

夕張市の問題は一時借入金利子の大きさからもわかります。一時借入金利子とは、一年以内で返す一時借入金に対する利子のことです。一時借入金とは自治体の「資金繰り」のための借金です。例えば、一年の中で地方交付税などは自治体に入ってくる時期は決まっています。まとまった歳入が入る前に、歳出が重なった場合に一時借入金で対応することがあります。夕張市の場合、04年度で約5500万円で構成費0.3%、05年度だと約1億3600万円で構成費は1.1%です。全国市町村ですと、この一時借入金の歳出に占める比率はわずか0.006%（05年度決算）ですので、いかに夕張市の一時借入金が多いのかがわかります。

夕張市の場合は、利子だけで04年度約5500万円と05年度約1億3600万円ですから、一年の間に資金繰りのために相当な借金をしていたことになります。

(6) 「歳出」の投資・出資金・貸付金に注目

歳出では「投資・出資金・貸付金」が04年度は約93億円と実に48%を占めていました。全国の市町村では3.9%にすぎません。

赤字隠しのカラクリ

決算カードを見るだけでも、これだけの問題点が指摘されます。

そして、⑷〜⑹の原因は、**図表41-3**のような赤字隠しのサイクルの結果でした。詳しくは**図表41-3**の①〜⑥をみていただきたいのですが、特別会計の財源不足を補てんするために一般会計の「貸付金」が特別会計へ流れ、年度末の3月を過ぎた出納整理期間（4月〜5月）に貸付金の返済金が一般会計の歳出に「諸収入」として計上される。このサイクルのために莫大な一時借入金が使われるということだったのです。

その結果、**図表41-3**の⑥にあるように、この手法が繰り返されることで、一時借入金額も毎年度増加することになります。そして、ついに06年6月に夕張市は財政再建団体への移行を表明することになります。

学んだことでこれだけのことが見抜ける

このようにこれまで学んだことをもとに決算カードを見るだけでも、いくつかの問題点がみえてきます。ということは、夕張市でも市民による財政学習が以前から進められていれば、後藤前市長が後悔しているように早く対応できたはずです。その夕張市では市民による財政学習がはじまっています。私も何度も足を運んでいます。

あなたのまちはどうでしょうか。学習したことからわがまちの財政状況は誤った方向に進んでいないかを確認できます。

図表41-3　一時借入金と不適正な財務処理との関係について

①特別会計の赤字を埋めるため、一般会計がN年度に必要額の貸し付け。

②この貸付金について、とりあえず一時借入金（金融機関より）で手当て。

③特別会計は、一般会計からの貸付金を、N+1年度会計において5月までに返済。

④この特別会計からの返済金を一般会計はN年度（出納整理期間）に収入し、一時借入金を金融機関に償還（出納整理期間に一時借入金を返済することは認められている）。

⑤特別会計のN+1年度における返済金の財源がないため、N+1年度において一般会計がさらに必要額を特別会計に貸し付け。このための資金手当は一時借入金により行う。

⑥この手法が繰り返されると、特別会計の赤字が毎年度同額とすれば、その額だけ一般会計の特別会計に対する貸付金が増加するとともに、その資金手当となっている一時借入金額もその分だけ毎年度増加することになる。

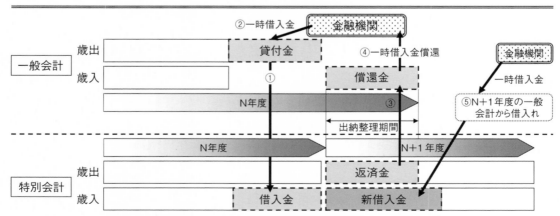

出所：新しい地方財政再生制度研究会（第2回）、2006年9月12日開催の事務局提出資料の参考資料2

第42講　会計区分による指標をみる

夕張市の財政破たんが明らかになった直後の2007年6月、「地方公共団体の財政の健全化に関する法律」（以下、財政健全化法）が成立しました。夕張市に適用された法律は地方財政再建促進特別措置法というものでした。それが廃止となり、新たな法律で財政状況が悪化した自治体に対する規制が行われることになりました。

「イエローカード」「レッドカード」

財政健全化法のポイントを押さえます。

(1)自治体の財政が健全なのかどうか、判断する指標として、①実質赤字比率、②連結実質赤字比率、③実質公債費比率、④将来負担比率の4つの指標が導入されました。これを健全化判断比率といいます。また、病院や水道事業など公営企業については、資金不足比率という指標が導入されています。

(2)財政悪化の二つの段階が設けられ、それぞれで計画の策定と公表、様々な国の規制や義務づけが加わります。

① 早期健全化段階

まず、「イエローカード」ともいうべき、早期健全化段階が設定されました。健全化判断比率①〜④のうち、一つでも基準以上となればその対象となります。それは、財政健全化団体と呼ばれ、早期健全化計画の策定が義務付けられます。

② 財政再生段階

早期健全化段階より悪化している段階では、「レッドカード」というべき財政再生段階となります。これまでの地方財政再建促進特別措置法に該当する段階です。健全化判断比率①〜③のうち、一つでも基準以上となれば対象となります。適用を受けた自治体は財政再生団体とされます。財政再生団体になると、財政再生計画の策定が義務づけられ、計画についての国の同意手続、地方債の制限などの規制が加わります。

2007年度決算をみると…

財政健全化法が実際に適用されるのは、2008年度決算からです。しかし、総務省は2007年度決算より全国の自治体の健全化判断比率について公表しています。これを見ると、全自治体のうち、実際に一つ以上の基準にひっかかって、財政再生基準になっ

図表42-1　早期健全化基準と財政再生基準

総務省資料

	早期健全化基準	財政再生基準
実質赤字比率	道 府 県：3.75%（東京都は別途設定） 市区町村：財政規模に応じ 11.25%〜15%	都道府県： 5% 市区町村：標準財政規模に応じて 20%
連結実質赤字比率	道 府 県：8.75%（東京都は別途設定） 市区町村：財政規模に応じ 16.25%〜20%	都道府県：15%※ 市区町村：標準財政規模に応じて 30%※
実質公債費比率	都道府県・市区町村：25%	都道府県・市区町村：35%
将来負担比率	都道府県・政令市：400% 市区町村：350%	―
資金不足比率	（経営健全化基準）　20%	―

※2009年度〜2011年度は経過的な基準（5〜10% 引上げ）が設けられています。

図表 42 - 2　決算統計の会計区分と財政健全化法の対象範囲

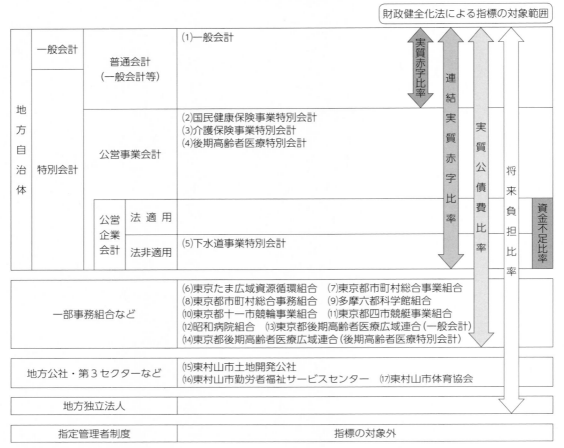

出所：東京都東村山市資料より作成

た自治体は３自治体、早期健全化基準になった自治体は 40 自治体にすぎません。

　つまり、健全化判断比率は、財政破たんさせないための「最低の基準」にしかすぎないことをおさえてください。ですから、基準を少しでもクリアしていればいいということにはなりません。健全化判断比率だけでなく、これまで学んできた様々な方法や視点から、わがまちの財政上の問題は何なのか、何が原因なのか、今後どうしていくかを考えていかないと、「いいまちづくり」はできません。また、仮にいくつかの基準にひっかかった場合、冷静にこれまでの行財政運営はどうだったのか、本当に住民にとって優先すべき事業は何であったの

か、検証してみることが必要です。例えば、スキー場事業などの観光事業会計などの見直し・点検が必要でしょう。

「連結してみる」指標だが

　もっとも、この４指標は、これまでの財政指標では対象外だった会計も把握できるという点が大きな特徴です。それは、第４講でもふれたように、これまでの財政指標は、普通会計（一般会計といくつかの特別会計）の範囲に限定されていました。ですから、(1)公営事業会計と呼ばれるものの中にある国民健康保険事業会計や介護保険事業会計、後期高齢者医療会計、(2)同じ公営事業会計でも、公営企業会計と分類される、

病院事業や水道事業会計、(3)一部事務組合・広域連合、(4)地方公社・第三セクター等といった、自治体に関係する各種事業の会計は、これまでの財政指標の中に入っていませんでした。そのため、普通会計では赤字がなかったり、地方債残高が比較的少なくても、特別会計で多額の赤字や負債を抱えているという自治体の財政危機がすぐには把握できないという問題がありました。

そこでこの4指標は、**図表42-2**のように指標によって異なるものの、ある程度、これまで把握できなかった各会計にも対象を広げています。そのため、健全化判断比率の理解のためには、自治体がどのような会計を持っているのかを知る必要があります。自治体が持つ会計は財政状況資料集1ᵍ目総括表下部に載っています（**図表42-**

3)。それを見て、分析表9-1財政状況資料集の1ᵍ 総括表と分析表9-2わがまちの会計区分を埋めてみてください（**図表42-3**）。

ただ、①実質赤字比率は実質収支比率の内容とほぼ同じです。違うのは、実質赤字比率は赤字の場合のみ数値が入り、黒字の場合だと「-」で表記されます。第9講で学んだとおり、自治体が「赤字か黒字か」をみる指標が実質収支比率や実質赤字比率です。その対象は普通会計のみです。それに対して、②連結実質赤字比率は、普通会計だけでなく公営事業会計の範囲までの会計を合算して「赤字か黒字か」をみることになります。表記の仕方は①実質赤字比率と同じです。また、③実質公債費比率は、第38講で学んだとおり、公営事業会計、一部事務組合・広域連合等も含めて公債費返

基礎編

図表42-3 財政状況資料集における会計区分と財政健全化の対象範囲

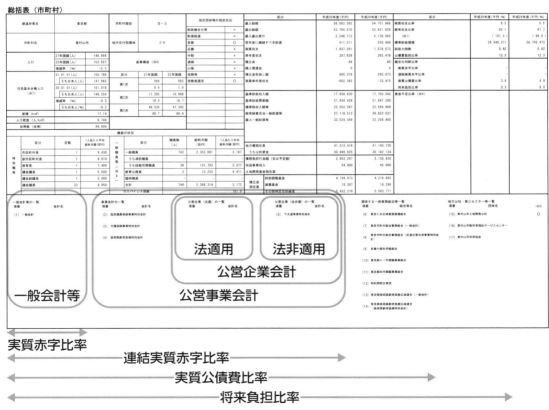

出所：東京都東村山市「財政状況資料集」より作成

済の負担の重さをみます。そして、早期健全化基準のみに適用される④将来負担比率は、自治体の借金残高をみる指標です。これは、第40講で学んだ地方債現在高や債務負担行為のみならず、公営事業会計や一部事務組合・広域連合、地方公社・第三セクター等までの一般会計からの地方債返済の負担分を合算します。こうした4指標によって、自治体が関わる事業が「赤字なのか黒字なのか」「借金がどれくらいあるのか」がある程度把握できるようになりました。しかし、これらの指標は、各会計の黒字要素や赤字要素を差し引いて、全体として健全かどうかをみるため、個別の事業の問題点を指標で把握することができません。また、自治体財政の健全化を論ずるとき自治体財政の総体を見なければわかりません。結局、一般会計、特別会計、公営企業会計だけではなくその他一部事務組合や広域連合、第三セクター、地方独立法人などを含めた個々の会計の分析こそが必要になります。

各自治体で違う健全化判断比率の公開

各自治体が4指標に関連して、自治体本体（普通会計または一般会計）だけでなく、特別会計や一部事務組合・広域連合、そして地方公社・第三セクター等の財政状況を住民に公表しているかがカギとなります。健全化法により各指標を、監査委員の審査を経て議会に報告し、公表することが義務づけられました（2008年4月施行）。そのため、各自治体は広報やホームページ上で健全化判断比率を公開しています。しかし、実際は総務省の算定フォーマットをもとに数値のみを公開している自治体が多く見られます。一方でていねいな用語説明や具体的に各指標はどの会計が該当するのか、財政状況はどうなのかといったことを詳しく

公表している自治体もあります。例えば、**図表42-4**は東京都国分寺市の広報です。ここでは、各指標の数値だけでなく、健全化法による制度の説明、健全化判断比率だけでは把握できない市の財政運営の問題点を指摘しています。また、実質公債費比率については、07年度決算より算定方式が変わりました。この国分寺市の広報では新たな算定方式による数値だけでなく、旧算定方式による数値もあわせて掲載し、経年的に比較することができるように工夫しています。わがまちはどのような形式で公表しているか。また、標準財政規模（08年度の決算カードより臨時財政対策債発行可能額も含む）と臨時財政対策債発行可能額がどれぐらいあるかも確認してください。

個別の会計の赤字・借金を知る

先ほどふれたように健全化判断比率の数値だけでなく、各事業の会計が健全なのかを確認する作業も必要です。**図表42-5**を見てください。これは財政状況資料集3㌻目の上部分です。ここでは、一般会計や特別会計だけでなく、公営事業会計や一部事務組合等、第三セクター等には赤字はあるのか（102㌻の■の部分）、借金や将来の負担はどれくらいあるのか（102㌻の■の部分）が確認できます。

それでは残りの分析表9を埋めていきましょう。分析表9-3平成○○年度決算に基づく健全化判断比率の状況は、財政健全化法に基づく総務省算定フォーマットの総括表①をベースに作っています。この総括表はとてもマイナーな資料なのですが、もし財政課等で取り寄せることができたら取り寄せてみるといいと思います。上段は各自治体の実績、下段は各指標の基準を記入するイメージです。健全化4指標の数値と基準は、財政状況資料集3㌻目「(2)各会計、

関係団体の財政状況及び健全化比率（市町村）」の下部に載っています。資金不足比率は同じ財政状況資料集3ｼﾞ目の上～中部にある「公営企業会計等の財政状況（単位：百万円）」に載っています。

　分析表9－4連結実質赤字比率の状況（健全化判断比率総括表②）は、連結実質赤字（収支）比率の内実を可視化する表です。ま ず、会計の区分の空いている欄に、会計の区分に気をつけながら各会計名を記入していってください。会計の区分は事前に埋めてある分析表9－1を参照してください。決算額にはそれぞれの実質収支や資金余剰額を記入してください。それらは、財政状況資料集3ｼﾞ目の上～中部にある「一般会計等の財政状況（単位：百万円）」、「公営企

図表42－4　広報でみる健全化判断比率（東京都国分寺市）

❺━━━━━━━　市報　国分寺（こくぶんじ）　━━━━━━━　24・11・1　市役所☎(042)325-0111

平成23年度 健全化判断比率を公表します　本市は早期健全化基準の範囲内

財政健全化にかかる各指標

健全化判断比率　（単位：%）

	実質赤字比率	連結実質赤字比率	実質公債費比率	将来負担比率
平成22年度（参考）	—	—	6.8	46.5
平成23年度	—	—	4.9	25.5
増　減	—	—	△1.9	△21.0
早期健全化基準	12.23	17.23	25.0	350.0
財政再生基準	20.00	35.00	35.0	

※「—」は当該比率が黒字であることをあらわしています。

資金不足比率　（単位：%）

特別会計の名称	平成22年度	平成23年度	経営健全化基準
下水道事業特別会計	—	—	20.0

▼実質赤字比率　標準財政規模（＊5）に対する普通会計の赤字の割合。平成23年度は黒字のため「数値なし」となっています。

▼連結実質赤字比率　普通会計だけでなく、国民健康保険事業や介護保険事業などの特別会計や、下水道事業などの公営企業会計等も含めた国分寺市全体における赤字の割合。平成23年度は黒字のため「数値なし」となっています。

▼実質公債費比率　普通会計の公債費（借金の返済額）だけでなく、公営企業会計等の公債費に充てるための繰出金なども含めた実質的な公債費が標準財政規模に占める割合の3年度平均値。この比率が高まるということは借金の返済に一般財源が圧迫され、財政の弾力化が低下することを意味します。平成23年度の多摩26市の平均は、3.2%です。

▼将来負担比率とは　将来、普通会計で負担することが見込まれる金額の標準財政規模に対する割合。この比率が大きくなるほど、将来に見込まれる負担が大きいことを意味します。また、実質赤字比率・連結実質赤字比率・実質公債費比率の3つの指標のみならず、この指標を算定することで、現在の負担と将来の負担のバランスを念頭においた財政運営が可能となります。平成23年度の多摩26市の平均は、21.1%です。

▼資金不足比率　赤字である公営企業会計における資金不足額について、公営企業の事業規模に対する比率であらわしたもの。公営企業の資金不足の状況。この比率が高くなるほど、公営企業の経営状況に問題があることとなります。平成23年度は黒字のため「数値なし」となっています。

（＊5）標準財政規模…通常収入されるであろう経常的な一般財源（税や交付金等）の規模。平成23年度本市の標準財政規模は、約229億1,519万円です。

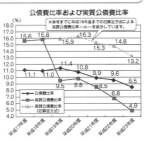

経常収支比率（%）：93.3（平成17年度）、91.2（平成18年度）、99.8（平成19年度）、99.0（平成20年度）、98.1（平成21年度）、101.5（平成22年度）、99.3（平成23年度）

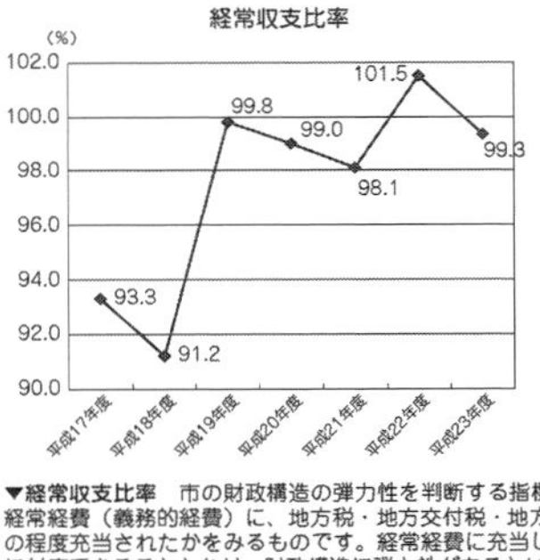

公債費比率および実質公債費比率（%）　凡例：公債費比率、実質公債費比率、実質公債費比率（旧算定方式）

▼経常収支比率　市の財政構造の弾力性を判断する指標として使われるもので、人件費・扶助費・公債費等の経常経費（義務的経費）に、地方税・地方交付税・地方譲与税など毎年度経常的に収入される一般財源がどの程度充当されているかをみるものです。経常経費に充当した一般財源の残りの部分が大きいと臨時の財政需要に対応できることとなり、財政構造に弾力性があるといえます。経常収支比率は、70～80%の間にあるのが理想とされています。平成23年度多摩26市の平均は92.1%です。

▼公債費比率　借入れた地方債の毎年度の元利償還金を公債費といい、この公債費の標準財政規模（地方交付税を算定する際計算される経常一般財源）に占める割合を公債費比率といいます。公債費は、人件費・扶助費とともに義務的な経費であり、財政構造の硬直化の要因となるので、その健全性のため10%を超えないことが望ましいとされています。

▼実質公債費比率　地方債の発行が協議制度に移行したことで、公債費による財政負担の度合いを判断するために、平成17年度から新たに導入された指標です。内容は「健全化」の欄で説明したとおりですが、自治体の財政の弾力性を測るうえで非常に重要な指標の一つです。平成19年度より値を算定するうえで指標の一つとなり、算定するにあたってのルールが総務省により変更され、従来の算定方法に加え、公債費財源に「都市計画税（＊6）」を充てることとなりました。この理由で19年度の数値から大幅に低下しましたが、歳入が新しく算入した計算方法で算定した場合のことで、実質的に状況が変わったものではありません。実態が改善された訳ではありません。なお、従来の旧算定方式で算定した場合は13.2%で、昨年度より1.6ポイント改善しています。

（＊6）都市計画税…都市計画事業および土地区画整理事業に要する費用に充てるための目的税で、市街化区域内（本市は全域）の土地、家屋に課税されます。昭和31年から課されている税で、毎年、都市計画事業費に対して見込まれる歳出額と調整しています。

（右段縦書き記事）
地方自治体の財政問題に対応した法律として平成19年6月に「地方公共団体の財政の健全化に関する法律」（以下「財政健全化法」）が公布され、この法律により財政健全化にかかる各指標を、監査委員の審査を経て議会に報告し、かつ公表することが義務づけられました。

平成23年度決算における健全化判断比率は、昨年同様に4つの指標すべてで早期健全化基準の範囲内でした。しかし、算定された各比率は、あくまで法律上、全国統一の基準で地方自治体の財政を測る財政指標の一つであり、財政の早期健全化や再生の観点から、市の財政の実態を明らかにするためのルールにすぎず、早期健全化基準を下回れば財政運営上問題がないということではありません。臨時的な支出にどれだけ柔軟に対応できるかという指標であり、健全化判断比率や経常収支比...

化判断比率は、前年度と比較して2.2％改善しました。理想とされる70～80％に依然として遠く、多摩26市中...

経常収支比率は、99.3％と前年度と比較して1.1ポイント改善しました。公債費比率は、前年度より8.5％と改善されました。

普通会計の市民一人当たり市債現在高は21万5千円で、前年度より2万3千円下がり、多摩26市中平均21万7千円と比べてほぼ同じ水準になりました。全会計の市民一人当たり市債現在高では、34万8千円になっています。

一方で、市の貯金である基金残高は減っています。普通会計の市民1人当たりの基金残高は2万4千円で26市中では24番目となります。

最も高い数値となっており、財政が硬直化していることを表しています。

率などの数値だけでは、自治体の正確な状況を把握することはできませんが、改善に向けて適切な財政運営に取り組んでいきます。　→財政課（内408）

（下段の囲み）

数値が一つでも早期健全化基準を超えた場合	数値が一つでも財政再生基準を超えた場合
○基準値以下にするための財政健全化計画を定めなければなりません。 ○定めた財政健全化計画を国や都に報告しなければなりません。 ○定めた財政健全化計画の実施状況を公表し、国や都に報告しなければなりません。	○財政健全化計画より厳しい財政再生計画を定めなければなりません。 住民税等の税率引上げ　使用料・手数料の値上げ　徴収率向上のための計画　事務事業の廃止や縮小　組織縮小・合理化　その他の歳出削減措置　など ○定めた財政再生計画を国や都へ報告しなければなりません。 ○予算は財政再生計画に基づいて調製しなければなりません。 ○国の同意など地方債による借入れができなくなります（災害復旧等事業債等を除く）。
↑国の関与のもとで計画的に財政の健全化を図っていくことになります。	↑国のより強い関与のもとで財政再生を進めることになります。

出所：「市報　国分寺」2012年11月1日号、3ｼﾞ。

図表42-5 各会計、関係団体の財政状況及び健全化判断比率

(2)各会計、関係団体の財政状況及び健全化判断比率（市町村）

		平成30年度		東京都東村山市

一般会計等の財政状況（単位：百万円）

	会計名	歳入	歳出	形式収支	実質収支	他会計等からの繰入金	地方債現在高	備考
1	一般会計	56,003	53,754	2,249	1,837	184	41,012	
16								実質赤字額
計	一般会計等（純計）	56,003	53,754	2,249	1,837		41,012	

※一般会計等（純計）は、各会計の相互間の繰入・繰出等の重複を控除したものであり、各会計の合計と一致しない場合がある。

公営企業会計等の財政状況（単位：百万円）

	会計名	総収益（歳入）	総費用（歳出）	純損益（形式収支）	資金剰余額／不足額（実質収支）	他会計等からの繰入金	企業債（地方債）現在高	左のうち一般会計等繰入見込額	資金不足比率	備考
1	国民健康保険事業特別会計	15,965	15,745	220	220	2,091	-	-	-	
2	介護保険事業特別会計	12,705	12,363	342	342	1,838	-	-	-	
3	後期高齢者医療特別会計	3,698	3,657	41	41	1,881	-	-	-	
4	下水道事業特別会計	4,204	4,069	135	135	1,078	15,029	8,010	-	法非適用企業
35										連結実質赤字額
計	公営企業会計等				738		15,029	8,010		

関係する一部事務組合等の財政状況（単位：百万円）

	一部事務組合等名	総収益（歳入）	総費用（歳出）	純損益（形式収支）	資金剰余額／不足額（実質収支）	他会計等からの繰入金	企業債（地方債）現在高	左のうち一般会計等負担見込額	備考
1	東京たま広域資源循環組合	10,980	10,267	713	713	-	2,124	83	
2	東京市町村総合事務組合（一般会計）	859	837	22	22	23	-	-	
3	東京市町村総合事務組合（交通災害共済事業特別会計）	299	244	55	55	-	-	-	
4	多摩六都科学館組合	449	443	6	6	45	454	84	
5	東京都十一市競輪事業組合	17,018	16,806	212	212	197	-	-	
6	東京都四市競艇事業組合	6,959	6,834	124	124	-	-	-	
7	昭和病院企業団	18,132	18,250	▲ 118	5,435	-	8,490	229	
8	東京都後期高齢者医療広域連合（一般会計）	6,933	6,850	82	82	2,485	-	-	
9	東京都後期高齢者医療広域連合（後期高齢者医療特別会計）	1,385,861	1,346,246	39,615	39,615	13,582	-	-	
計	一部事務組合等				46,264		11,068	396	

地方公社・第三セクター等の経営状況及び地方公共団体の財政的支援の状況（単位：百万円）

	地方公社・第三セクター等名	経常損益	純資産又は正味財産	当該団体からの出資金	当該団体からの補助金	当該団体からの貸付金	当該団体からの損失保証に係る債務残高	当該団体からの損失補償に係る債務残高	一般会計等負担見込額	備考
1	○ 東村山市土地開発公社	-	145	5	22	-	2,455			
2	東村山市勤労者福祉サービスセンター	▲ 7	531	500	23	-				
3	東村山市体育協会	-	50	30	33	-				
計	地方公社・第三セクター等			535	78		2,455			

※地方公共団体が①25％以上出資している法人又は②財政支援を行っている法人を記載している。
※地方公共団体財政健全化法に基づき将来負担比率の算定対象となっている法人については、○の印を付与している。

健全化判断比率	平成30年度	早期健全化基準	財政再生基準
実質赤字比率	-	11.85	20.00
連結実質赤字比率	-	16.85	30.00
実質公債費比率	3.4	25.0	35.0
将来負担比率	0.3	350.0	

出所：図表42-3に同じ

業会計等の財政状況（単位：百万円）」に載っています。数字を入れたら「連結実質収支額の合計」を記入し、決算カード等から「標準財政規模」の値を転記してください。それらをもとに計算して連結実質収支比率もしくは連結実質赤字比率をだしてみてください。

次に、分析表9-5実質公債費比率の状況を埋めてみましょう。数字は、財政状況資料集3ｼﾞ目「(2)各会計、関係団体の財政状況及び健全化比率（市町村）」の下部の「公債費負担の状況」に載っています。表をそのまま上から記入していけば分析表も埋まると思います。その際に注意して欲しいの

が、「算入公債費等の額（D）」です。分析表では、理解を深めるため、その内訳として「災害復旧費等に係る基準財政需要額」から「密度補正に算入された準元利償還金（地方債の元利償還額を基礎として算入されたものに限る）」を入れていますが、財政状況資料集ではそれをまとめた「算入公債費等の額（D）」しか載っていません。とりあえず、分析表の欄には、記載のある「算入公債費等の額（D）」を転記してください。同様に、分析表9-6将来負担比率の状況は第40講で解説していますので、未記入の人は記入してみてください。

ステップアップへ

第43講　類似団体比較カードの見方

類似団体との比較は、経年比較同様にわがまちの財政を捉えていくために極めて有効な分析法です。

まず、類似団体比較カードを入手してください。2006年度からは総務省ホームページで公開しています。それ以前のものも各市町村ホームページで公開している自治体もありますが、まだまだ少数です。自治体の財政課に行って、職員の方に出してもらいましょう。

類似団体比較カードには、収支状況、歳入、歳出（目的別・性質別）について、当該団体の人口一人当たりの額と類似団体平均の人口一人当たりの額等が掲載されています（**図表43-4**）。

では、分析表11に数値を記入してみましょう。分析表11の「当該市町村」、「全国」の部分は類似団体比較カードの数字から記入できます。「同一都道府県内」に関しては、同一都道府県内の類似団体の決算カードなどから、その平均値を出し、記入してください。仮に、同一都道府県内の類似団体が存在しない場合は、近隣の自治体や同程度の人口規模の自治体の平均値を記入してください。都道府県支出金などは施策や財政状況によって各都道府県で異なってきます。そのため、同一都道府県内の類似団体と比べることによって、わがまちの財政の特徴をあぶり出すことができます。また、分析表には性質別歳出しか欄を設けていませんが、目的別歳出も重要ですので是非、目的別歳出に関する比較表も作ってみてください（**図表43-3**）。記入が終わりましたら、数字を見比べ、わがまちと類似団体の財政状況が離れている科目や指標は何かを把握します。そして、その背景には何があるのか、考えてみましょう。例えば、教育に力を入れているならば、その分教育費が類似団体と比べて多くなっているはずです。一方で力を入れていると言われている分野に関して、類似団体より低い値ならば、力を入れていることが本当かどうか検証をしていく必要があります。また、公債費や地方債現在高が高かったらそれだけ過去に多く起債をしていたことになります。公債費が高くなるとそれだけ一般財源が圧迫され、財政の硬直化につながってきます。このように、わがまちと類似団体との違いは財政やわがまちの行政サービスの状況について、様々なことを考えるきっかけを与えてくれます。是非、チェックをしてみてください。

図表43-1、43-2は東京都府中市のデータをもとに、分析表11を記入したものです。歳入をみると、全国と比べ、東京都の類似団体の方が、地方税割合が高く、地方交付税や地方債の割合が少ないことがわかります。なかでも、府中市を見ると地方税割合の高さが特徴的です。この背景には、府中の事業所の多さや大規模工場が立地していることで固定資産税額が多いことなどが推測されます。性質別歳出を見てみると全国や東京都の類似団体と比べ、人件費割合が低く、義務的経費が少ないことがわかります。一方で物件費が高いことがわかります。府中市は他類似団体と比べ、職員数削減を多く実施し、その分、非常勤職員割合を増やし、指定管理者制度などの委託事業を多く実施していることがその背景にあると考えられます。

図表 43 - 1　類似団体の人口一人当たりの歳入決算額

（単位：円、％）

| 区　分 | 平成 26（2014）年度 | | | | | |
| | 当該市町村 | | 同一都道府県内 | | 全　　国 | |
	決算額	構成比	類似団体平均	構成比	類似団体平均	構成比
地　方　税	196,781	52.6%	177,146	48.5%	152,157	40.8%
地 方 交 付 税	240	0.1%	7,226	2.0%	34,329	9.2%
国 庫 支 出 金	65,315	17.5%	59,549	16.3%	56,558	15.2%
都道府県支出金	38,273	10.2%	44,037	12.1%	36,118	9.7%
地　方　債	10,295	2.8%	18,981	5.2%	31,366	8.4%
そ　の　他	63,281	16.9%	58,292	16.0%	62,573	16.8%
歳 入 合 計	374,185		365,232		373,101	

出所：東京都府中市「類似団体比較カード」より作成

図表 43 - 2　類似団体の住民一人当たりの歳出決算額（性質別）

（単位：円、％）

| 区　分 | 平成 26（2014）年度 | | | | | |
| | 当該市町村 | | 同一都道府県内 | | 全　　国 | |
	決算額	構成比	類似団体平均	構成比	類似団体平均	構成比
人　件　費	42,907	11.8%	51,664	14.6%	57,009	15.8%
扶　助　費	106,290	29.2%	101,497	28.7%	87,859	24.3%
公　債　費	18,884	5.2%	22,542	6.4%	32,275	8.9%
（義務的経費計）	168,081	46.1%	175,703	49.7%	177,143	49.0%
物　件　費	63,022	17.3%	51,882	14.7%	55,164	15.3%
補 助 費 等	34,276	9.4%	33,673	9.5%	27,125	7.5%
繰　出　金	36,841	10.1%	39,425	11.1%	35,714	9.9%
積　立　金	16,808	4.6%	14,151	4.0%	8,793	2.4%
投 資 的 経 費	41,365	11.4%	36,472	10.3%	46,985	13.0%
そ　の　他	4,017	1.1%	2,535	0.7%	10,481	2.9%
歳 出 合 計	364,410		353,841		361,405	

出所：図表 43-1 に同じ

図表 43 - 3　類似団体の住民一人当たりの歳出決算額（目的別）

（単位：円、％）

| 区　分 | 平成 26（2014）年度 | | | | | |
| | 当該市町村 | | 同一都道府県内 | | 全　　国 | |
	決算額	構成比	類似団体平均	構成比	類似団体平均	構成比
総　務　費	47,929	13.2%	42,002	11.9%	38,973	10.8%
民　生　費	174,604	47.9%	169,451	47.9%	149,128	41.3%
土　木　費	36,285	10.0%	34,660	9.8%	38,192	10.6%
教　育　費	42,334	11.6%	40,072	11.3%	40,100	11.1%
公　債　費	18,884	5.2%	22,542	6.4%	32,279	8.9%
そ　の　他	44,374	12.2%	45,114	12.7%	62,733	17.4%
歳 出 合 計	364,410		353,841		361,405	

出所：図表 43-1 に同じ

応用編

平成26年度財政状況 類似団体比較カード	人口	22年国調	255,506 人	区　分	住民基本台帳人口
		17年国調	245,623 人	27. 1. 1	254,551 人
		増減率	4.0 %	26. 1. 1	253,288 人
	面積（26.10.1）		29.43km²	増減率	0.5 %
	人口密度（国調人口）		8,682 人		

人口1人当たり歳入の状況（単位　円・％）

区　分	決算額 当該団体	決算額 類似団体	決算額構成比 当該団体	決算額構成比 類似団体	経常一般財源等 当該団体	経常一般財源等 類似団体
地　方　税	196,781	152,157	52.6	40.8	184,217	142,342
地方譲与税	1,446	2,469	0.4	0.7	1,446	2,469
利子割交付金	1,323	535	0.4	0.1	1,323	535
配当割交付金	1,669	1,219	0.4	0.3	1,669	1,219
株式等譲渡所得割交付金	1,404	837	0.4	0.2	1,404	837
地方消費税交付金	13,923	11,330	3.7	3.0	13,923	11,330
ゴルフ場利用税交付金	-	270	-	0.1	-	270
特別地方消費税交付金	-	-	-	-	-	-
自動車取得税交付金	483	422	0.1	0.1	483	422
軽油引取税交付金	-	-	-	-	-	-
地方特例交付金	744	635	0.2	0.2	744	635
地方交付税	240	34,329	0.1	9.2	-	30,019
普通交付税	-	30,019	-	8.0	-	30,019
特別交付税	240	3,365	0.1	0.9	240	-
震災復興特別交付税	-	944	-	0.3	-	-
（一般財源計）	218,012	204,202	58.3	54.7	205,208	190,077
交通安全対策特別交付金	111	136	0.0	0.0	111	136
分担金・負担金	2,503	3,556	0.7	1.0	-	0
使　用　料	5,954	5,645	1.6	1.5	1,376	776
手　数　料	4,074	2,559	1.1	0.7	-	14
国庫支出金	65,315	56,558	17.5	15.2	-	-
国有提供交付金（特別区財調交付金）	16	230	0.0	0.1	16	230
都道府県支出金	38,273	36,118	10.2	9.7	-	-
財　産　収　入	2,389	1,634	0.6	0.4	162	193
寄　附　金	3,534	511	0.9	0.1	-	-
繰　入　金	4,468	7,509	1.2	2.0	-	5
繰　越　金	13,759	11,756	3.7	3.2	-	-
諸　収　入	5,481	11,320	1.5	3.0	127	179
地　方　債	10,295	31,366	2.8	8.4	-	-
歳　入　合　計	374,185	373,101	100.0	100.0	207,001	191,610

人口1人当たり目的別歳出の状況（単位　円）

区　分	決算額 当該団体	決算額 類似団体	決算額のうち普通建設事業費 当該団体	決算額のうち普通建設事業費 類似団体	決算額充当一般財源等の額 当該団体	決算額充当一般財源等の額 類似団体
議　会　費	2,021	2,227	-	9	2,020	2,219
総　務　費	47,929	38,973	4,819	2,954	39,124	32,270
民　生　費	174,604	149,128	2,300	3,688	85,061	67,409
衛　生　費	26,103	30,476	314	4,228	20,476	23,033
労　働　費	2,027	988	-	8	1,531	546
農林水産業費	532	5,138	161	1,601	372	3,273
商　工　費	1,581	8,330	4	637	1,467	3,024
土　木　費	36,285	38,192	22,627	16,175	19,010	23,357
消　防　費	12,111	13,448	1,004	2,208	11,394	10,780
教　育　費	42,334	40,100	10,137	13,440	34,428	27,214
災害復旧費	-	1,868	-	-	-	312
公　債　費	18,884	32,279	-	-	16,884	31,286
諸　支　出　費	-	259	-	169	-	218
前年度繰上充用金	-	-	-	-	-	-
歳　出　合　計	364,410	361,405	41,365	45,117	231,766	224,940

人口千人当たり職員数（人）／人口1人当たりの職員給の額（円）／特別職の給

区　分	当該団体	類似団体	区　分	当該団体	類似団体	区　分
一　般　職　員	4.54	5.88	本　　庁	15,882	19,014	市区町村長
うち技能職員	0.32	0.58	支所・出張所等	1,612	7,812	副市区町村長
教育公務員	0.07	0.19	施　　設	11,289	11,398	教　育　長
臨　時　職　員	-	-	合　　計	28,783	38,224	議　会　議　長
合　　計	4.61	6.07				議　会　議　員

出所：総務省資料より作成

比較カード（東京都府中市）

うち日本人	産　業　構　造			都道府県名　団体名		市町村類型	Ⅳ－1
250,274 人	区分	22 年国調	17 年国調	13	2063		
249,178 人	第1次	783 人	906 人			地方税	1-6
0.4 %	第2次	20,353 人	23,128 人	東京都	府中市	交付種地	
	第3次	88,831 人	90,074 人				

人口1人当たり性質別歳出の状況　（単位　円・％）

区　分	決算額 当該団体	決算額 類似団体	決算額構成比 当該団体	決算額構成比 類似団体	経常経費充当一般財源等 当該団体	経常経費充当一般財源等 類似団体	経常収支比率 当該団体	経常収支比率 類似団体
人件費 (a)	42,907	57,009	11.8	15.8	36,895	51,627	17.8	25.4
うち職員給	28,783	38,224	7.9	10.6				
扶助費	106,290	87,859	29.2	24.3	30,137	25,591	14.6	12.6
公債費	18,884	32,275	5.2	8.9	16,528	30,783	8.0	15.1
元利償還金 元金	16,888	28,749	4.6	8.0	15,823	27,403	7.6	13.5
元利償還金 利子	1,992	3,514	0.5	1.0	701	3,367	0.3	1.7
一時借入金利子	4	12	0.0	0.0	4	12	0.0	0.0
（義務的経費計）	168,081	177,143	46.1	49.0	83,559	108,001	40.4	53.1
物件費	63,022	55,164	17.3	15.3	47,663	33,031	23.0	16.2
維持補修費	3,810	3,465	1.0	1.0	3,155	2,786	1.5	1.4
補助費等	34,276	27,125	9.4	7.5	21,088	17,136	10.2	8.4
一部組合負担金	7,057	5,248	1.9	1.5	794	4,196	0.4	2.1
上記以外のもの	27,220	21,877	7.5	6.1	20,294	12,940	9.8	6.4
繰出金	36,841	35,714	10.1	9.9	21,704	24,464	10.5	12.0
積立金	16,808	8,793	4.6	2.4				
投資・出資・貸付金	207	7,015	0.1	1.9		66		
前年度繰上充当金	－	－	－					

	決算額充当一般財源等の額		経常一般財源等に対する充当一般財源等の比率	
投資的経費	41,365	46,985	11.4	13.0	14,034	12,113	6.8	6.0
うち人件費 (b)	639	1,355	0.2	0.4	639	1,298	0.3	0.6
普通建設事業費	41,365	45,117	11.4	12.5	14,034	11,802	6.8	5.8
うち補助	17,994	18,889	4.9	5.2	2,556	1,336	1.2	0.7
うち単独	23,371	25,589	6.4	7.1	11,478	10,308	5.5	5.1
災害復旧事業費	－	1,868		0.5	－	312		0.2
失業対策事業費	－							
歳出合計	364,410	361,405	100.0	100.0	177,169	185,484	85.6	91.1
うち人件費 (a)+(b)	43,546	58,364	11.9	16.1	36,895	51,627	17.8	25.4

区　分	当該団体（千円）	類似団体（千円）
歳入総額	95,249,189	81,358,141
歳出総額	92,761,007	78,807,655
歳入歳出差引	2,488,182	2,550,486
実質収支	2,232,352	2,015,644
経常一般財源等収入額	52,692,352	41,782,312
経常経費充当一般財源等	45,098,597	40,446,458
基準財政収入額	39,897,811	26,342,458
基準財政需要額	34,326,757	31,505,188
標準財政規模	52,134,349	43,520,950
経常収支比率　％	85.6	91.1
財政力指数	1.11	0.82
実質収支比率　％	4.3	4.6
公債費負担比率　％	7.0	13.2
実質公債費比率　％	3.8	5.2

人口1人当たり積立金・地方債現在高・債務負担行為の状況（単位　円）

区　分	当該団体	類似団体
積立金現在高	147,253	59,089
財政調整基金	27,203	25,209
減債基金	－	5,608
その他特定目的基金	120,050	28,272
地方債現在高	162,526	298,338
翌年度以降支出予定債務負担	82,760	68,592

料等の状況　（月額平均,百円）

当該団体	類似団体
10,800	9,349
9,300	7,975
8,300	7,105
6,500	5,952
5,500	5,006

第44講　調べたい行政分野から自治体をみる

個別行政分野を探る

ここからさらにステップアップの分析に入ります。福祉分野を見たいのなら民生費の分析、大規模事業の動向を見たいのなら普通建設事業費の動向をおさえていきます。

「気づき」としての決算カード

この間、決算カードで目的別歳出なら款ごとの経年的分析、性質別歳出なら科目ごとの経年的分析を行ってきました。自治体の財政構造を把握するのに適した分析です。

しかし、ある年に教育費が急増したといっても、何がどうして急増したのか。例えば、中学校費が急増したのか、校舎の補修事業のために急増したのか、あるいは他の理由なのか、といった具体的な原因までは決算カードだけではわかりません。

いうならば決算カードは「なぜ急増したのか？」「なぜ減ったのか？」という「気づき」のきっかけを与えてくれる道具です。

具体的な施策まで追いかける

そこから、決算統計を使って、項・目分析、節分析、クロス分析へと進め、具体的な事業や政策まで探っていきます。そこでは、予算書・決算書や事務報告書にまで調べていくことになります。あるいは、総合計画や各種個別計画、首長の施政方針演説…様々な行政資料まで手を広げていくことになるでしょう。そのことで、自治体の政策・施策の動向、人口や産業、社会構造といった地域特性がそこから見えてくるはずです。

数字から具体的政策に変える作業です。

目的別歳出からのアプローチ	性質別歳出からのアプローチ
（「教育費を調べる」「民生費を調べる」など）	（「普通建設事業費を調べる」「繰出金を調べる」など）
・目的別歳出の全体を見る 　（款ごとの動向を確認する） 　→経年的分析（決算額と充当一般財源等）と類似都市と比較 ・目的別歳出の款ごとに調べたいこと、疑問点をだす ・款をさらに項・目まで解剖する ・クロス表を眺める 　目的別歳出×性質別歳出（決算統計で） 　款・項・目×節 ・具体的な事業を見る 　予算書（決算書）にあたる 　事務報告書にあたる 　財源内訳も見る	・性質別歳出の全体を見る 　（性質別の科目ごとの動向を確認する） 　→経年的分析（決算額）と類似都市と比較 　→経常収支比率の性質別内訳の動向を見る ・性質別の科目ごとに調べたいこと、疑問点をだす（物件費や普通建設事業費などの場合、節の動向も見る） ・クロス表を眺める 　目的別歳出×性質別歳出（決算統計で） 　款・項・目×節 ・具体的な事業を見る 　予算書（決算書）にあたる 　事務報告書にあたる 　財源内訳も見る

第45講　大規模事業をチェック（普通建設事業費）

第24講で東京都小金井市の性質別歳出の推移を検討した際に、投資的経費のピークがいつ頃であったのかがポイントであると指摘しました。ここではさらに、この投資的経費を検討することにします。

実際に何の事業か

次にグラフを見ながら投資的経費が突出した年に具体的にどんな事業が展開されたのかについて検討しましょう。

図表45-1府中市のグラフには、どんな主要事業が展開されたかも書き込んでいます。各年の主要事業については広報や決算書から確認してみましょう。また、目的別と性質別のクロス表から大規模事業が目的別歳出ではどの款で展開されているのかを確認してみてください。さらに、予算書などから節の⑮工事請負費、⑯原材料費、⑰公有財産購入費などを探る方法もあります。

他にチェックすべきこと

さらに精緻な分析を行うには以下の点も行ってください。

① 財源内訳を見る

第19講の歳入の経年的推移を見ると、大規模事業を行った年に財政規模が膨らんでいます。それは大規模事業を展開するにあたって、事業債（地方債）を起債したり、国・都からの補助金がきたり、特定目的基金（庁舎建設など）を取り崩したりするからです。特に地方債は後年度の負担となります。そのため、財源内訳も検討する必要があります。

毎年予算編成期に発行される東京都小金井市の「小金井市一般会計歳入歳出予算説明資料」では、事業名と事業費、財源内訳を**図表45-2**にある「投資的経費一覧表」のように掲載しています。そのほかにも、「みえ・市町村財政を考える会」では、1億円以上の事業の年度別事業財源内訳表を自治体に作成・公開させ、大規模事業がいつどのように展開したか、後年度負担はどうかを分析し、財政困窮の原因をつきとめることができました。

図表 45-1　投資的経費決算額（普通建設事業費等）と歳出総額に占める割合の推移

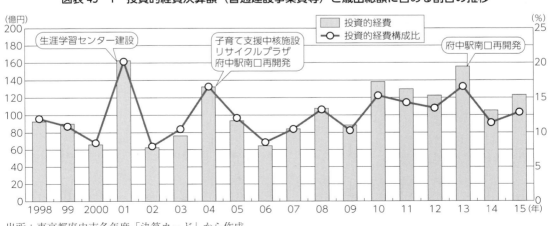

出所：東京都府中市各年度「決算カード」から作成

応用編

ステップアップへ　109

図表45‐2　投資的経費一覧表（一部）

款	事業名	事業費	財源内訳				款‐項‐目‐事業
			国都支出金	地方債	その他	一般財源	
2 総務費	新庁舎・(仮称)新福祉会館建設実施設計委託料	71,600			71,600		2-1-14-1
	小　計	71,600			71,600		
3 民生費	本町児童館空調改修工事	8,558	4,679		3,690	189	3-2-3-2
	本町児童館外構改修工事	11,066	10,276			790	3-2-3-2
	市立保育園木部改修工事	5,739	50		5,000	689	3-2-4-2
	さわらび学童保育所ブロック塀改修工事	4,014	3,200			814	3-2-6-1
	小　計	29,377	18,205		8,690	2,482	
4 衛生費	清掃関連施設整備工事	110,000	25,666	70,800	13,500	34	4-2-2-2
	リサイクル事業所等電気設備改修工事	19,100	15,200			3,900	4-2-2-5
	空缶・古紙等処理場改修工事	9,702	7,700			2,002	4-2-2-5
	小　計	138,802	48,566	70,800	13,500	5,936	
6 農林水産業費	(仮称)ぬくいきた第2市民農園造成工事	3,570	3,184			386	6-1-4-1
	小　計	3,570	3,184			386	
7 商工費	公衆浴場施設改修費補助金	500				500	7-1-1-4
	小　計	500				500	
8 土木費	輸送用機器類(道路監察車)	3,592	2,040		161	1,391	8-1-1-2-2
	道路新設改良に要する経費	142,979	127,448			15,531	8-2-1-1
	都道134号線整備に要する経費	362,010	324,183	34,000		3,827	8-2-3-2
	主要地方道15号線整備に要する経費	149,135	149,135				8-2-4-1
	私道整備舗装等工事	8,792			528	8,264	8-2-6-1
	交通安全施設整備に要する経費	8,018				8,018	8-4-1-1
	砂川用水浚渫等工事	451				451	8-4-1-6
	市街地再開発等の事業に要する経費	178				178	8-4-1-9
	木造住宅耐震改修助成金	6,000	4,500			1,500	8-4-1-11
	特定緊急輸送道路沿道建築物耐震補強設計助成金	16,125	12,900			3,225	8-4-1-11
	特定緊急輸送道路沿道建築物耐震改修助成金	768,513	649,726			118,787	8-4-2-1
	土地区画整理事業に要する経費	857,725	375,375	223,000	400	258,960	8-4-3-1
	都市計画道路3・4・12号線引込管路等整備委託料	53,518	42,800			10,718	8-4-3-1
	都市計画道路3・4・12号線街路構造工事	34,408	4,450	29,200		758	8-4-3-1
	都市計画道路3・4・12号線維持補修工事	1,584	1,000			684	

出所：東京都小金井市「令和2年度小金井市一般会計歳入歳出予算説明資料」、18ジ

② 性質別科目の動向と地方債現在高

　第36講（図表36‐2）の狭山市のグラフのように公債費と物件費の動向も目配りする必要があります。つまり、大型事業を行った後の借金返済とランニングコストの動向です。あわせて、第38講のように地方債現在高も確認しましょう。

作業を行った結果

　これまで指摘したことを分析すると右のようなグラフを作成できます。多摩市職員組合が作成した市民ニュースです。多摩市は他市と比較して物件費が高い割合を示したことを明らかにしました。その原因は大型施設建設とその後の施設管理の委託費の急増です。ニュースではこれをつきとめ、行財政改革に一石を投じました。
　また、こういった作業をすることで、第49講でもふれますが、自治体の総合計画での投資計画の検討、将来の償還計画を検討

する力を身につけることができます。

図表45‐3　市の歳出の性質別科目の推移

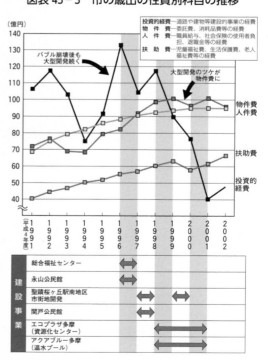

出所：市民が調べた「多摩市の財政」、2005年

第46講 「特別会計」とは（繰出金）

第46講では、普通会計から公営事業会計（あるいは、一般会計から特別会計）へのおカネの流れを調べてみます。

決算カードの繰出金を見る

決算カードの性質別歳出の「繰出金」が公営事業会計へ支出される経費となります（ただし、公営企業（法適）への繰出金は「補助費等」に計上*）。さらに決算カードには、「公営事業等への繰出」として、どのような公営事業等に繰出しているのか、一覧になっています（22・23㌻の⑧参照）。一方、特別会計の予算書を見ると、歳入に「繰入金」というものがあります。それは普通会計・一般会計からの繰出金のことです。まとめますと、普通会計・一般会計から公営

＊「繰出金」なのか「補助費等」なのか

　「公営企業の（法適）（法非適）という区分」
　第4講で紹介したように、自治体のおサイフは様々です。そして、普通会計と公営事業会計という分け方があることを勉強しました。
　さらに公営事業会計には、地方公営企業法の適用事業＝**「公営企業（法適）」**と非適用事業＝**「公営企業（法非適）」**に分かれます。
　法適用事業では一般企業のように発生主義に基づく会計処理、複式簿記等の企業会計で処理され、法非適用事業では、自治体の一般会計と同じ官庁会計で処理されています。
　わがまちのそれぞれの事業会計が法適用企業か法非適用企業なのかについては、財政状況資料集の「公営企業会計等の財政状況」「関係する一部事務組合等の財政状況」で確認してください。
　ちなみに、決算カードや決算統計では
　・法適用事業への繰出金は「補助費等」
　・法非適用事業への繰出金は、「繰出金」
と分類されます。

事業会計・特別会計への資金の移動は

$$\boxed{一 \ 般 \ 会 \ 計} \longrightarrow \boxed{特 \ 別 \ 会 \ 計}$$
　　一般会計・普通会計からみると「繰出」
　　特別会計・公営事業会計からみると「繰入」
$$\boxed{普 \ 通 \ 会 \ 計} \longrightarrow \boxed{公営事業会計}$$

ということになります。

なぜ、繰出金が必要なのか

特別会計には、下水道や病院、国保会計など使用料や診療代、保険料などを収入にしている会計があります。ではなぜ、一般会計から繰出金を特別会計に入れるのでしょうか。一つ目は法律などで一般会計からの繰出しを義務づけている経費があります。二つ目は、事業を行った結果、歳入不足が生じた場合、繰出しをしなければならない場合があります。二つ目の理由による繰出金の金額が大きくなると、一般会計を圧迫し、財政基盤を脆弱にする危険性もあります。そのため、一般会計から特別会計への「繰出金」の分析が必要となります。

年々増加傾向の繰出金

全国的に見ると市町村における繰出金の歳出総額に占める割合は9.0％（17年度決算／平成31年版地方財政白書）と決して高い数字ではありません。しかし、自治体の財政規模が縮小している中で扶助費・公債費と共に年々増加している科目です。また、特別会計の数や各会計の抱える実質収支額の赤字や地方債現在高によって、自治体間の繰出金の構成比に開きがあります。
　図表46−1は東京都多摩地域26市の繰出金構成比と経常収支比率の順位です。最も多いあきる野市と一番少ない稲城市で実に

図表 46 - 1　東京都多摩地域 26 市の繰出金構成比と経常収支比率の順位

	歳出合計に対する 繰出金の割合	順　位	経常収支比率 （赤字地方債除く）	順　位
八 王 子 市	12.0%	4	92.6%	20
立　川　市	9.9%	20	90.0%	22
武 蔵 野 市	8.6%	23	82.1%	26
三　鷹　市	11.3%	11	89.6%	23
青　梅　市	11.2%	12	106.4%	3
府　中　市	8.7%	22	84.0%	25
昭　島　市	10.9%	16	95.7%	12
調　布　市	9.5%	21	90.8%	21
町　田　市	11.1%	14	93.6%	17
小 金 井 市	8.5%	24	94.3%	16
小　平　市	11.7%	8	96.6%	11
日　野　市	11.5%	9	92.8%	19
東 村 山 市	13.0%	2	99.0%	8
国 分 寺 市	11.4%	10	94.6%	15
国　立　市	12.0%	3	95.0%	13
福　生　市	10.6%	19	93.6%	18
狛　江　市	11.8%	6	97.1%	10
東 大 和 市	11.9%	5	101.2%	5
清　瀬　市	10.8%	18	97.7%	9
東 久 留 米 市	11.7%	7	100.5%	7
武 蔵 村 山 市	11.1%	13	100.7%	6
多　摩　市	8.5%	25	89.0%	24
稲　城　市	7.4%	26	94.9%	14
羽　村　市	11.0%	15	106.7%	1
あ き る 野 市	13.9%	1	106.5%	2
西 東 京 市	10.9%	17	101.5%	4

出所：各自治体「決算カード」2017 年度より作成

図表 46 - 2　歳出合計に対する繰出金構成比（東京都あきる野市）

出所：東京都あきる野市各年度「決算カード」より作成

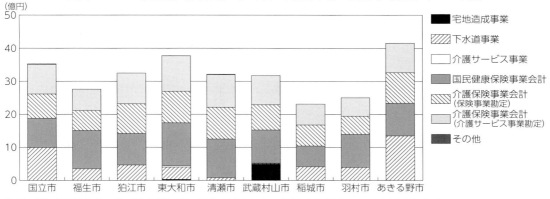

図表 46－3　公営企業（法非適）等に対する繰出し等の状況 市町村分（2017 年度）

凡例：
■ 宅地造成事業
▨ 下水道事業
□ 介護サービス事業
▨ 国民健康保険事業会計
▨ 介護保険事業会計（保険事業勘定）
▨ 介護保険事業会計（介護サービス事業勘定）
■ その他

出所：「決算統計公営企業（法非適）等に対する繰出し等の状況 市町村分」2017 年度より作成

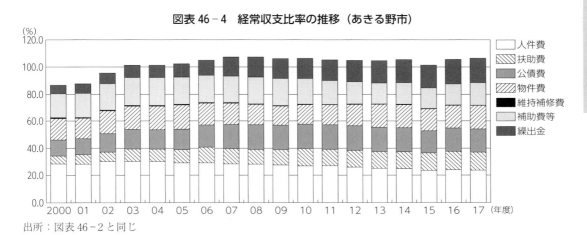

図表 46－4　経常収支比率の推移（あきる野市）

凡例：
□ 人件費
▨ 扶助費
▨ 公債費
▨ 物件費
■ 維持補修費
□ 補助費等
▨ 繰出金

出所：図表 46－2 と同じ

２倍近くの開きがあります。

経年と類似都市比較から

　図表 46－2 は東京都あきる野市の一般会計から特別会計への繰出金の経年的推移です。歳出合計に対し 10％ 以上の構成比で推移してきており、近年では 14％ 近くに増加してきていることがわかります。また、**図表 46－3** は、繰出金内訳の多くを占める公営企業（法非適）等に対する繰出し等の状況を比較したグラフです。これを見るとあきる野市の繰出金の多さは下水道事業会計の繰出金の多さが原因だということがわかります。さらに、経常収支比率を見てみます。**図表 46－4** で経年比較すると、経常収支比率が多い年と少ない年とで約 20％ の開きがあり、公債費や扶助費と共に繰出金が経常収支比率を押し上げた要因であることがわかります。

何の目的で繰出されるか

　図表 46－3 は、第 27 講で紹介した決算統計の表番号「27」（42 頁）の「公営企業等に対する繰出し等の状況」をもとに作成しました。その資料にはそれらの繰出されたお金が何に使われているのかも書かれており、それをまとめたものが**図表 46－5** です。それを見ると、額が大きい下水道事業会計の多くが「公債費財源繰出」、つまり、下水道会計の借金返済に充てられていることが

図表46-5 繰出金の用途

法非適公営事業会計区分	うち人件費財源繰出	事務費繰出	建設費繰出	公債費財源繰出	赤字補てん財源繰出	その他繰出	合計
公営企業会計（9）下水道事業	19,077	19,000	47,635	1,282,262	0	0	1,348,897
国民健康保険事業会計 事業勘定	89,004	124,942	0	0	550,000	314,248	989,190
介護保険事業会計 保険事業勘定	24,685	720,031	0	0	0	207,316	927,347
介護保険事業会計 介護サービス事業勘定	96,842	883,998	0	0	0	9,309	893,307
財産区	0	0	0	0	0	3	3
合　計	229,608	1,747,971	47,635	1,282,262	550,000	530,876	4,158,744

出所：東京都あきる野市「決算統計」2016年度より作成

図表46-6 土木費の内訳

土木費の内訳	土木管理費	道路橋りょう費	街路費	公園費	下水道費	区画整理費等	住宅費	総額
人件費	119,464	25,010	0	0	0	93,862	7,499	245,835
物件費	17,913	136,042	176	27,747	0	4,604	8,783	195,265
維持補修費	344	2,648	0	1,790	0	0	1,696	6,478
補助費等	772	0	0	849	0	1,064	421	3,106
普通建設事業費	0	706,942	29,142	2,995	0	210,327	30,512	979,918
積立金	0	0	0	0	0	0	3,494	3,494
繰出金	0	0	0	0	1,348,897	0	0	1,348,897
歳出合計	138,493	870,642	29,318	33,381	1,348,897	309,857	52,405	2,782,993

出所：図表46-5に同じ

わかります。

土木費の中で占める割合は

決算統計表番号「7〜13」（8〜23頁）の「歳出内訳及び財源内訳」には、目的別歳出と性質別歳出のクロス表が載っています。なかでも表番号「10」には、土木費を性質別歳出の科目で分けたその内訳があります。あきる野市の場合でいいますと、**図表46-6**にあるように、表番号「10」（14〜15頁）の土木費の「歳出内訳及び財源内訳」から土木費の決算額のうち、約50％が下水道費に分けられていること、さらに下水道費の全てが繰出金に分けられていることがわかります。つまり、土木費の約半分が下水道会計への繰出金であり、繰出されたお金は下水道会計において会計内の借金の返済に使われているということがわかります。

予算書から繰出金を見る

決算統計は普通会計を対象にしていますので、区画整理事業特別会計や駐車場特別会計など普通会計に係る特別会計の動向を探ることはできません。もし、予算書・決算書・事務事業報告書などからクロス表があれば、どのような特別会計にどれぐらいの繰出金があるのかを探すことができます。小金井市の予算書の場合、第26講で扱ったクロス表から「民生費」「土木費」「諸支出金」の繰出金がわかりました。予算書のこれらの款のページをめくり、節番号28の「繰出金」を探すことで、繰出金の額と財源内訳などが明らかになります。

第47講　補助金はどこに？（補助費等）

わがまちの補助金にはどんなものが

　性質別歳出の中の「補助費等」とは自治体がだす補助金です。主に、①一部事務組合・広域連合等、②公営企業（法適）、③市長会や議長会など自治体外の団体、④自治体内の各種団体などが対象となります。

　図表47−1は東京都小金井市の「小金井市一般会計歳入歳出予算説明資料」にある「負担金・補助金等一覧」です。款ごとにすべての補助金がだされ、補助金額の今年と昨年の比較も可能です。

　自治体によっては、こういう資料を作成していますので調べましょう。

一部事務組合・広域連合への負担金

　自治体では、ごみ処理や病院など複数の自治体同士が共同で行っている場合があります。それが一部事務組合、広域連合です。これらは、広域行政を担う都道府県や市町村と同じ「地方公共団体」です。

　総務省方式の決算カードでは、「一部事務組合加入の状況」が分野ごとに○×で示されています。また、性質別歳出の「補助費等」で「うち一部事務組合負担金」の決算額等が記載されています。さらに、財政状況資料集1ジ目「総括表（市町村）」をみると、どんな一部事務組合・広域連合があるかがわかります。

一部事務組合にも決算カードが

　都道府県によっては、一部事務組合や広域連合にも決算カードがあります。それぞれの自治体の分担金・負担金の算出方法、地方債現在高や歳入の地方債、歳出の公債

費、投資的経費などをチエックしましょう。また、つくっていない一部事務組合や広域連合は図表47−2のような決算カードを例につくらせましょう。

公営企業への繰出金

　水道事業や交通事業、病院事業などは地方公営企業法の適用事業といわれているものです。一般に「公営企業（法適）」と明記されます。これらへの繰出金（さらに細かく負担金、補助金、出資金、貸付金に分かれます）は、決算カードや決算統計の性質別歳出の分類では、繰出金ではなく、この「補助費等」に計上されます。

補助金の問題点

　④は、自治会や商工会、民間保育所など市町村内の各種団体に出される補助金です。市民に密接した分野であるので、市民感覚で分析しやすいといえます。

　また、補助金の問題としては、補助金交付の根拠があいまいであったり、長年の「慣行」で当初の目的がなくなっていたり、効果が薄くなっているものの、補助金が継続され、結果として補助金総額が肥大化しているとの指摘があります。

増える補助金改革

　一方、補助金は地方自治法第232条の2で「公益上必要がある場合において」自治体の裁量で交付できるものです。それゆえに自治体の意思で改革することができる分野です。また、NPOの育成など新たな需要に応える制度づくりも急務です。

　実際に、市単独の補助金について全般的

に見直す自治体が増えてきました。例えば、第三者機関による審査と公募制の導入、交付根拠や基準の明確化、補助事業・補助事業者の公開といった改革です。

図表 47 - 1　負担金・補助金等一覧

款	内　　　　容	令和2年度	令和元年度	比　　較
1議　会　費		9,665	9,914	△249
	○政務活動費	8,640	8,640	0
	○議長会負担金	750	1,050	△300
	○三多摩上下水及び道路建設促進協議会負担金	30	20	10
	○関東市議会議長会総会出席者負担金	7	7	0
	○東京都北多摩議長連絡協議会負担金	10	10	0
	○全国都市問題会議出席者負担金	20	20	0
	○関東市議会議長会支部長会議等出席者負担金	68	51	17
	○全国都市問題会議出席者負担金	10	10	0
	○関東市議会議長会総会出席者負担金	7	7	0
	○関東市議会議長会支部長会議等出席者負担金	123	99	21
2総　務　費		161,900	89,069	72,831
	○東京都人材支援事業団負担金	5	5	0
	○東京都市公平委員会負担金	969	988	△19
	○自主研修助成金	375	375	0
3民　生　費		2,722,470	2,789,526	△67,056
	○東京都民生児童委員連合会負担金	470	540	△70
	○全国民生委員児童委員連合会負担金	59	59	0
	○社会福祉協議会運営補助金	85,594	83,535	2,059
合　　　計		4,625,715	6,128,345	△1,502,630

出所：東京都小金井市「令和2年度小金井市一般会計歳入歳出予算説明資料」、24・28㌻

図表 47 – 2　一部事務組合の決算状況

平 成 2 7 年 度 決 算 状 況 （ 一 部 事 務 組 合 ）

団 体 コ ー ド	138479			共 同 処 理 す る 事 務		
組 合 名	東京たま広域資源循環組合			一般廃棄物最終処分場の管理運営及び一般廃棄物焼却残さ等の処理業務		

決算収支の状況	歳 入 総 額 a 千円	歳 出 総 額 b 千円	歳入歳出差引額 c （a－b） 千円	翌年度に繰り越すべき 財源 d 千円	実 質 収 支 e （c－d） 千円
平 成 27 年 度	10,421,833	10,066,661	355,172	0	355,172
平 成 26 年 度	10,708,695	10,388,625	320,070	0	320,070

歳　　　入					性　別　歳　出				経常経費充当
区　　分	決 算 額 千円	構成比 %	経常一般財源 f 千円	f の構成比 %	区　　分	決 算 額 千円	構成比 %	一般財源等 千円	一般財源の計 8,160,890千円
分担金・負担金	9,330,000	89.5%	9,330,000	100.0%	人 件 費	244,835	2.4%	244,814	27年度末積立金現在高
使 用 料	0	0.0%	0	0.0%	うち職員給	183,320	1.8%	183,320	2,167,604千円
手 数 料	0	0.0%	0	0.0%	扶 助 費	2,510	0.0%	2,510	27年度末地方債現在高
国 庫 支 出 金	2,177	0.0%			公 債 費	1,857,557	18.5%	1,857,557	6,793,822千円
都 支 出 金	497	0.0%			内 元利償還金	1,857,557	18.5%	1,857,557	債務負担行為 翌年度以降支出予定額
財 産 収 入	491	0.0%	277	0.0%	訳 一時借入金利子	0	0.0%	0	26,785,613千円
寄 附 金	0	0.0%			物 件 費	5,656,344	56.2%	4,891,216	28年4月1日現在職員数
繰 入 金	0	0.0%			維 持 補 修 費	159,396	1.6%	159,281	（うち固有職員数）
繰 越 金	320,070	3.1%			補 助 費 等	1,036,269	10.3%	1,036,269	23人 （　　人）
諸 収 入	768,598	7.4%	538	0.0%	積 立 金	1,004,021	10.0%	1,003,807	
地 方 債	0	0.0%			投資及び出資金貸付金	0	0.0%	0	
合 計	10,421,833	100%	9,330,815	100%	繰 出 金	0	0.0%	0	

区　分	改定実施年月日	一人当たり平均給料 （報酬）月額 円	前年度繰上充用金	0	0.0%	0
特別職の報酬等	管 理 者	H9・4・1	45,000 円	投 資 的 経 費	105,729	1.0%	105,729
	副管理者	H9・4・1	40,000 円	うち人件費	3,777	0.0%	3,777
	・・	円	内 普通建設事業費	105,729	1.0%	105,729
	・・	円	内 補 助	0	0.0%	0
議会	議 長	H9・4・1	34,000 円	単 独	105,729	1.0%	105,729
	副 議 長	H9・4・1	30,000 円	訳 その他	0	0.0%	0
	議 員	H9・4・1	25,000 円	災害復旧事業費	0	0.0%	0
	議員数	（ 26 ）人	合 計	10,066,661	100%	9,301,183

	団 体 名	金 額 （千円）	団 体 名	金 額 （千円）	団 体 名	金 額 （千円）
分	八王子市	1,406,969	国立市	104,264		
	立川市	545,786	福生市	144,277		
賦	武蔵野市	377,244	狛江市	81,407		
	三鷹市	367,518	東大和市	234,487		
金	青梅市	339,692	清瀬市	215,804		
	府中市	248,193	東久留米市	367,763		
徴	昭島市	260,430	武蔵村山市	209,032		
	調布市	451,811	多摩市	405,887		
収	町田市	941,944	稲城市	87,804		
	小金井市	170,233	羽村市	149,393		
状	小平市	503,085	西東京市	541,840		
	日野市	436,215	瑞穂町	107,012		
況	東村山市	367,231				
	国分寺市	264,679			合 計	9,330,000

出所：東京たま広域資源循環組合「平成27年度決算状況」

応 用 編

第48講　基準財政需要額を探る

第14講で、地方交付税とは、自治体の財政力の格差を解消し、行政サービスのナショナルミニマムを保障する、自治体にとって重要な財源であることを学びました。

しかし、第14講でふれたように04〜06年の、「三位一体の改革」によって、普通交付税の交付額は削減されました。実際の削減の手法は、基準財政需要額の削減という形で行われました。

わがまちで実際に基準財政需要額がどのように変化しているのかを確認してみましょう。この作業から交付税制度の仕組みとこの間進められてきた交付税改革の問題点が明らかになるはずです。

入手したい「地方交付税算定台帳」

そこで、今回は巻末の分析表10を用意し

ました。この表を作成すれば、基準財政需要額の経年的変化がわかります。

分析に必要な資料としては、122・123ページにある「市町村分地方交付税算定台帳」（以下、算定台帳）を財政課から入手しましょう。少なくとも、リーマンショックなどの影響を見てみたいので、図表48−3のように07年度から直近の年度までは必ず入手しましょう。

もちろん、可能ならば、決算カードと並行して分析できるよう、20年分そろえてもいいでしょう。

「分析表10」を作成する

基準財政需要額は、06年度以前は、「経常経費」「投資的経費」「公債費」の三つに分かれていました。

図表48−1　基準財政需要額の内訳とその推移

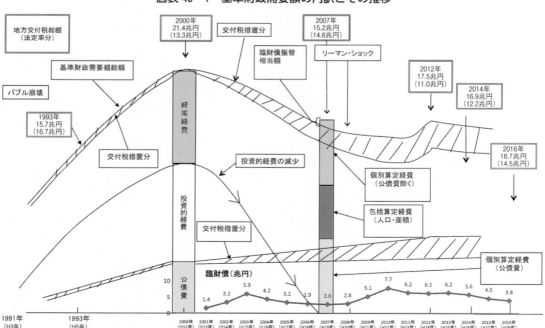

出所：筆者作成

図表 48‒2　臨時財政対策債への振替えイメージ

（振替分が臨時財政対策債発行可能額となる）

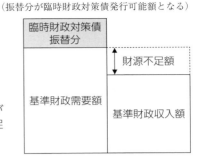

出所：東京都資料より

図表 48‒3（分析表 10）を作成するにあたって、算定台帳から「個別算定経費（公債費除き）」「個別算定経費（公債費）」の計と「包括算定経費」の数字をそれぞれの項目の「実数」に書き込みます。さらに、合併していない自治体は 2000 年度を 100 とし、合併した自治体は合併年度の翌年を 100 とした指数で、経年的な推移を見ます。

全国自治体の基準財政需要額の合計をみますと、00 年度を 100 として、01 年は 92、02 年以降は 85〜89 で推移しています。実に 10〜15％ 程度も削減されています。さらに、基準財政需要額のうち、「経常経費」「投資的経費」「公債費」のそれぞれの指数をみると、「経常経費」「公債費」は伸びているものの、「投資的経費」がピーク時の 3 分の 2 まで落ち込んでいるために、全体の合計額も落ち込んでいることがわかります。

なぜ、このようなことが起きたのでしょうか。それは、「地方交付税」の削減も掲げた「三位一体の改革」の結果です。その方法は、基準財政需要額を意図的に削減することですすめられてきました。それは実際の行政サービスに必要な経費を忠実に算定に反映するのではなく、それぞれの行政経費の算定を低く見積もることで基準財政需要額を抑えたのです。

また、国の地方財政対策において、01 年度から普通交付税の財源の不足分をそれぞれの自治体が「臨時財政対策債」を発行することで補う制度が始まりました。この制度により、基準財政需要額の一定額が臨時財政対策債振替分となりました（**図表 48‒2**）。基準財政需要額が臨時財政対策債振替分削減され、この分が必要な自治体は「臨時財政対策債」として借金をして対応することとなりました（交付税措置はあります）。

図表 48‒1 のグラフは、全国自治体の基準財政需要額とそのうちの「経常経費」「投資的経費」「公債費」「臨時財政対策債」それぞれの経年的動向をみたものです。なぜ 00 年度を 100 としたのかというと、この年、地方交付税総額が最も多かったからです。「経常経費」は 03 年度以降漸増、「公債費」（臨財債及び交付税措置分含む）は増加しているものの、「投資的経費」は激減しているために、基準財政需要額全体としても減少しています。

交付税措置されたのになぜ財源こない？

以上をまとめると、06 年度までの動向としては、①「経常経費」は厚生費の伸びが大きいため、経常経費全体の需要額も伸びていたが、他の行政経費は抑制されてきたこと、②「公債費」は増えているものの、需要額全体からすればその比率は小さい（**図表 48‒1 参照**）、③「投資的経費」の大幅削減が、基準財政需要額全体の削減の主要因で

図表 48－3　地方交付税算定台帳・決算統計と算定経費の経年的推移（東村山市）

経費				2012（H24）	2013（H25）	2014（H26）	2015（H27）
（本来の）基準財政需要額	07年度より個別算定経費（公債費除き）（07年度以前は経常経費）	Ⓐ	実数	16,981,526	17,311,264	17,521,747	18,466,253
			指数	100	101.9	103.2	108.7
	投資的経費		実数				
			指数				
	07年度より個別算定経費（公債費）（07年度以前は公債費）	Ⓑ	実数	2,548,356	2,624,028	2,732,962	2,509,551
			指数	100	103.0	107.2	98.5
	包括算定経費（新型）	Ⓒ	人口	3,094,170	2,989,021	2,801,156	2,829,196
			面積	30,919	30,942	29,793	29,530
	その他		実数				
振替前需要額（本来の基準財政需要額）		Ⓓ		22,654,971	22,955,255	23,085,658	23,834,530
臨時財政対策債振替相当額（臨時財政対策債発行可能額）		Ⓔ		2,628,870	2,876,258	2,555,995	2,243,333
（決算カードの）基準財政需要額の合計（※01年度より、振替前需要額Ⓓ－臨時財政対策債振替相当額Ⓔ）		Ⓕ	実数	20,026,101	20,078,997	20,529,663	21,591,197
			指数	100	100.3	102.5	107.8
臨時財政対策債償還費→補正後の数値				13,783,088	15,538,000	18,301,651	20,556,056
臨時財政対策債償還費→基準財政需要額（交付税措置分）				923,467	1,025,508	1,189,607	1,336,144
臨時財政対策債償還費→元利償還額（利子含　実際の金融機関と契約）				1,041,053	1,147,102	1,298,854	1,433,326
臨時財政対策債発行額				2,628,870	2,876,258	2,555,995	2,243,333
臨時財政対策債の現在高				17,593,462	19,557,188	21,045,000	22,071,768

（決算統計表番号33）

出所：東京都東村山市各年度「地方交付税算定台帳」より作成

あることがわかります。

　この間、臨時財政対策債の後年度の返済分（「公債費」に入ります）や公立保育所運営費（「経常経費」の「社会福祉費」に入ります）が交付税措置（基準財政需要額の算入額）されたと言われています。つまり、これらの分野については、財源が保障されたことになります。しかし、全体が削減されているため、結局、実際の交付税交付額は減らされ、財政措置の効果が少なくなっています。

半世紀ぶりの制度変更

　07年度から半世紀ぶりに基準財政需要額の費目が変更されました。主な地方交付税の改正点は、①個別算定経費と包括算定経費に区分、②「地域振興費」が設けられ、その中に補正係数がつけられた、③包括算定経費の測定単位を人口と面積にした「新型交付税」（5兆円規模）が導入されたことです。

　基準財政需要額の算定は、行政項目ごと

に単位費用×測定単位×補正係数で計算されます。しかし、07年度より、人口と面積を基本とした簡素な算定方式が一部導入されました。導入対象となったのは、**図表48-4**のようにこれまで「投資的経費」とされた項目です。

その結果、これまで主に「経常経費」「投資的経費」「公債費」であった項目が、「個別算定経費（公債費除き）」「包括算定経費」「個別算定経費（公債費）」という分け方になりました。

「簡素化」への懸念

ここで、包括算定経費が導入されたことで懸念すべき点を指摘したいと思います。これまで測定単位は、人口だけでなく、高齢者人口や農家数など様々に設定されてきました。それは、測定単位をきめ細かく設定することで各自治体の行政ニーズをきめ細かく保障しようというあらわれであったといえます。しかし、人口と面積（実際は、人口の要素が大きく反映）を基本とした簡素な算定方式が導入されたことによって、過疎化が進む自治体や離島など条件不利地域の自治体がいっそう不利になる可能性があります。

もっとも、08年度には「地域格差」「地方の疲弊」に対して世論の批判が高まりました。そのため、政治的配慮として、「個別算定方式（公債費を除く）」の中に「地方再生対策費」が、09年度には「地方再生対策費」の他に「地方雇用創出推進費」が新たに設けられました。16年度には地方創生政策の色濃い「地域経済・雇用対策費」

図表48-4　基準財政需要額の算定費目の統合・見直し

② 市町村分

平成18年度

区分	費目	測定単位
経常経費	消防費	人口
	道路橋りょう費	道路の面積
	港湾費	係留施設の延長（港湾）
		係留施設の延長（漁港）
	都市計画費	都市計画区域における人口
	公園費	人口
		都市公園の面積
	下水道費	人口
	その他の土木費	人口
	小学校費	児童数
		学級数
		学校数
	中学校費	生徒数
		学級数
		学校数
	高等学校費	教職員数
		生徒数
	その他の教育費	人口
		幼稚園の幼児数
	生活保護費	市部人口
	社会福祉費	人口
	保健衛生費	人口
	高齢者保健福祉費	65歳以上人口
		74歳以上人口
	清掃費	人口
	農業行政費	農家数
	商工行政費	人口
	その他の産業経済費	林業、水産業及び鉱業の従業者数
	徴税費	世帯数
	戸籍住民基本台帳費	戸籍数
		世帯数
	企画振興費	人口
	その他の諸費	人口
		面積
投資的経費	道路橋りょう費	道路の延長
	港湾費	外部施設の延長（港湾）
		外部施設の延長（漁港）
	都市計画費	都市計画区域における人口
	公園費	人口
	下水道費	人口
	その他の土木費	人口
	小学校費	学級数
	中学校費	学級数
	高等学校費	生徒数
	その他の教育費	人口
	社会福祉費	人口
	高齢者保健福祉費	65歳以上人口
	清掃費	人口
	農業行政費	農家数
	その他の産業経済費	林業、水産業及び鉱業の従業者数
	企画振興費	人口
	その他の諸費	人口
		面積

平成28年度

1　個別算定経費

区分	費目	測定単位
	消防費	人口
土木費	道路橋りょう費	道路の面積
		道路の延長
	港湾費	係留施設の延長（港湾）
		外部施設の延長（港湾）
		係留施設の延長（漁港）
		外部施設の延長（漁港）
	都市計画費	都市計画区域における人口
	公園費	人口
		都市公園の面積
	下水道費	人口
	その他の土木費	人口
教育費	小学校費	児童数
		学級数
		学校数
	中学校費	生徒数
		学級数
		学校数
	高等学校費	教職員数
		生徒数
	その他の教育費	人口
		幼稚園等の小学校就学前子どもの数
厚生費	生活保護費	市部人口
	社会福祉費	人口
	保健衛生費	人口
	高齢者保健福祉費	65歳以上人口
		75歳以上人口
	清掃費	人口
産業経済費	農業行政費	農家数
	林業水産行政費	林業及び水産業の従業者数
	商工行政費	人口
総務費	徴税費	世帯数
	戸籍住民基本台帳費	戸籍数
		世帯数
	地域振興費	人口
		面積
	地域経済・雇用対策費	人口
	地域の元気創造事業費	人口
	人口減少等特別対策事業費	人口

2　包括算定経費

測定単位
人口
面積

出所：総務省資料に加筆

ステップアップへ　121

平成３０年度　市町村分地方交付税算定台帳【調整復活】

経 費 の 種 類			補正前の数値(A)	最終係数(B)	補正後の数値(A×B)	基準財政需要額 千円
消 防 費			※　136,299	1.117	152,246	1,720,380
道路橋りょう費	道路の面積		（　　1,508　） ※　1,522	1.150	1,734	124,328
	道路の延長		※　244	3.760	917	177,898
港湾費	港湾	係留	（　　－　） －	－	－	－
		外郭	－	－	－	－
	漁港	係留	※　－	－	－	－
		外郭	※　－	－	－	－
都 市 計 画 費			※　136,299	1.148	156,471	154,593
公園費	人口		※　136,299	1.181	160,969	85,314
	都市公園の面積		※　302		302	10,963
下 水 道 費			※　136,299	10.767	1,467,531	137,948
そ の 他 の 土 木 費			※　136,299	1.023	139,434	225,883
小学校費	児童数		※　7,352	1.005	7,389	317,727
	学級数		229.0	1.362	312.0	277,680
	学校数		10.00	1.014	10.14	96,117
	小計					691,524
中学校費	生徒数		※　3,220	0.997	3,210	130,326
	学級数		92.0	1.369	126.0	138,222
	学校数		5.00	1.015	5.08	44,150
	小計					312,698
高等学校費	教職員数		（　　－　） －	－	－	－
	生徒数		（　　－　） ※　－	－	－	－
その他の教育費	人口		※　136,299	1.163	158,516	827,454
	幼稚園等の子どもの数		※　－	－	－	－
生 活 保 護 費			※　136,299	0.871	118,716	1,120,679
社 会 福 祉 費			※　136,299	0.978	133,300	3,119,220
保 健 衛 生 費			※　136,299	0.987	134,527	1,057,382
高齢者保健福祉費	65歳以上人口		※　25,398	0.899	22,833	1,497,845
	75歳以上人口		※　11,344	1.048	11,889	996,298
清 掃 費			※　136,299	1.515	206,493	1,036,595
農 業 行 政 費			※　234	1.940	454	38,272
林 野 水 産 行 政 費			※　－	－	－	－
商 工 行 政 費			※　136,299	0.973	132,619	173,731
徴 税 費			※　59,515	0.927	55,170	254,334
戸籍住民基本台帳費	戸籍数		36,511	1.091	39,834	46,606
	世帯数		※　59,515	0.966	57,491	119,581
地域振興費	人口		※　136,299	2.852	388,725	711,367
	面積		（　　7.97　） 18.34	1.425	11.36	11,803
計						14,652,696
地 域 の 元 気 創 造 事 業 費			※　136,299	0.591	80,553	203,799
人 口 減 少 等 特 別 対 策 事 業 費			※　136,299	0.829	112,992	384,173

個別算定経費（公債費除き）

（注）　1.「補正前の数値」欄の（　）内は種別補正後の数値である。
　　　　2.「標準税収入額等合計」は〔｛基準財政収入額 －（所得割における税源移譲相当額（三位一体の改革分）の25％）－（所得割にお…
　　　　　－（分離課税所得割交付金）－Ｂ－Ｃ〕×100 ／ 75〕＋（道府県民税所得割臨時交付金）＋（分離課税所得割交付金）＋Ｂ＋Ｃで計…
　　　　3.「標準財政規模」は　一本の標準税収入額等合計 ＋ 普通交付税交付額 ＋ 合併算定替単純計の臨時財政対策債発行可能額　で計…
　　　　4.「普通交付税決定額」欄の「基準財政需要額　Ａ」は、合併算定替においては、合併縮減後の基準財政需要額である。また、「交付基…
　　　　5.※の欄は、被災地特例適用団体については被災地特例適用後の数値である。

地方交付税算定台帳【調整復活】

一本算定替の別	都道府県名	市 町 村 名	市町村コード	No.
一本	埼玉県	朝霞市	11227500	23

経 費 の 種 類		補正前の数値(A)	最終係数(B)	補正後の数値(A×B)	基準財政需要額 千円	
個別算定経費（公債費）	災 害 復 旧 費	(－)		－	－	1
	辺地対策事業債償還費	－		－	－	
	補正予算債償還費 平成10年度以前許可債に係るもの	(1,230) 1,230		1,230	984	
	補正予算債償還費 平成11年度以降同意等債に係るもの	(289,791) 489,186		289,791	15,649	
	地方税減収補塡債償還費	(312,143) 110,400		312,143	7,491	
	臨 時 財 政 特 例 債 償 還 費	(－)		－	－	
	財 源 対 策 債 償 還 費	(2,347,943) 1,414,892		2,347,943	51,655	
	減 税 補 塡 債 償 還 費	(2,987,326) 2,857,644		2,987,326	185,214	
	臨 時 税 収 補 塡 債 償 還 費	(833,857) 627,432		833,857	17,511	
	臨 時 財 政 対 策 債 償 還 費	(18,341,870) 19,684,122		18,341,870	1,155,538	
	東日本大震災全国緊急防災施策等債償還費	(147,730) 2,699,100		147,730	15,216	
	地域改善対策特定事業債等償還費	－		－	－	
	過 疎 対 策 事 業 債 償 還 費	－		－	－	
	公 害 防 止 事 業 債 償 還 費	146,310		146,310	73,155	
	石 油 コ ン ビ ナ ー ト 等 債 償 還 費	－		－	－	
	地震対策緊急整備事業債償還費	－		－	－	
	合 併 特 例 債 償 還 費	－		－	－	
	原発施設等立地地域振興債償還費	－		－	－	
	計				1,522,413	
	個 別 算 定 経 費 計				16,763,081	
包括算定経費	人 口	※ 136,299	0.931	126,894	2,220,645	
	面 積	(10.88) 18.34	10.88		25,492	
	計				2,246,137	
	振 替 前 需 要 額				19,009,218	
	臨 時 財 政 対 策 債 振 替 相 当 額				268,241	
	基 準 財 政 需 要 額				18,740,977	

税		目	基準財政収入額等 千円	税	目	基準財政収入額等 千円
市町村民税	均等割	個 人	183,912	地方消費税交付金	従 来 分	943,646
		法 人	247,553		引 上 げ 分	961,847
	所得割	税源移譲相当額除き	6,345,201		小 計	1,905,493
		税源移譲相当額	1,360,488	市 町 村 税 交 付 金		305,376
		道府県民税所得割臨時交付金	－	ゴ ル フ 場 利 用 税 交 付 金		10,848
		分離課税所得割交付金	－	自 動 車 取 得 税 交 付 金		58,383
		小 計	7,705,689	軽 油 引 取 税 交 付 金		－
	法 人 税 割		438,606	低 工 法 等 に よ る 控 除 額	△	
固定資産税	土 地		3,120,854	小 計 A		18,274,336
	家 屋		2,646,577	特 別 と ん 譲 与 税		－
	償 却 資 産		755,301	地 方 揮 発 油 譲 与 税		60,666
	小 計		6,522,732	石 油 ガ ス 譲 与 税		－
軽 自 動 車 税			97,732	自 動 車 重 量 譲 与 税		153,742
市 町 村 た ば こ 税			604,945	航 空 機 燃 料 譲 与 税		－
鉱 産 税			－	譲 与 税 計 B		214,408
事 業 所 税			－	交 通 安 全 対 策 特 別 交 付 金 C		15,345
利 子 割 交 付 金			22,834	東日本大震災に係る特別加算額 D		88
配 当 割 交 付 金			81,272	地 方 特 例 交 付 金 E		120,815
株 式 等 譲 渡 所 得 割 交 付 金			88,961	基準財政収入額 (A+B+C+D+E)		18,624,992
				標 準 税 収 入 額 等 合 計		23,982,626
				標 準 財 政 規 模		24,374,531

	区 分		算 出 額 千円	錯 誤 額 千円	計 千円
普通交付税決定額	基 準 財 政 需 要 額	A	18,740,977	6,992	18,747,969
	基 準 財 政 収 入 額	B	18,624,992	-687	18,624,305
	交 付 基 準 額 (A－B)	C	115,985	7,679	123,664
					(－)
	調 整 額 (A×調整率)	D			18,152
	当 初 決 定 額 (C－D)				105,512
	変 更 決 定 額 (A－B)				123,664

:ける税源移譲相当額（県費負担教職員分）の25％）－（地方消費税交付金における引上げ分の25％）－（道府県民税所得割臨時交付金）
算している。〔 〕および（ ）は整数未満四捨五入。
:額(A-B) C」については、値が負数の場合は、（ ）内にその値を表示している。

「地域の元気創造事業費」「人口減少等特別対策事業費」の加算分の措置がとられました。まさに時の政府の財政配慮ともいえるものです。算定台帳の個別算定経費（公債費除き）の「計」が恒久的な経費の推移で、その下（118ﾍﾟ の場合は、「地域の元気創造事業費」「人口減少等特別対策事業費」）は時の内閣の地域社会への財政政策による加算分なので、それぞれの額を加えた金額が、その年の個別算定経費（公債費除き）の基準財政需要額です。

　基準財政需要額の動向は毎年度の国の政策に大きく影響を受けます。毎年、**図表48－3**（分析表10）を記入することで動向を注視することが必要です。

　それでは、2012年度から15年度までの東村山市の算定台帳を使って臨時財政対策債の理論値をまず確かめ、それぞれの年次までの実態値を決算統計表番号33で確認しましょう。本来のあるべき基準財政需要額とは個別算定経費（公債費除き）＋個別算定経費（公債費）＋包括算定経費の合計額、すなわち振替前需要額です。また、国の財源不足を背景として削減された地方交付税額に相当するのが臨時財政対策債振替相当額です。この額の範囲内で臨時財政対策債の発行が可能です。どの程度発行するのかは自治体の裁量となります。

　「三位一体改革」による税源移譲（07〜08年）の一時的な地方税の増加も08年9月のリーマンショック以降、振替前需要額の増加（個別算定経費の「補正による増加需要」より合併算定替や密度補正などによる増及び交付税措置分の上昇など）から**図表48－3**の指数の上昇からも、うなづけます。

　補正後の数値の臨時財政対策債償還費は、理論的に投入される実質的な普通地方交付税の代替財源とも言われています（交付税措置分）。

　臨時財政対策債はストックとして残らない経常的経費財源を借りるための地方債ですから、地方債現在高の増加や義務的経費である公債費が増加する要因になっています。臨時財政対策債は、あくまで地方債なので金融機関を通して償還計画にしたがって返さなければなりません。地方債現在高の種類と内訳をみるには、地方財政状況調査表（決算統計）をみなければなりません。自治体の財政課に決算統計の「表番号33」を請求すれば、「地方債現在高の状況」が分かります。「表番号33」左上にある団体コード6桁と表番号を確認します。次に「臨時財政対策債」の当該年度の発行高、元利償還額の計、差引現在高を分析用紙10に記入します（発行高は当該の決算カードの地方債の内訳欄と同じ。元利償還額のうち元金のみが算定台帳の理論値として20年償還とほぼ一致）。

　地方財政全体の借入金残高はこの10年間約200兆円で推移しており、2016年度末は196兆円でした。その内訳で最も多いのは、地方債現在高で143兆円です。そのうち臨財債を除く建設地方債の地方債現在高が91兆円。臨財債残高は52兆円（対地方債現在高比36.4％）で毎年増加し、その比重を高めています。

　地方交付税の財源不足分は、2001年度から国負担分は国の一般会計から加算し、地方負担は臨財債により補填することになりました。本来、自治体の多額の財源不足が生じたときは、地方交付税法第6条の3第2項より法定率を改正して、対応すべきことなのです。にもかかわらず、国と自治体で折半のルールで発行を押しつけられたのが臨財債なのです。自治体が安定して公共サービスを提供できるように、臨財債による臨時的対策を解消することが求められています。

第49講　総合計画に注目する

最後にみなさんに注目して欲しいものは各自治体の総合計画です。

総合計画とは、自治体のまちづくりの方向を示すものです。体系としては「基本構想」（自治体によって違いますが、概ね10年）→「基本計画」（概ね前期5年、後期5年）→「実施計画」（概ね3年）となっています。「基本構想」「基本計画」「実施計画」の位置づけは**図表49-1**の通りです。この基本計画に将来の新規事業や投資事業が、分野別ごとあるいは一覧表で記載しています。

2013年の地方自治法改正により、自治体には基本構想及び総合計画策定の義務はなくなりましたが、むしろ計画を自治体の最上位計画として位置づけることが必要です。

これまでの総合計画の展開が自治体の財政にどのように影響したのか、経年的分析を行うことを第6講で紹介しましたが、グラフをこれまでの総合計画の期間に区切って分析することも必要です。

また、基本計画に長期財政の見通し財政フレームがきちんと明示されているのか、そのことで自治体が計画的な行財政運営を行っているかどうかの試金石となります。

財政フレームを見る

そのため、基本計画の財政フレームの検討が必要となります。具体的には基本計画

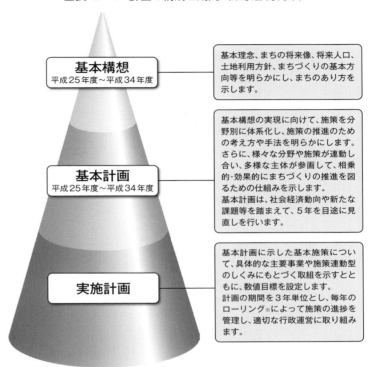

図表 49 - 1　計画の構成と期間（東京都青梅市）

基本構想
平成25年度〜平成34年度

基本理念、まちの将来像、将来人口、土地利用方針、まちづくりの基本方向等を明らかにし、まちのあり方を示します。

基本計画
平成25年度〜平成34年度

基本構想の実現に向けて、施策を分野別に体系化し、施策の推進のための考え方や手法を明らかにします。さらに、様々な分野や施策が連動し合い、多様な主体が参画して、相乗的・効果的にまちづくりの推進を図るための仕組みを示します。
基本計画は、社会経済動向や新たな課題等を踏まえて、5年を目途に見直しを行います。

実施計画

基本計画に示した基本施策について、具体的な主要事業や施策連動型のしくみにもとづく取組を示すとともに、数値目標を設定します。
計画の期間を3年単位とし、毎年のローリング※によって施策の進捗を管理し、適切な行政運営に取り組みます。

出所：東京都青梅市「第6次総合長期計画」

に財政フレームがあるか、あるとすればどれだけ市民が検証できる内容なのかが問われます。

その意味での好例は、12年4月に策定された東京都武蔵野市の「第五期長期計画2012−2021」です。長期計画の第7章に「財政計画」を設けています。構成は、「1日本経済の動向、2武蔵野市の財政の状況と課題、3財政計画の策定の方法について、4財政計画、5財政計画の見通し（平成29〜33年度）」です。

内容も、①歳入、歳出、基金、市債残高、経常収支比率、財政力について01年から10年までの10年間の推移をもとに検証している。②今後予定されている事業や退職

時期を迎える職員の退職手当といった歳出要因や制度改変による影響についてふれている。③今後起こりうる影響を考慮して5年間の財政計画を掲げている。④投資的経費463億円のうち、新規事業の376億円分を、「資本予算」として財源内訳も公表し、今後の「市債償還額」「退職手当の支給見込額」「築20年以上の主な市有施設の年次別建設一覧表」といった後年度負担についても掲載している。といった特徴があげられます。

さらに、武蔵野市の「第五期長期計画」では、基本計画における財政計画の必要性について「財政計画は、地方自治体が総合

図表 49 - 2　東京都武蔵野市の財政計画

■ 図表9　財政計画（平成28〜32年度）

歳　入
(億円)

	26年度決算額	27年度予算額	28年度計画額	29年度計画額	30年度計画額	31年度計画額	32年度計画額	合計額28〜32年度
市　　　　税	387	385	391	392	383	385	386	1,937
国 庫 支 出 金	85	82	94	82	83	84	90	433
都 支 出 金	58	56	59	61	61	61	64	306
繰 入 金	30	20	25	16	15	15	27	98
市　　　　債	11	12	24	12	10	12	23	81
そ　の　他	87	74	74	74	76	76	76	376
計	658	629	667	637	628	633	666	3,231

歳　出

	26年度決算額	27年度予算額	28年度計画額	29年度計画額	30年度計画額	31年度計画額	32年度計画額	合計額28〜32年度
人 件 費	91	98	96	92	93	95	96	472
扶 助 費	126	131	138	143	150	154	157	742
公 債 費	24	19	19	19	19	17	18	92
物 件 費	134	144	144	149	150	151	152	746
補 助 費 等	62	68	73	70	70	71	71	355
繰 出 金	52	57	60	62	65	68	71	326
投 資 的 経 費	81	97	130	95	74	70	94	463
そ　の　他	48	15	7	7	7	7	7	35
計	618	629	667	637	628	633	666	3,231

■図表10　経常及び資本予算
(億円)

区　分		26年度決算額	27年度予算額	28年度計画額	29年度計画額	30年度計画額	31年度計画額	32年度計画額	合計額28〜32年度
経常予算									
収　　入		555	571	586	584	582	587	591	2,930
支　　出		537	532	537	542	554	563	572	2,768
差　　額		18	39	49	42	28	24	19	162
資本予算									
投資的経費		81	97	130	95	74	70	94	463
財　　源									
	一般財源（経常予算差額）	18	39	49	42	28	24	19	162
	国庫支出金	10	18	21	11	9	8	12	61
	都支出金	14	10	13	16	14	13	15	71
	基金繰入金	28	18	23	14	13	13	25	88
	市債	11	12	24	12	10	12	23	81
	計	81	97	130	95	74	70	94	463

出所：東京都武蔵野市「第五期長期計画」

的な行政運営を行うための財源的な裏付けを保障するものであり、これまでも武蔵野市の長期計画は、財政計画のもとに策定している。期間内に税制の改正や計画策定時の予想を超える状況の変化に対しても、柔軟かつ弾力的に事業執行を行い得た実績がある」と述べています。

このように、武蔵野市の基本計画は、財政状況を経年的に検証した上で、将来におこりうる要素と後年度負担も含めた財政計画も公開しています。このことは、市民が基本計画を検討する素材を提供しているという意味で評価すべきです。

市民が検証する

これぐらい公表されていれば、単年度の予算・決算ごとに、基本計画と合致しているか、決算カードや予算書・決算書を使って、市民で検証することができます。基本計画における「良い財政計画」とは、市民が検証できる財政計画といえます。

東京都あきる野市の「あきる野市政を考えるみんなの会」では、合併時の新市建設計画の「財政計画」を実績と比較し、計画時の過大な人口見積もりと開発事業の中止で見込み違いが生じていることを明らかにしました（『市民がつくった合併問題を考えるあきる野市民白書』03年、44・45㌻）。

もちろん、自治体をめぐる状況が変化することもありますから、計画と実績が違うこと自体は問題ではありません。なぜ実績を上回ったのか、下回ったのかを検証することの方が大切です。

総合計画の検証から毎年の予算検証へ

また、基本計画に掲げる将来の投資・新規事業は、実施計画で今後3年間でどのように展開されようとしているのか、また、毎年の予算編成期では、基本計画・実施計画の事業が盛り込まれているのかどうか、財源見通しはどうか（特に地方債と一般財源）などをこれから点検していきましょう。

東京都国立市では、**図表49-3**のように予算議会前に「平成19年度国立市一般会計予算（案）」をホームページに公表しました。「第4期基本構想第1次基本計画」の項目ごとに、実施計画で定めた事業額、予算編成での見積額、査定額がわかります。

応用編

図表49-3　2007年度国立市一般会計予算（案）

福祉部　　　　　　　平成19（2007）年度政策予算（案）　最終調整案　　　　　　　（単位：千円）

項目名	事業名	実施計画中間集約　調整額						見積額						査定額					
		事業費	国	都	起債	その他	一財	事業費	国	都	起債	その他	一財	事業費	国	都	起債	その他	一財
	Ⅱ. ひとを育てる・守る																		
	1. 子育ち・子育てがしやすい環境をつくる																		
	①次世代を担う子どもたちを支える																		
1	子育て短期支援事業（一時保育）レベルアップ	8,000		2,000			6,000	7,731		3,240			4,491	7,731		3,240			4,491
2	ひとり親家庭児童訪問援助事業	1,000		1,000			−	966		694			272	966		694			272
3	母子家庭自立支援教育訓練給付事業	−	−				−	547	410				137	547	410				137
4	母子家庭自立支援教育訓練自己負担金助成事業	1,000				1,000		821				821		821				821	
5	母子家庭等レクリエーション交流事業	1,000				1,000		800				800		800				800	
6	ひとり親家庭等相談事業　　施策新規	0						892				480	412	880				480	400
7	女性等緊急一時保護事業	−						273					273	273					273
8	公立保育園維持管理施設整備事業	5,000					5,000	7,534					7,534	7,534					7,534
9	福祉サービス第三者評価事業（認証保育所）	2,000		2,000				1,800		1,800				1,800		1,800			
10	乳幼児・義務教育就学児医療費助成事業　制度新規	2,000					2,000	17,015		8,301			8,714	17,015		8,301			8,714
11	児童手当乳幼児加算支給事業　　制度新規	0						58,225	40,774	8,200			9,251	58,225	40,774	8,200			9,251
12	中央児童館施設整備事業（内装工事）	4,000					4,000	13,250		8,000			5,250	11,900		7,933			3,967
13	西児童館施設整備事業（天井補強工事）	3,000					3,000	3,547					3,547	3,500					3,500
14	子ども体験塾助成事業（くにっ子キッチン）	0						457				457		457				457	
15	子ども体験塾育成事業（ABCあそびのひろば他）	0						739				739		739				739	

出所：東京都国立市「平成19年度一般会計予算（案）」

第50講　これからの行財政運営を考える

ここでは、わがまちの行財政運営をどのようにしていくか、その視点を紹介します。

市町村財政危機の原因は

まず、市町村の財政危機を生み出した原因として、6つ考えられると思います。
(1)地域の社会経済状況（地域特性）
(2)国と地方間の財政制度の不適切な関係
(3)経済のグローバル化
(4)バブル経済以後の政策不在・誤り
(5)都道府県の政策
(6)市町村自身の財政運営

例えば、(1)は少子高齢化の進行、(2)は地方交付税や国庫支出金の削減といった影響、(3)は産業空洞化の影響で企業が撤退し、税収が減少したことによる影響です。(4)はバブル崩壊後も、「業務核都市」の指定や市町村合併に手を挙げて、大型公共事業に走った事例、(5)は都道府県の基本計画や補助金削減などの影響、(6)は首長の政治姿勢や政策方向の問題、などです。

あなたのまちの財政的特徴、財政危機の原因は何か、(1)〜(6)のそれぞれの要因で考えてみてください。

経常収支比率を考える

第33〜37講で経常収支比率について学習しました。経常収支比率が低いほど、投資ができる「ゆとり度」があるとして、高度成長期以来70〜80％が適正という評価でした。

「土木型・投資的経費型財政」から「環境・福祉・教育型財政」へ

私は、「土木型・投資的経費型財政」から「環境・福祉・教育型財政」への転換がこれからの課題だと思います。

① 従来の「土木型・投資的経費型財政」

バブル崩壊まで、自治体の財政運営は、上下水道、舗装道路、学校、保育園などのハードな都市建設を行うために「投資的経費」をうみだすことを中心としていました。

② 「環境・福祉・教育型財政」とは

しかし、バブル崩壊後は少子高齢化で環境、社会教育、地域福祉などソフトな行政サービスへの需要が高まっています。成長型社会から成熟社会への移行です。当然、経常的経費は高くなります。

東京都多摩地域や大阪府の衛星都市では、経常収支比率が90％台の自治体が多くあります。これらの地域は人口が急増した高度成長期から行政サービスを拡充させてきたこと、多様に展開された住民運動の成果から福祉制度が全国的にも高い水準にあるといった特徴があります。また、公共施設などは一通り整備され、これからは更新・修繕が課題になっています。視点を変えれば、これからの自治体の姿を先取りしている自治体です。

しかし、こういった自治体の多くは、財政的に豊かであるにもかかわらず、自治体当局は依然「経常収支比率は70〜80％が望ましい」という考えに固執して、福祉サービスの削減を中心とした行政改革を進めています。しかし、成長型社会が終わった今ではふさわしくない目標です。

成熟社会の自治体行財政運営としては、新たに建設事業を行うのではなく、既存のインフラの維持管理に力を入れ、長期にわたって活用する政策が必要になります。つ

まり、「投資的経費」を増やすより「維持補修費」を充実させる政策への転換です。

では、「環境・福祉・教育型財政」へどのように転換したらいいのでしょうか。

歳出からみた予算の組み立て方

まず、自治体予算がどういう発想で組まれるのか考えてみましょう。**図表50-1**はイメージ図です。ここでは、「性質別歳出」の視点から見てみます。企画・財政課の職員になった気分でやってみてください。

予算の組み立て方として、①義務的経費を最優先に予算を充てます。その際、準義務的経費として、物件費もこの中に入れても良いでしょう。次に②その他の経費を充

てます。そして、その残りが投資的経費となるのです。ですから、建設事業のために投資的経費を多く充てたいのであれば、(1)人件費を中心に経常的経費を抑える、(2)地方債を発行し歳出自体を増やす、という方法を考えます。

この二つがどういう結果をもたらすのでしょうか。(1)の発想が、人件費抑制を中心とした、全国各地で展開される、自治体当局の自治体リストラ＝「行政改革」です。(2)の結果が、公債費・物件費の増大です。

行政改革の手順は

多くの自治体の行政改革の順序は、①義務的経費→義務的経費以外の経常的経費→

図表50-1　予算をたてる考え方

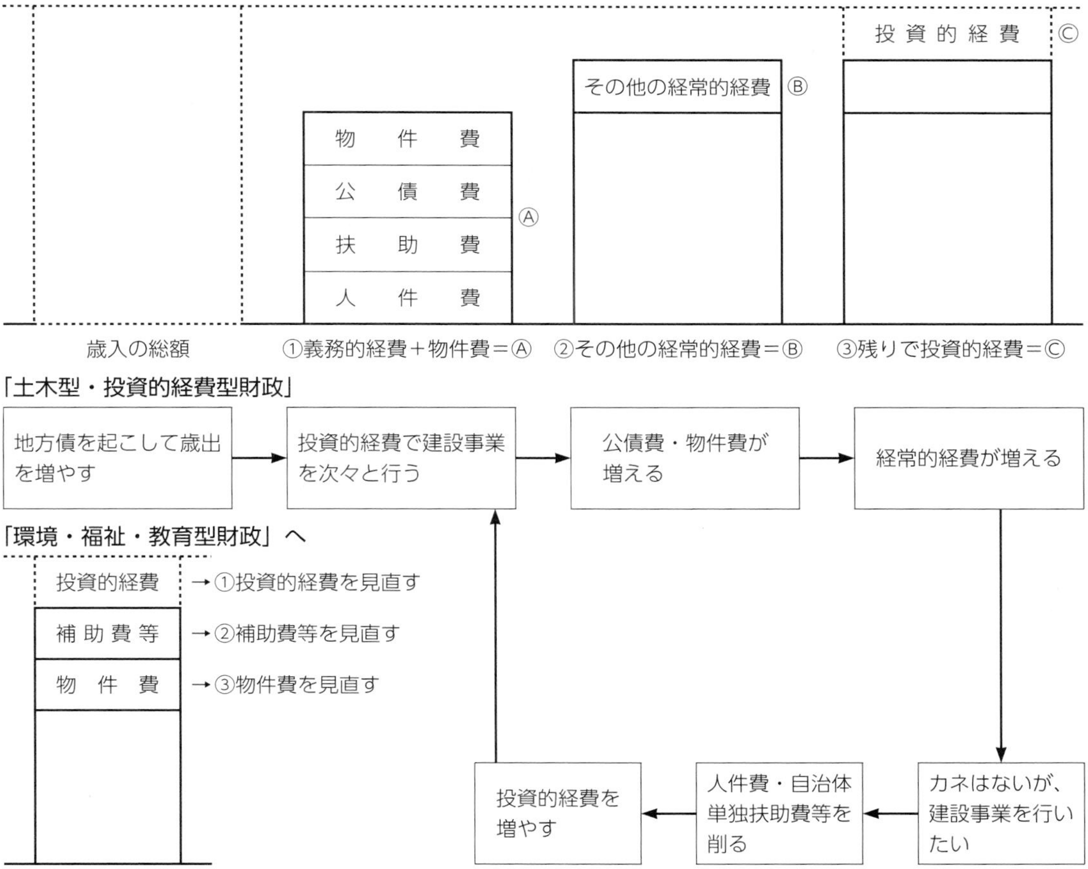

出所：東大和市職員組合『財政問題学習会まとめ』の12㌻を参考に作成

ステップアップへ　129

②投資的経費です。しかし、私は本当は順序は逆だと思います。つまり、①投資的経費→②義務的経費以外の経常的経費（特に補助費等や物件費）→③義務的経費です。財政危機とはいえ、市民サービスを低下させない本当の行政改革としてやれることはまだあるはずです。

具体的な方法は

それでは、これからの行財政改革の方法を手順にそって提案したいと思います。

(1) 投資的経費を精査、見直す

①当面の投資計画の見直し：基本計画に盛り込まれている投資計画については、身の丈にあったものか、将来不足はどのようなものか、第45講や第49講を参考にしながら、もう一度検討してください。

②既設の公共施設の耐用年数は？：既設の公共施設がいつ頃建て替えをしなければならないのか、建て替えではなく、修繕・改築することで長く活用することができないか、そういう視点からの検討です。

まず、公共施設等総合管理計画から個々の公共施設がいつ建設されたのか、固定資産税台帳、確認申請書、財産台帳、学校施設台帳をもとにして調べることが必要です。自治体によっては、総合計画などでも個別の公共施設は築何年経っているかを公表している自治体もあります。また、建物の耐用年数については、各自治体が作成するバランスシートに使われる「有形固定資産耐用年数表」を参考にしてください。

その上で、今後、公共施設をどのように修繕、改築していくか中長期的な財政フレームをつくっていく必要があります。

(2) 補助費等の見直し

次に補助費等の見直しです。ポイントは、①まずは、市民公募や学識経験者で構成する「補助金検討委員会」ですべての補助金

について見直す。②「補助金検討委員会」で客観的で明快な交付基準をつくる。③NPO育成のために、市民が企画し、自ら申請する「公募補助金制度」を導入する。④補助金が適正に交付されているか、監査委員が特別監査機能をもって監視する、などがあります。

(3) 物件費の見直し

物件費の多くは委託料です。また、正規職員数・給与水準を削減することで人件費は減少しても、そのかわりに民間委託が増えることで物件費が増大するという傾向があります。見直しのポイントとしては、①委託先について、契約方法（随意契約か一般競争入札かなど）、契約期間、規模別、地元発注か否かなどを調べる必要があります。永山利和・建設政策研究所編『政策づくりに役立つ自治体公共事業分析』（自治体研究社、2007年）では自治体が発注した公共事業はどの会社に発注しているか、会社の規模、分野、地元発注か否かについて、自治体から「公共事業発注一覧」を入手することで分析しています。このような手法も参考になります。②委託先企業が委託労働者の労働条件の改善を含めて、公共性たる仕事ぶりや、責任を果たしているかが課題です。そのために、公契約条例の制定や総合評価型入札の導入が課題となります。

このように、投資的経費、補助費等や物件費を見直した後に、繰出金などの義務的経費以外の経常的経費を見直し、最後に義務的経費の見直していくことが課題になります。

第51講　合併した自治体の分析方法

「平成の市町村合併」で、1999 年には 3229 あった市町村が、2014 年 4 月で 1718 まで減少しました。合併して 10 年たった自治体も多くなり、そろそろ合併の検証が可能になりました。私自身も学習会で「合併した自治体をどう分析したらいいのか」という質問を受けるようになりました。

合算して経年的な推移をみる

分析表 12 を作成する前の作業としてできれば、旧市町村それぞれの自治体の分析表を作成し、合算して経年的な推移を見ます。合併前の自治体が多い場合、作業が大変ですが、まずは自分の住んでいる旧市町村から記入し、次に旧市町村ごとに色分けをして合算した地方交付税を中心に積立金、地方債、公債費、投資的経費などの比較を行います。平成の合併の主流は「三位一体改革」（06〜08 年）と時期が重なるため、合併年度の翌年度から始まる合併算定替の適用額（**図表 51 - 3**）のいわゆる「合併メリット」がわかりにくくなっています。まずは、合併直前の状況と基準財政需要額のピーク時であり、地方交付税交付額のピークでもある 2000 年度と比べて、さらに合併年度の翌年度とも比べて

みてください。

いわゆる「合併メリット」を検討する

合併の際に、自治体当局はいわゆる「合併メリット」を示していたはずです。また、「合併しなければ財政的に成り立たない」「財政的優遇措置のあるうちに」といって駆け込み合併した自治体もあるでしょう。それらが本当はどうであったのか検討することが必要です。

合併市町村に対する財政措置には地方交付税の「合併算定替」と「合併特例債」があります。99（平成 11）年度から 05（平成 17）年度の旧合併特例法のもとで合併したケースの「合併算定替」は、合併して 10 年間は旧市町村が合併しなかった場合を想定して普通交付額を保障し、その後、5 年

図表 51 - 1　合併算定替の推移（普通交付税）

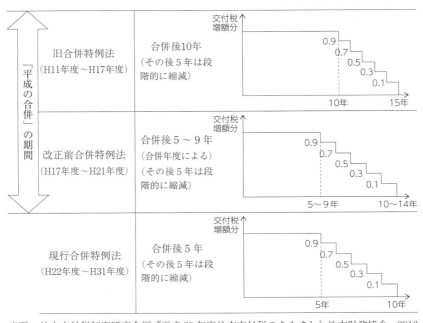

出所：地方交付税制度研究会編『平成 28 年度地方交付税のあらまし』地方財務協会、2016 年

応用編

ステップアップへ　　**131**

図表 51 - 2　高知県香美市の合併算定替の影響

(単位：千円)

市町村名 / 項目	合併日 (H18.3.1)	2006 (H18)	2007 (H19)	2008 (H20)	2009 (H21)	2010 (H22)	2011 (H23)	2012 (H24)	2013 (H25)	2014 (H26)	2015 (H27)	2016 (H28)	2017 (H29)	2018 (H30)	2019 (H31)	2020 (H32)	2021 (H33)
						10年間							5年間				16年以降
合併算定替 10年間の特例分（増加分）(A)		算定初年度										0.9	0.7	0.5	0.3	0.1	0.0
合併算定替 10年間の特例分（増加分）(A)		749,893	751,012	837,833	822,126	951,702	1,030,408	1,176,454	1,255,004	1,079,170	863,766	571,130					
（一本算定）本来の普通交付税交付額 (B) ＝ 基準財政需要額 － 基準財政収入額 ＝ 本来の普通交付税		4,986,023	4,863,820	5,002,218	5,172,907	5,516,452	5,415,861	5,495,212	5,567,915	5,580,499	5,742,576	5,866,736					
合計額（合併算定替）現在の普通交付税交付額 (C)＝(A)＋(B)		5,735,916	5,614,832	5,840,051	5,995,033	6,468,154	6,446,269	6,671,666	6,822,919	6,659,669	6,606,342	6,437,866					「本来」と「現在」が等しくなる (A)＝0 (C)＝(B)
標準財政規模		8,856,891	8,715,316	9,350,911	9,673,913	10,196,967	9,962,997	10,159,782	10,293,533	10,152,878	10,180,803	9,996,769					

（旧市町村名　香美郡土佐山田町、香北町、物部村　→　香美市　の普通交付税交付額の推移）

出所：高知県香美市各年度「地方交付税算定台帳」より作成

間は激変緩和措置を講じる制度です。旧合併特例法の期限以後の合併新法は直近になればなるほど算定替の期間が短縮されます（**図表 51 - 1**）。

合併特例債は合併市町村の新市建設計画に基づいて実施するための地方債のことです。建設事業や基金造成に対する財政措置を合併後 10 年（のちに 3・11 東日本大震災後 5 ヵ年延長で 15 年、2018 年に再延長し、被災自治体は 25 年、それ以外は 20 年）以内に実施し、特例債のうち元利償還の 7 割を後年度の地方交付税で措置されるとしています。合併算定替と同様、新法下の合併に適用する地方債（合併推進債）の場合、特例債のうち元利償還金の 50％ を後年度の地方交付税で措置されます。

地方交付税の動向に注目（分析表 12）

しかし、合併算定替で「保障する」といっても、交付税額が減らないと言っているわけではありません。第 48 講でみたように「三位一体の改革」の影響で、交付税額そのものが削減されています。そのため、新市建設計画の見込み違い、合併特例債をメリットととらえ、合併による駆け込み事業を行っている自治体が、財政危機を迎えています。合併特例債も借金です。交付税措置

も、地方交付税総額が削減されれば決してメリットではありません。ぜひ、巻末の分析表 12 に、合併算定替の影響を書き込むことで、普通地方交付税交付額・標準財政規模の推移を確認してください。

仮に計画的に合併特例債の年次計画が可能であっても、11 年目から始まる激減緩和措置で普通交付税交付額の段階的縮減は 16 年目で特例分がなくなり、本来の普通交付税（一本算定）に戻るわけで、理論値の標準財政規模も元に戻ります。したがって、標準財政規模を分母にした財政指標、例えば実質債務残高比率をはじめ、債務を伴う指標の悪化が伴ってきます。結局、後年度の公債負担が増える結果となります。

合併した自治体の状況を分析表 12 を使って、検証してみました（**図表 51 - 2**）。

高知県香美市は 2006 年 3 月旧香美郡土佐山田町・香北町・物部村の郡名を冠にして合併した自治体です。新市の一般会計の財政規模は 150～160 億円、人口 3 万弱の地方都市です。

合併算定替の 10 年間（2006～15 年）の市税は毎年低迷の 24～25 億円。ところがリーマンショック後の基準財政収入額の落ち込みと基準財政需要額の微増により、一本算定による普通交付税が数年にわたり、5 億

図表 51 – 3　算定台帳の「補正による増加需要額」（香美市）

補　正　に　よ　る　増　加　需　要　額

	補正の種類		増加額 千円
事業費補正	都市計画費		—
	公園費		10,505
	下水道費		122,177
	その他の土木費		20,920
	小学校費		23,983
	中学校費		—
	高等学校費		—
	その他の教育費		—
	社会福祉費		19,493
	高齢者保健福祉費		—
	清掃費	地方債元利償還金（H11許可分まで）	—
		地方債許可額（H12以降同事業分）	8,504
	農業行政費		24,768
	林野水産行政費		19,360
	地域振興費（人口）		—
	地域振興費（面積）		—
	計		298,568
密度補正	消防費（石油コンビナート分）		—
	下水道費		15,312
	その他の土木費		-8,055
	小学校費	スクールバス・ボート分	5,672
		準要保護児童教育分（円）	2,480
	中学校費	スクールバス・ボート分	—
		準要保護生徒教育分（円）	-736,060
	その他の教育費		—
	生活保護費		-51,094
	社会福祉費		273,614
	衛生費	保健診療所等	101,830
		国保分	55,387

	補正の種類		増加額 千円
密度補正	高齢者保健福祉費		123,285
	清掃費		—
	農業行政費	農業共済事業費	-3,055
		多角的機能支払	-8,110
		農業延長分	985
	林野水産行政費	密度補正 I	-4,064
		密度補正 II	-1,524
	地域振興費（人口）	外国青年招致事業分	—
		基地補正	—
	計		501,428
密度補正 II	農業行政費		14,978
	林野水産行政費		42,896
	計		57,872
遠隔地補正			—
経常態容補正	地域振興費（人口）支所		125,154
合併補正			—
合併算定替			1,078,315

出所：高知県香美市「地方交付税算定台帳」2014 年度

円アップし、合併算定替特例分も 2～3 億円増加しました。これにより合併算定替によるリーマンショック後の増加は 06～07 年と比べて、8～10 億円の増となり、同時期に標準財政規模もまた 10～12 億円の増となりました。国の財政政策が幸いした結果からきたものでしたが、16 年の段階的縮減の 1 年目をみると、15 年の合併算定替の普通交付税交付額や標準財政規模も同様の減少となり、特例分もまた 1 億円弱の減少となりました。今後、17 年の段階的縮減の 2 年目は特例分の 3 割削減。18 年になれば特例分の 5 割削減へと続き、最終的には 8～10 億円分の特例分が減額される恐れがあります。一方で香美市の一本算定は 14 年度以降、微増しています。これは、2014 年度より支所に要する経費が交付税算定に取り入れられたり、2015 年度以降、「人口密度等による需要の割増し」（図表 51－3）なども交付税算定に反映したことが、その要因と思われます。他方では、合併により周辺地域となった旧町村の周辺では、人口減少に歯止めがかからず、深刻な状況に直面しています。

今回の香美市の例は合併算定替の 11 年目、段階的縮減の 1 年目という特例分の影響が小さい実例でした。また、典型的な中心市街地をもたない算定替でした。首都圏のケースや編入合併のような中心市の場合などでは、合併算定替後の様々な応急的な交付税措置次第で交付額は変わりうることであり、多くの事例から一般化の検討が必要です。

PC を用いた財政分析

第52講　PC を用いた財政分析をするにあたって

第51講までは、実際に自身の手を動かしながら決算カードや類似団体比較カードなどの財政資料を読み解く方法を示してきました。この発展編ではここまで分析表を埋め、財政にある程度慣れた人向けに e-Stat という統計局のサイトを利用した PC による財政分析のやり方を解説します。

PC を用いた財政分析でわかること

今までは、例えば教育費の分析でしたら、決算カードから目的別歳出の数値を分析表に転記する作業を行ってきました。分析表に何度もわがまちの財政に関する数字を入れていくことで少しずつ財政に慣れていったかと思います。しかし、この経年的に記入する作業は時間がかかる行程でした。

一方で、インターネット上では財政に関する情報公開が進んできました。現在ではのちほど説明する e-Stat というサイトを使えば、一度に数十年分の財政データを電子ファイルとして入手できます。この電子ファイルを用いて、Excel でグラフや表を作成したら、比較的容易に長いスパンでの経年変化や他市比較を見ることができます。

また、決算カードのみで行う経年分析では、「款」の区分までしか分析できず、「項」までの分析は不十分でした。教育費であれば、教育費の中で、生涯学習に関する費用である社会教育費が急増したのか、校舎の補修工事で急増したのか、あるいは他の自治体特有の理由があるのか具体的な要因を知ることまではできません。しかし e-Stat で活用できる財政データは地方財政状況調査（決算統計）のため、民生費であれば民生費を構成する費用（社会福祉費、老人福祉費、児童福祉費、生活保護費、災害救助費）まで詳細に経年的変化を見ることができます。

最後に PC を用いた財政分析は、あくまでもある程度財政に慣れた人向けです。初学者やまだ慣れていない方は手書きでの分析をお勧めしたいです。PC を用いれば比較的容易に長期的なスパンの経年的な変化を知ることができますが、グラフ化するだけでは、その変化の背景や他の区分との相関関係までは見えてきません。グラフから様々な情報を読み取ったり、考察したりするためには、やはり財政に慣れている必要があります。

基礎編では主に決算カード、財政状況資料集、類似団体比較カード、広報といった自治体の財政を知るための資料を紹介してきました。他にもインターネット上で手に入る財政資料はたくさんあります（図表53－1）。①決算カード②類似団体比較カード③財政状況資料集④地方財政状況調査（決算統計）⑤地方交付税算定台帳⑥自治体発行の広報誌⑦予算書・決算書⑧予算説明書⑨財政白書⑩事務報告書⑪統計書・市町村要覧⑫長期総合計画⑬監査報告書です。

財政状況資料がどこにあるのか整理しよう

①～③の決算カード・類似団体比較カード・財政状況資料集は総務省や各自治体のホームページ上で公開が進んでいます。④の決算統計は、近年総務省統計局が整備したe-Statで決算統計のデータを抽出できるようになりました。しかし操作が煩雑なので慣れるまでは時間が必要です。次ページ以降でe-Statの使用方法を解説します。⑤地方交付税算定台帳は歳入を調べるうえで重要な地方交付税額の算定根拠が記載されていますが、インターネット上での公開は進んでいません。地方交付税の算出根拠を詳細に分析をする際は、財政課などに問い合わせると良いでしょう（地方交付税算定台帳の中身は第48講参照）。

⑥～⑬の資料は、財政に関する指標や金額の背景を自治体の政策視点から把握する資料になります。多くの自治体では広報誌や長期総合計画はホームページ上で公開されていますが、それ以外の資料は自治体で閲覧できる場所は市政図書室や財政課、市立図書館などまちまちです。財政分析を進めるうえで、どこで閲覧できるか調べておきましょう。

「情報共有」を理念とした自治体も

最近は、「情報共有」を理念にして、自治体から住民にわかりやすく財政を説明する動きが進んできています。なかでも優れているのがニセコ町の予算説明書（『もっと知りたいことしの仕事予算説明書』）です。「ニセコ町まちづくり基本条例」で住民との情報の共有化をかかげているだけあって、図表や写真を豊富に使い、平易な文章で構成され、経費の内訳や国・道・町などの負担額も明記されています。このような予算説明書をつくることで、市民のみならず職員自身もわがまちの行財政状況を客観的にわかるきっかけとなります。また、財政情報が公開されることで、様々な市民参加や制度づくりが活性化していきます。

図表53－1　インターネットからどのような財政資料が手に入るのか

財政状況を数値から把握する資料	閲覧可能な場所	数値の根拠を政策から把握する資料	閲覧可能な場所
①決算カード ②類似団体比較カード ③財政状況資料集 ④決算統計 ⑤地方交付税算定台帳		⑥自治体発行の広報誌 ⑦予算書・決算書 ⑧予算説明書 ⑨財政白書 ⑩事務報告書 ⑪統計書・市町村要覧 ⑫長期総合計画 ⑬監査報告書	

応用編

第54講 e-Stat を使用した決算統計の使い方

第54講では実際に e-Stat を利用し財政分析に使用するデータの抽出方法について解説します。

e-Stat とは何か

まず、検索エンジンで「e-Stat」と調べ、サイトに入ってください。URL は「https://www.e-stat.go.jp」です。政府統計の総合窓口（e-Stat）は、各府省が公表する統計データを一つにまとめ、統計データを検索したり、地図上に表示できるなど、たくさんの便利な機能を備えた政府統計のポータルサイトです。財政以外にも、人口や産業、学校基本調査、国勢調査など様々な統計データを調べることができます。慣れてきたら色々とサイト内を見てみることをお勧めします。

e-Stat から「地方財政状況調査」（決算統計）を見つける

では、e-Stat から財政情報を取り出してみます。e-Stat のトップページでキーワード検索ができます。キーワード検索に「地方財政状況調査」と入力し検索ボタンを押し次ページに行きます（図表54-1）。出てきた画面にある「地方財政状況調査」の文字の上にカーソルを合わせてクリックします。

そうすると図表54-2の画面が出てきますのでデータベースのアイコンをクリックします。その後図表54-3の画面の市町村分の年度次をクリックすると図表54-4の

図表54-1 e-Stat から「地方財政状況調査」（決算統計）を見つける①

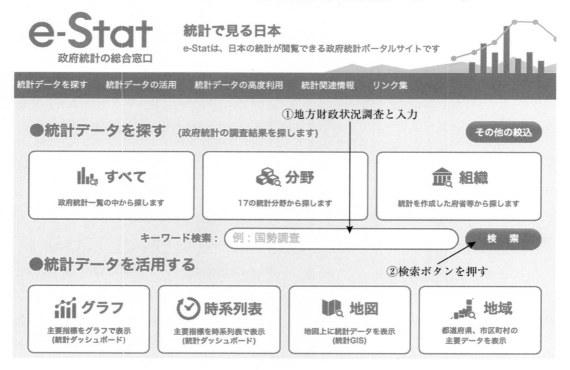

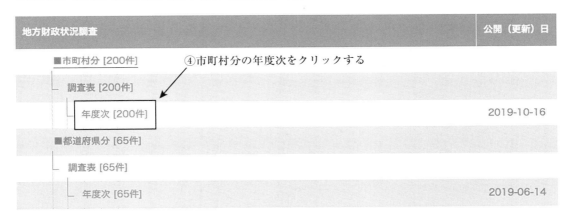

図表 54 – 2　e-Stat から「地方財政状況調査」（決算統計）を見つける②

画面が出ます。これが「地方財政状況調査」（決算統計）のデータが収納された画面で、今後自身が調べたい事項についてこのページからデータを抽出し活用するページになります。

e-Stat から必要なデータを抽出しよう

決算統計の画面にアクセスすることが出来たら、次に行う作業は決算統計から自分が知りたい情報にアクセスして抽出する作業をします。決算統計は、約100枚の様々な財政状況を詳細に記録しており膨大な量があります。決算統計にはどのような内容が記録されているのかは第27講の図表27 – 2 に記載してあります。ここで自身が取りたい情報がどこに記録されているのか確認してください。例えば、目的別歳出は決算統計の表番号 7 番から 13 番、性質別歳出

図表 54 − 4　e-Stat から「地方財政状況調査」（決算統計）を見つける④

| データセット一覧 |

‹ 戻る | | | | | | 一覧形式で表示 |

政府統計名	地方財政状況調査				ⓘ
提供統計名	地方財政状況調査				
提供分類1	市町村分				
提供分類2	調査表				
提供周期	年度次	この画面が出れば OK			

表番号	統計表	調査年月	公開（更新）日	表示・ダウンロード
00	表紙　条件コード表（普通会計における実質収支等）			
	市町村分	-	2017-03-24	➡ DB　⚙ API
	事務組合分	-	2017-03-24	➡ DB　⚙ API
	団体の概況			
	市町村分	-	2019-03-15	➡ DB　⚙ API
	事務組合分	-	2019-03-15	➡ DB　⚙ API
01	一部事務組合への加入等の状況			

は決算統計の表番号14にまとめられていま
す。以下に目的別歳出が表番号7番から12
番にどのように整理されているのか示しま
す（図表54−5）。

　ここからは、実際に図を交えながら東京

都福生市の民生費に関するデータを抽出し、
性質別歳出とのクロス表を表示する方法を
解説します。e-Stat の決算統計の画面にア
クセスしたら、民生費は決算統計の表番号
8に記録されていますので、画面を表番号
08 が出るまでスクロールし、市町村分の
DB のアイコンをクリックします。

図表 54 − 5　決算統計表 7〜12 の中身

表番号　7：議会費・総務費
表番号　8：民生費・衛生費
表番号　9：労働費・農林水産費・商工費
表番号 10：土木費
表番号 11：消防費・教育費
表番号 12：災害復旧費・諸支出金・前年度繰上
　　　　　　充用金・公債費

　図表 54 − 6 の後に表示される画面の左下
に「表示項目選択」という項目があります
のでクリックします。図表 54 − 7 の画面が
出てきます。

　出てきましたら①歳出目的②性質別歳出
内訳及び財源内訳③団体名（市町村分）、④

図表 54 − 6　決算統計表番号 08「民生費」のアクセス方法

07	歳出内訳及び財源内訳（その1）			
	市町村分	-	2019-03-15	➡ DB　⚙ API
	事務組合分	-	2019-03-15	➡ DB　⚙ API
08	歳出内訳及び財源内訳（その2）	市町村分の DB のアイコンをクリックする		
	市町村分	-	2019-03-15	➡ DB　⚙ API
	事務組合分	-	2019-03-15	➡ DB　⚙ API
09	歳出内訳及び財源内訳（その3）			
	市町村分	-	2019-03-15	➡ DB　⚙ API
	事務組合分	-	2019-03-15	➡ DB　⚙ API

図表 54 - 7　表示項目設定画面

時間軸（年度次）の４つの設定をする必要があります。まず最初に①歳出目的の設定を行ってみましょう。**図表 54 - 7** の「2/5 歳出目的の設定」の「項目選択」をクリックします。すると**図表 54 - 8** の画面が出てきますので図表同様の操作を行います。もし衛生費を調べたいのなら衛生費とその内訳だけを選択するようにしてください。ただし、「款」をまたいで民生費と衛生費の両方を選択するとファイルを編集する手間が多くかかってしまうので、ダウンロードを前提とする場合抽出する費目は一つに限定することをお勧めします。

次に②性質別歳出内訳及び財源内訳の設定を行います。**図表 54 - 7** の「3/5 性質別歳出内訳及び財源内訳の設定」の隣にある

「項目選択」をクリックします。そうすると**図表 54 - 9** が出てきますので、「歳出合計、一．人件費、二．物件費、三．維持補修費、四．扶助費、五．補助費等、六．普通建設事業費、十．積立金、十一．投資及び出資金、十二．貸付金、十三．繰出金」の 11 項目にチェックを入れて確定のボタンをクリックします。

次に自身が調べたい市町村を選択します。今の設定のままですと 3603 団体を選択した状態になっています。その為**図表 54 - 7** の画面の「4/5 団体名（市町村分）」を変更する必要があります。「4/5 団体名（市町村分）の「項目を選択」をクリックすると**図表 54 - 10** が出てきます。最初の状態だと全ての自治体が選択されている状態ですので

図表 54-8　歳出目的の設定（民生費を例に）

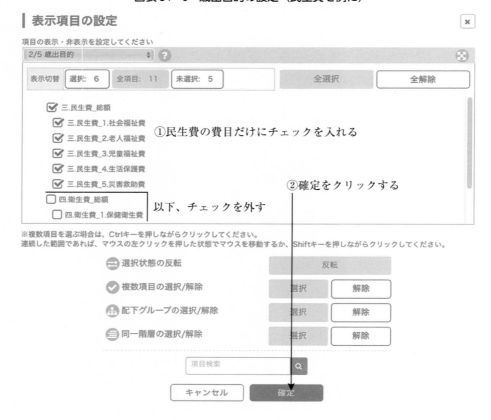

図表 54-9　性質別歳出内訳及び財源内訳の設定

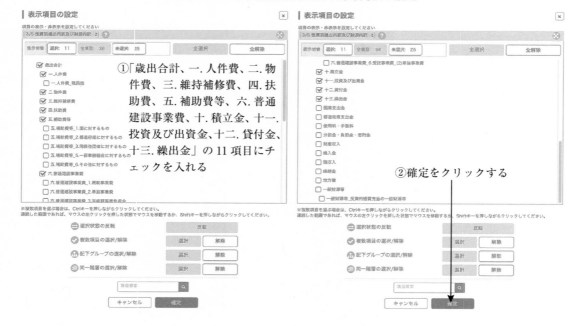

図表 54-10 団体名（市町村分）の設定

図表 54-11 時間軸（年度次）の設定

図右上にある「全解除」をクリックして自治体を解除します。その後図の下部に検索タブがありますのでそこに「自治体名」を入力し虫眼鏡のアイコンをクリックします。そうすると入力した自治体名が図の真ん中に出てきますのでチェックを入れて図下部の確定をクリックすると設定が終了します。

最後に年度軸を設定します。今回は2017年度のデータを表示したいと思います。今のままですと表示できる全年度を選択した状態になっています。**図表 54-7** の画面の「5/5 時間軸（年度次）」の横にある「項目を選択」をクリックすると**図表 54-11** が出てきます。③の市町村選択時と同様に、図右上にある「全解除」をクリックして選択を解除した後、表示したい年度にチェック

図表 54-12　レイアウト設定の一例（ダウンロードしたファイルから図表作成を想定）

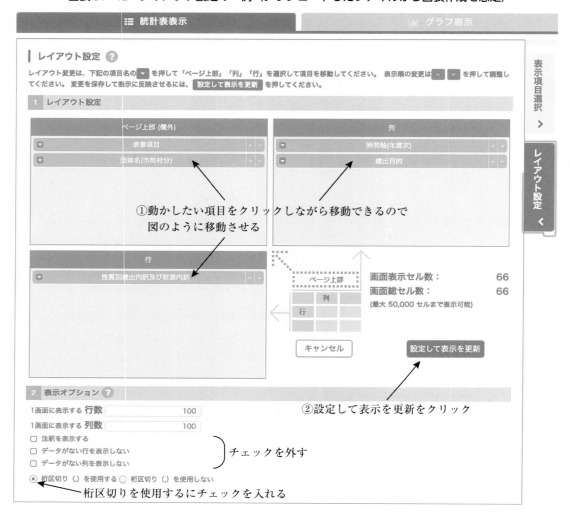

図表 54-13　e-Stat 上にクロス表を表示する

	2017年度				
	三.民生費_総額	三.民生費_1.社会福祉費	三.民生費_2.老人福祉費	三.民生費_4.生活保護費	三.民生費_5.災害救助費
歳出合計	11,843,401	2,922,024	1,609,665	2,408,443	190
一.人件費	507,206	208,664	27,807	78,640	0
二.物件費	464,350	75,295	79,662	15,035	85
三.維持補修費	333	25	0	0	0
四.扶助費	7,727,306	1,353,349	133,286	2,229,539	105
五.補助費等	392,659	121,741	87,423	85,229	0
六.普通建設事業費	341,350	4,521	29,719	0	0
十.積立金	0	0	0	0	0
十一.投資及び出資金	0	0	0	0	0
十二.貸付金	0	0	0	0	0
十三.繰出金	2,410,197	1,158,429	1,251,768	0	0

表ダウンロード ❓

ダウンロード設定

ダウンロード範囲	○ ページ上部の選択項目 (表章項目 等) ◉ 全データ[ページ数: 1]	
ファイル形式	◉ CSV形式(クロス集計表形式) ○ CSV形式(列指向形式) ○ XLSX形式	この通りセッティングしてください
ヘッダの出力	◉ 出力する　○ 出力しない	
コードの出力	◉ 出力する　○ 出力しない	

ℹ ダウンロード範囲について

ℹ ヘッダの出力、コードの出力について

☐ 注釈を表示する
☐ データがない行を表示しない
☐ データがない列を表示しない

チェックを外す
(チェックが付いているとダウンロード
したクロス表が見にくくくなります)

◉ 桁区切り (,) を使用する ○ 桁区切り (,) を使用しない
桁区切りを使用するにチェックを入れる

キャンセル　　ダウンロード

応用編

を入れます。これまで同様に下部の確定を
クリックすると設定が終了します。

　4つの設定が終わったら**図表 54 - 4**の右
下にある確定をクリックすると「表示項目
設定」の設定は完了です。

　次に、「レイアウト設定」からその抽出す
るデータのレイアウトを変更します。レイ
アウトは人それぞれですが、筆者は Excel
でデータの編集をやりやすくするために、
左上の図（**図表 54 - 12**）のようにレイアウ
トの変更をして使っています。

　「表示項目設定」と「レイアウト設定」が
完了すると**図表 54 - 13**の画面が出てきて、
クロス表が表示されたと思います。最後に
画面右上にあるダウンロードをクリックす
ると**図表 54 - 14**のような画面が出てきま

す。**図表 54 - 14**にある設定をして、下部に
あるダウンロードボタンをクリックしてく
ださい。さらに出てくる画面のダウンロー
ドボタンをクリックしたら、エクセルで開
くことができる csv 形式のファイルがダウ
ンロードできます。

e-Stat からグラフをダウンロードする

　e-Stat では表の他に折れ線グラフや円グ
ラフも作成することができます。ここでは
民生費の項の部分の推移をグラフで確認す
る方法を事例にしたいと思います。はじめ
に「表示項目設定」をクリックし、**図表 54
- 7**の画面まで戻ってください。画面にあ
る「2/5 歳出目的」の項目選択をクリック
し**図表 54 - 15**と同じ設定、つまり民生費を

図表 54－15　目的別歳出を構成する費目の推移のグラフを作る為の「2/5 歳出目的」の
設定方法（民生費を例に）

図表 54－16　目的別歳出を構成する費目の推移のグラフを作る為の「3/5 性質別歳出内訳
及び財源内訳」の設定方法（民生費を例に）

構成する各費目にチェックを入れます。その後「3/5 性質別歳出内訳及び財源内訳」の項目選択をクリックし**図表 54－16** と同じ設定後「確定」をクリックします。次に団体名を選択します。今回も福生市のデータを表示しますので、前述の通り福生市に

設定してください。最後に時間軸を設定します。前述した時間軸設定の方法から、20年分（1998 年〜2017 年）を選択してください。これでデータのセッティングは終了です。

　次にレイアウトを変更しパソコン上でグ

図表 54 - 17　目的別歳出を構成する費目の推移のグラフを作る為の「レイアウト」設定の方法

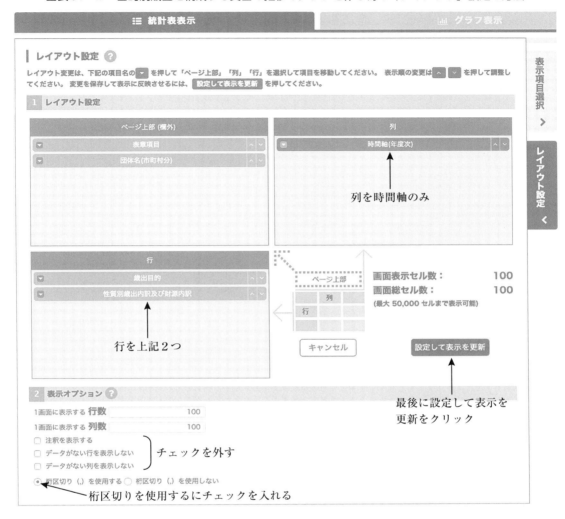

図表 54 - 18　設定後の図表の例とグラフ表示の方法

ラフが閲覧できるレイアウトの変更を行う必要があります。「レイアウト設定」をクリックし図表 54 - 17 と同様の設定後、「設定して表示を更新」をクリックします。（※今回の設定はグラフの基準軸を「列」に設定し「行」の値をグラフとして表示できるようにしています。）そうすると図表 54 - 18 のような表が出てきますので、図表の右上部に「グラフ表示」をクリックします。そうすると画面上にグラフが出てくると思い

図表 54 - 19　グラフ表示を押すと変化する画面の例とグラフ表示設定の出し方

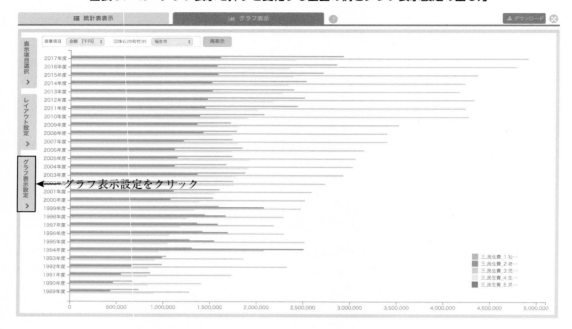

図表 54 - 20　グラフ表示設定の設定方法（折れ線グラフの作成例）

グラフ表示設定 ❓		
変更を保存して表示に反映させるには、**設定して表示を更新** を押してください。		
1　グラフ表示設定		
グラフの種類選択	折れ線グラフ ⇕	← 折れ線グラフを選択
グラフのタイトル		
基準軸の選択	◉ 列　○ 行	← 列を選択
基準軸の並び順	○ 昇順　◉ 降順	← 降順を選択

キャンセル　　　設定して表示を更新

表示項目選択　＞

レイアウト設定　＞

グラフ表示設定　＜

図表 54 – 21　e-Stat 上での民生費を構成する費用の推移

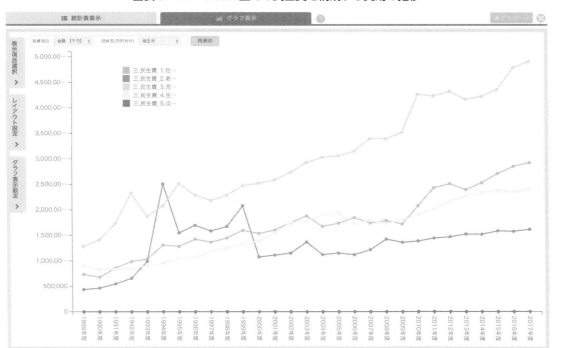

ます。しかし、表示されたグラフは棒グラフであったり、イメージしていたグラフと違っているかもしません。グラフレイアウトの変更は**図表 54 – 19**の左端にある「グラフ表示設定」をクリックして変更できます。**図表 54 – 20**が表示されるので「グラフの種類選択」において「折れ線グラフ」を選びます。今回のレイアウト表示はグラフの X 軸を「列」グラフの Y 軸を「行」にしていますので、「基準軸の選択」で「列」を選択し、「基準軸の並び順」を降順にすることで古い年代がグラフの左端に移動し最新年がグラフの右端に変わります。最後に「設定して表示を更新」をクリックします。そうすると**図表 54 – 21**のように折れ線グラフがパソコン上で閲覧することが出来ます。

このグラフも**図表 54 – 21**右上のダウンロードのボタンをクリックすればダウンロードすることができます（PNG 形式）。また、グラフを作るにあたり作成した表（**図表 54 – 17**）もダウンロードすることができます。**図表 54 – 21**左上にある統計表表示を押すと表示がグラフから表に変わります。変わったらまた左上のダウンロードボタンを押して、前述のセッティングでダウンロードしてみてください。

※e-Stat では、データベースの更新時により、年度の抜け等の不具合が生じることがあります。その場合、抜けている年度を飛ばすか、それ以前のデータを分析してみてください。また、**図表 54 – 2**の画面で「データベース」ではなく「ファイル」をクリックすると、年度ごとのExcel ファイルをダウンロードすることができます。後述する Excel での分析の際、余裕があれば、そこから数値を補ってみることもお勧めします。

応用編

第55講　e-Stat を用いた目的別歳出の分析方法

ここでは、実際に e-Stat からダウンロードした目的別歳出のデータを用いた財政分析のやり方を紹介します。目的別歳出を分析するうえでの手順は、**図表 55−1** の通り、おおまかに分けて 4 つの工程に分かれます。本講では福生市を事例に目的別歳出の分析を 4 つの工程に分けて考えていきます。

① 目的別歳出（款レベル）の全体を把握する

目的別歳出を分析するうえで重要なのは、自治体の各行政分野の支出がどのような変化をしているのか、その概要を把握することです。そうすることで自治体が抱える問題への気づきを得ることできます。また目的別歳出の全体を把握するうえで、類似団体と比較することも肝要です。例えば、教育費の支出が類似団体と比べて大きい場合、その市町村は教育分野の政策を類似団体と比較して多く実行していると考えられます。類似団体比較カードを併用することでどこに自治体の特徴があるのかを判断することが出来ます。

それでは実際に福生市の目的別歳出の推移を見てみましょう。

はじめに e-Stat で福生市の目的別歳出費目における各科目推移を取り出したいと思います。目的別歳出は決算統計の表番号 7 から 12 にまとめられています。この 6 枚から各費目のデータをダウンロードする必要があります。今回は福生市の議会費を事例に議会費総額データのダウンロード方法を解説します。まずは **図表 54−6** の画面を出してください。この図表は民生費を取り出す設定でしたので決算統計の表番号 8 を参照しましたが、今回は表番号 7 の議会費を取り出したいので **図表 54−6** の画面にある「歳出内訳及び財源内訳（その 1）」の市町村分（DB）をクリックします。ここから「表示項目選択」をクリックし議会費総額のみを抽出する設定を行います。主な操作は①「2/5 歳出目的」をクリックし議会費のみを選択し「確定」をクリックする。（**図表 55−2**）②「3/5 性質別歳出内訳及び財源内訳」をクリックし歳出合計のみを選択し「確定」をクリックする。（**図表 55−3**）③

図表 55−1　目的別歳出の分析手順

①目的別歳出（款レベル）の全体像を把握する

　→各費用の経年変化を分析し、類似団体比較カードを併用しながら類似団体との違いを把握する

　→目的別歳出のどの費用（款レベル）を調べたいのか、費用の疑問点を考える

②款レベルから項・目レベルまで分解して経年的変化を見る

③目的別歳出と性質別歳出のクロス表（決算統計 7〜12 は既にクロス表になっている）の分析

④数値の根拠となる具体的な事業を調べる

　・歳入歳出決算書・予算書を見る

　・事務報告書を見る

図表 55 - 2 「歳出目的」の設定方法（議会費を例に）

図表 55 - 3 「性質別歳出内訳及び財源内訳」の設定方法

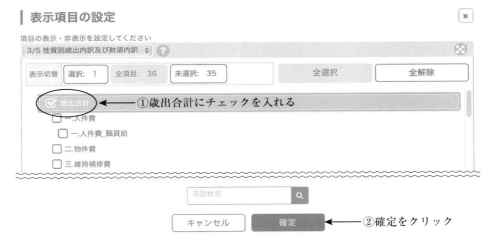

「4/5団体名（市町村分）」をクリックし福生市のみを選択し確定をクリックする。（**図表 55 - 4**）の３つの作業です。３つの設定が終わったら**図表 55 - 5**に表示されている「確定」をクリックし作業は完了です。

つぎにレイアウト設定を行います。**図表 55 - 6**のように欄外の項目に「表彰項目、団体名（市町村分）、歳出目的（今回は議会費のみの為）」、列の項目に「時間軸（年度次）」、行の項目に「性質別歳出内訳及び財源内訳」になるように項目を移動してください。そして**図表 55 - 6**の下部にある表

示オプションの項目の①注釈を表示する②データがない行を表示しない③データがない列を表示しないの３つのチェックを外し、桁区切りを使用するに点を入れます。この設定が完了したら「設定して表示を更新」をクリックして作業は終了です。

あとはダウンロードして Excel などの表計算ソフトで編集するだけです。ダウンロード方法は第 54 講を確認してください。

ダウンロードしたファイルを編集する

ここからダウンロードしてきたデータを

図表 55-4 「団体名（市町村分）」の設定方法（福生市を事例に）

図表 55-5 設定後の表示項目設定の画面

図表55-6 レイアウト設定の方法

編集し目的別歳出の推移のグラフが作成できる編集方法の一例を示します。みなさんがダウンロードしたファイルをExcelで開くと**図表55-7**が表示されると思います。このデータでは左端が最新年となっています。そのままグラフを作成すると推移が逆方向に表示されてしまいますので、基準軸を1989年度からに変更する必要がありま

す。

では1989年を基準軸として並び替えを行う作業方法を示します。はじめに**図表55-7**の左端にある1のアイコンにカーソルを合わせ、右クリック「挿入」をクリックし新しい行を挿入します。そうすると**図表55-8**が出てくると思います。

その後2017年度上部の空欄に1と入力し

図表55-7 ダウンロード直後の議会費総額のデータ

四角形の中を右クリックを押して「挿入」を選択

	A	B	C	D	E	F	G	H	I	J	K	L	M
1	表章項目	団体名(市	歳出目的	性質別歳出	時間軸(年	2017年度	2016年度	2015年度	2014年度	2013年度	2012年度	2011年度	2010年度
2	金額【千円	福生市	一.議会費	歳出合計		269,233	274,752	298,145	299,217	291,826	300,813	335,384	261,318
3													

図表 55‑8　データの上部が空欄状態のデータ

A	B	C	D	E	F	G	H	I	J	K
				...						

2017 年度の上の空欄に 1 を入力し
1989 年まで数値を連続して入力

A	B	C	D	E	F	G	H	I	J	K
表章項目	団体名(市	歳出目的	性質別歳出	2017年度	2016年度	2015年度	2014年度	2013年度	2012年度	2011年度
金額【千F	福生市	一.議会費	歳出合計	269,233	274,752	298,145	299,217	291,826	300,813	335,384

図表 55‑9　データの上部に数値が入力された状態

A	B	C	D	E	F	G	H	I	J	K
				1	2	3	4	5	6	7
表章項目	団体名(市	歳出目的	性質別歳出	2017年度	2016年度	2015年度	2014年度	2013年度	2012年度	2011年度
金額【千F	福生市	一.議会費	歳出合計	269,233	274,752	298,145	299,217	291,826	300,813	335,384

図表 55‑10　2017 年度から 1989 年度のデータを選択した状態

②「並び替えとフィルター」をクリックし「ユーザ設定の
並び替え」をクリック

①数値、年度、議会費総額の 3 つが 2017 年度から 1989 年度
まで選択されて灰色になっているか確認

E	F	G	H	I	J	K	L	M	N	O
1	2	3	4	5	6	7	8	9	10	11
2017年度	2016年度	2015年度	2014年度	2013年度	2012年度	2011年度	2010年度	2009年度	2008年度	2007年度	2006
269,233	274,752	298,145	299,217	291,826	300,813	335,384	261,318	265,836	272,368	271,730	28

1989 年度上部の空欄まで 2、3、4、5、6…
と連続した数字を入力します。（パソコンが
得意な人は Excel のオートフィル機能を使
っても問題ないです）そうすると**図表 55‑
9** と同じ画面になると思います。

　次に 1 と入力されたセルをクリックし、
パソコンの「shift ＋ ctrl ＋ ↓」を同時押し後、
「shift ＋ ctrl ＋ →」同時押しをすると 2017
年度から 1989 年度のデータが全て選択さ
れた状態（**図表 55‑10**）になります。そ
の後に**図表 55‑10** の②の指示通り「並び
替えとフィルター」をクリックします。そ

うすると「ユーザ設定の並び替え」という
項目が出てきますのでそれをクリックしま
す。その後**図表 55‑11** と同じ画面が出てき
たら①のオプションをクリックします。そ
うすると「並べ替えオプション」というタ
ブが出てくるはずです。出てきたら、方向
という部分を「列」にチェックを入れます。
これが順番を入れ替える指示を出すものに
なります。その後「OK」をクリックします。
（**図表 55‑11** ②）次は**図表 55‑11** ②の「最
優先されるキー」が空欄になっているので
クリックし「行 1」を選択します。（ここで

図表 55 - 11① 「ユーザ設定の並びかえ」の設定画面

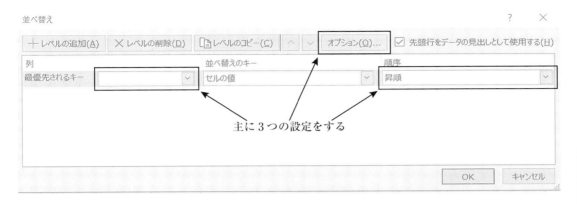

図表 55 - 11② オプションの設定方法

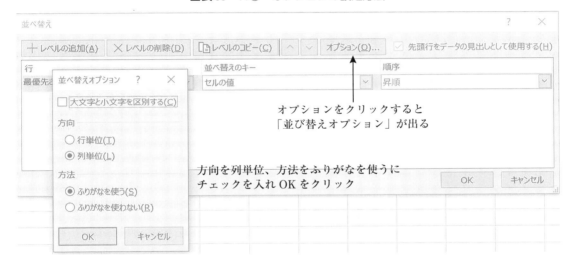

は図表 55 - 8、9 の作業で行 1 に数字 1〜29 番を入力し、その数値を昇順に入れ替えることを想定しています。）その後③の「昇順」をクリックし「大きな順」に変更します。（ここでは 1 番小さな数値が 2017 年大きな数値が 1989 年になっています）変更すると図表 55 - 12 の画面になりますので同じになっていたら「OK」をクリックします。そうすると、年度の並びが反対になっていることが確認できるはずです。ここまでの作業を 13 の目的別歳出各費目で行い、そのデータを集計することで図表 55 - 13 のようなグラフが作成できます。

図表 55 - 13 を見ると、民生費は 1989 年から現在まで年々増加傾向にある一方で土木費は 1993 年をピークに減少傾向にあることが分かります。増加している民生費を類似団体と比較するために類似団体比較カード（2017 年）を見てみると福生市の民生費は人口一人当たり 20 万 4695 円で、類似団体では 14 万 7288 円と、民生費の支出に大きな差異があることがわかります。このことから、なぜ福生市は類似団体と比較して民生費の支出が大きくなるのかという問いを設定し詳細にみていきたいと思います。

② 款レベルから項・目レベルまで分化して経年的変化を見る。

民生費は社会福祉費、老人福祉費、児童

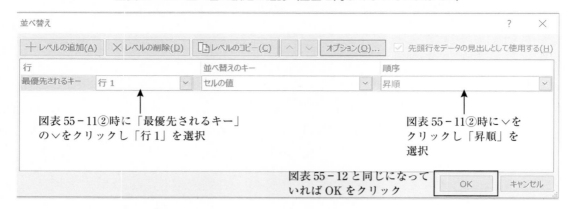

図表 55 – 12　並べ替え設定の確認（画面と同じくなっていれば OK）

図表 55 – 11②時に「最優先されるキー」
の∨をクリックし「行 1」を選択

図表 55 – 11②時に∨を
クリックし「昇順」を
選択

図表 55 – 12 と同じになって
いれば OK をクリック

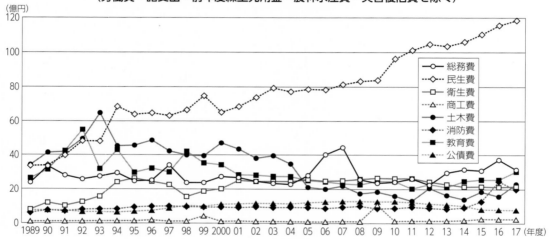

図表 55 – 13　福生市の目的別歳出の推移
（労働費・諸支出・前年度繰上充用金・農林水産費・災害復旧費を除く）

福祉費、生活保護費、災害救助費で構成されます。それらを経年比較したものが**図表54 – 21**でした。このグラフの作り方は前講をみてください。**図表55 – 14**は前講同様にデータをセットしダウンロードしたファイルを、Excel を用いてグラフにしたものです。

　福生市の民生費の中で大きな割合を占める費用は 2017 年で児童福祉費、社会福祉費、生活保護費の順であることがわかります。民生費は私たちが生きるうえで、幸せや生活を保障する福祉に関する支出であり、国の政策などの影響を受けやすい費目でもあ

ります。児童福祉費に関していえば、2010年度よりはじまった子ども手当や 2015 年度より実施したこども・子育て支援制度など国の福祉政策によって支出が増える傾向にあります。生活保護費は、30 年の間に約2 倍の 20 億円以上にまで増加しており、ここから市内の経済的貧困の広がりが読み取れます。今後を考えるうえで、扶助を受けている人が経済的貧困を抜け出せる政策をとっているのかもチェックが必要です。

③ 目的別歳出と性質別歳出をクロスさせて分析する

　第 26 講において目的別歳出と性質別歳

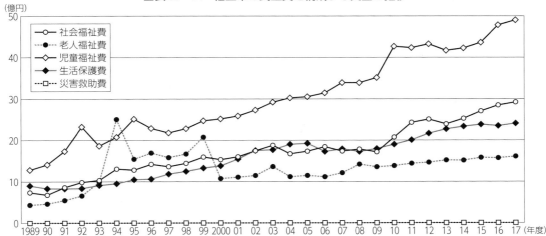

図表 55－14　福生市の民生費を構成する支出の推移

(億円)

凡例：
- ○ 社会福祉費
- ● 老人福祉費
- ◇ 児童福祉費
- ◆ 生活保護費
- □ 災害救助費

出のクロス分析をすることの意義を示しました。ここでは福生市の民生費を性質別歳出とクロスさせ、民生費を構成する費用のうち、建設事業にお金が使われているのか、はたまた各家庭への福祉的サービスが手厚いのか詳細に見ていきたいと思います。**図表 54－13** で作成した表が、2017 年度の民生費と性質別歳出のクロス表です。作成方法は第 54 講を確認してください。

　図表 54－13 は目的別歳出と性質別歳出をクロスさせているので目的別歳出を構成する費用を詳細に知ることができます。これを見ると民生費を構成する費用のうち、大半が扶助費であることが分かります。社会福祉費・老人福祉費の場合、繰出金の支出が多いことが分かります（ここでの繰出金は、国民健康保険特別会計、後期高齢者医療特別会計、介護保険特別会計などの公営事業会計へ繰り出した額がそれにあたります）。ただし、この図表だけでは単年度の構成しかわかりません。そのためその傾向が単年度由来のものなのかを含め経年的に推移の変化を見て判断することが肝要です。

　そこでここでは民生費総額を 10 年スパンに分けて民生費を構成する性質別歳出の内訳がどのように変化したのかを見ていきたいと思います。**図表 54－13** を作成する際、e-Stat 上のデータ設定における表示項目設定の「時間軸（年度次）」は 2017 年度を選択していました。今回は 2017 年のファイルの他、2007 年にチェックを入れデータセットしたファイル、1997 年にチェックを入れデータセットしたファイルをダウンロードしてみてください。そしてダウンロードしたファイルを**図表 55－15** のようにまとめ編集し、Excel などを用いてグラフ化してみましょう。すると**図表 55－16** が作成できます。

　図表 55－16 を見ると、福生市の民生費に関する性質別歳出の費目に大きな変化があることが確認できます。変化の一点目は、この 20 年の間で民生費に関する繰出金の額が増加していることです。繰出金の多くは普通会計から公営事業会計への繰出しであり、民生費では、国民健康保険・後期高齢者医療・介護保険に関する繰出金が該当します。このことから福生市では、福祉的サービスを受ける高齢者の人数が増えていることが考えられます。また、今後少子高齢化が進むにつれて後期高齢者医療・介護保険事業に関する支出が増えることで繰出金がさらに増え続けていくことも予想されま

応用編

図表 55 - 15　民生費を構成する性質別歳出内訳の推移（グラフ作成前の表）

単位：千円

	人件費	物件費	維持補修費	扶助費	補助費等	普通建設事業費	積立金	投資及び出資金	貸付金	繰出金
1997 年	613,502	281,297	1,022	4,288,272	338,518	39,012	0	0	0	749,285
2007 年	513,066	485,158	1,674	5,000,061	497,762	98,548	29,318	0	0	1,512,509
2017 年	507,206	464,350	333	7,727,306	392,659	341,350	0	0	0	2,410,197

図表 55 - 16　民生費を構成する性質別歳出内訳の推移

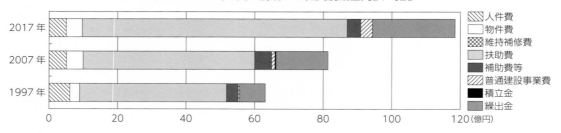

す。

　2点目は扶助費の支出額の増加です。この扶助費の中には、国レベルで制度化されている扶助の他、自治体独自の扶助に関する支出や児童手当など子育て世代に対する扶助等も含まれます。詳しい扶助費の支出根拠を調べるには決算書を精査する必要がありますが2017年度において額が多くなる要因の一つとして2010年から実施した国の政策である子ども手当や各世代における医療給費金に関する支出が増えている可能性が考えられます。

　3点目は福祉に関する人件費が微減し物件費が微増していることです。この人件費は、自治体に正規職員として働いている職員の給与や賞与に関する費用です。減少しているということは福祉に携わる職員数の削減や給与水準の見直しが考えられます。全体的な傾向では、2005年3月29日付け総務事務次官通知「地方公共団体における行政改革の推進のための新たな指針」が出され、「集中改革プラン」が各自治体で策定されました。職員の定数管理・給与の適正化が図られるなど自治体の行政改革により全体的に職員数は減少しています。それに

伴い自治体は業務の一部を業者に委託したり、嘱託職員などの非常勤職員を採用するなど人件費の軽減を図っています。この結果全体的には人件費が減少し、物件費が増加傾向にあります。

④ **数値の具体的な根拠を調べてみる。**

　今まで e-Stat を活用して様々な図表を作成し目的別歳出を分析してきました。しかし、なぜこの数値になるのか明確な根拠となる政策などは目に見えてこず、考察の域を超えることはできませんでした。財政分析を終えるうえで最後に今まで見えてこなかった明確な根拠を決算書や事務報告書・前期後期基本計画などを駆使して実際行った政策から調べることが大事です。ここでは福生市の民生費における扶助費の増加に関してどのような政策を行い支出が増加してきたのか考えてみたいと思います。

　まず数値の具体的根拠を調べるうえで、自治体のまちづくり関する基本計画を見ることが肝要です。目的別歳出は自治体の各分野の政策が色濃く出る支出でもあり、自治体のまちづくりと連関性を持ちます。福生市では、第4次修正後期基本計画において「安心に満ちたまちづくり」の中の施策

図表 55 − 17　2017 年度福生市民生費における扶助費の支出一覧

民生費（項・目）	対象事業名	支出費目	支出額（円）
社会福祉費	生活困窮者自立支援事業	住居確保給付金	669,800
障害者福祉費	障害者手当支援事務	障害者手当	216,539,270
	障害者福祉事業費	障害者福祉事業助成費	32,338,006
	医療支援費	更生医療費	70,697,636
		療養介護医療費	4,624,801
	障害者サービス事業費	介護給付費	469,164,995
		訓練等給付費	323,735,568
		高額障害福祉サービス費	355,884
	相談支援事業	相談支援給付費	12,913,832
	障害児通所支援事業	障害児通所支援費	90,896,813
	地域生活支援事業	地域生活支援費	38,182,777
高齢者福祉費	高齢者福祉事業費	おむつ等扶助費	6,595,752
	介護予防・地域支え合い事業	自立支援給付扶助費	2,708,763
	高齢者居住支援特別給付事業	居住支援特別給付金	6,425,000
児童福祉費	認定こども園施設型給付事業	認定こども園施設型給付費	134,857,014
	地域型保育給付事業	地域型保育給付費	98,836,590
	幼稚園費	幼稚園施設型給付費	228,400
	子育て支援費	児童手当	782,310,000
	児童育成手当支給事業	児童育成手当	181,717,500
	児童扶養手当支援事業	児童扶養手当	272,315,700
	乳幼児医療費助成事業	医療給付費	86,040,202
	義務教育就学時医療費助成事業	医療給付費	81,680,486
	ひとり親家庭等医療費助成事業	医療給付費	33,315,759
	育成医療助成事業	医療給付費	520,123
子ども家庭支援費	子ども家庭支援事業費	母子家庭等高等職業訓練促進給付金	4,010,000
生活保護費	生活保護事業	扶助費	2,227,909,860
		就労自立給付金	246,611
	法外援護事業	被保護者世帯健全育成扶助費	695,900
		被保護者自立促進扶助費	686,778
	中国残留邦人生活支援給付事業	支援給付金	9,254,105
災害救助費	災害援助費	罹災者扶助費	105,000

応用編

に保育サービスの充実や子育て支援サービスの充実、高齢者福祉の充実などを打ち出しました。そこでは、子育て支援のサービスの充実として、ひとり親家庭の医療費助成、障害を持った家庭への児童育成手当の支給など独自の福祉サービスを行う計画となっています。**図表55-17**は福生市が福祉サービスとして実施した扶助の一覧です。

このことから福生市の民生費における扶助費の増加の要因は、市民が安心して暮らせるように、市民に対しての介護・医療費の助成や子育て世代の支援として子どもへの医療費の助成・児童手当の支給など市独自の福祉サービスの拡充と年々生活保護認定を受ける人が増加していることにより生活保護費の増加によることが考えられます。民生費全体でいえばさらに国民健康保険・後期高齢者医療・介護保険に関するサービスの受給者の増加に伴った特別会計への繰出金の増加が民生費の増加を押し上げています。

民生費はその地域に住む住民の生活水準の向上に大きな影響を及ぼします。しかしこれからの自治体運営は、今後少子高齢化や過疎化などの社会的要因の影響から自治体収入の減少が懸念されます。このような厳しい状況を迎えるなか自治体は福祉的なサービスのみならず教育サービスなどの様々なサービスも質を落とすことなく同時に展開していくことが求められます。

そのため今後は限られたパイ（収入）が減るなかでも総合的に住民の生活水準を低下させない施策のバランスを地域住民全体で見極め、改善していくことが求められるでしょう。

第56講　決算統計を用いた性質別歳出の分析方法

第55講では、e-Statを用いた目的別歳出の分析方法を解説してきました。ここではe-Statを用いた性質別歳出の分析方法について第54講、第55講に引き続き福生市を事例に見ていきたいと思います。第44講「調べたい行政分野から自治体をみる」において性質的歳出のアプローチを示しましたが分析方法は目的別歳出とやり方は基本的に同様です。以下の手順にそってみていきたいと思います（図表56−1）。

e-Statから性質別歳出のグラフを作る

性質別歳出は決算統計の表番号14にまとめられています。はじめに性質別歳出のデータを抽出していきたいと思います。e-Statの決算統計の表番号14のページにアクセスしてください。アクセスできたら「2/5決算財源」をクリックし「当年度_決算額（A）」のみにチェックをいれて確定をクリックします（図表56−2）。次に「3/5性質別経費」の設定を変更します。性質別経費をクリックしたら一度全解除というアイコンをクリックし全てチェックが入っていない状態に戻します。その後、「歳出合計、1. 人件費（a）2. 物件費、3. 維持補修費、4. 扶助費、5. 補助費等、6. 公債費、7. 積立金、8. 投資及び出資金・貸付金、10. 繰出金、11. 前年度繰上充用金、12. 投資的経費」の計12個にチェックを入れて確定をクリックします。最後に「4/5団体名（市町村分）」をクリックし一度全解除したうち、福生市のみを選択し確定をクリックします。その後図表56−3が出てきたら確定をクリックして、表示項目選択の設定は完了です。

表示項目選択選択が終了したら、次にど

図表56−1　性質別歳出の分析手順

決算統計を用いた性質別歳出の分析手順

①e-statの決算統計の表番号14「性質別経費の状況」から性質別歳出の情報を抽出し、性質別歳出の経年的変化を見る
　→同時に類似団体比較カードを併用しながら類似団体との差を確認する

②性質別歳出の動向を確認後、性質別歳出の科目ごとに調べたいことや疑問点を考える
　（例：なぜ人件費は減るのか？　都市がほぼ概成しているのに投資的経費が高いのはなぜか？）

③決算統計表番号7〜12「歳出内訳及び財源内訳」から目的別歳出と性質別歳出のクロス表を作成し変化を見てみる
　→人件費を知りたいなら表番号15「人件費の内訳」、表番号16「職員給の状況」
　　物件費を知りたいなら表番号89「物件費の内訳」
　　扶助費を知りたいなら表番号47「扶助費の内訳」も確認する

④具体的な事業を見て数値の根拠を探る
　→決算書・事務報告書・財源内訳・基本計画・広報誌・財政状況資料集を確認する

図表 56 - 2　「2/5 決算財源」の設定方法

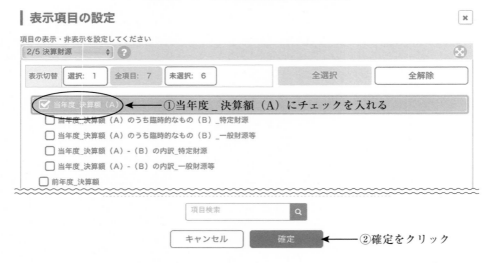

図表 56 - 3　「4/5 団体名（市町村分)」の設定方法

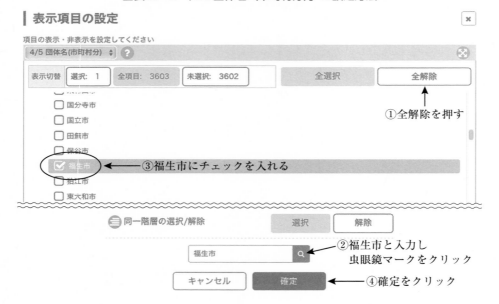

のように表を作成するのかレイアウトの設定を変更します。レイアウト設定をクリックしてください。**図表 56 - 4** のようにページ上部（欄外に「表章項目」、「団体名（市町村分)」の 2 点を配置、列に「時間軸（年度次)」、「決算財源」、行を「性質別経費」を配置し、**図表 56 - 4** の下部にある表示オプションを「桁区切りを使用する」のみにチェックを入れ、「設定して表示を更新」

をクリックします。これでレイアウト設定は完了です。表示項目とレイアウト設定が完了すると**図表 56 - 5** が出てくるはずです。これが e-Stat 上の性質別歳出の推移表になります。これをダウンロードし、第 55講（**図表 55 - 1**）の①目的別歳出（款レベル）の全体を把握するにおいて示した年度の「並び替え」の作業を行い（**図表 55 - 7 ～ 12**）、Excel で折れ線グラフ化すると**図表**

図表 56 - 4　レイアウト設定方法（縦軸が決算額、横軸が性質別経費の場合）

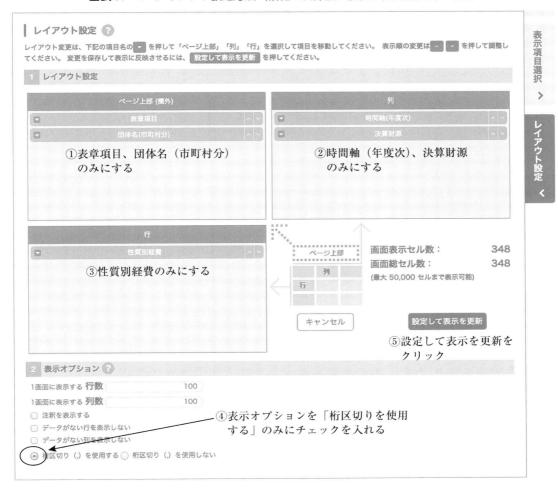

図表 56 - 5　e-Stat 上の福生市の性質別歳出の推移表

表章項目　金額【千円】 ＋ 団体名(市町村分)　福生市 ＋ 再表示 ⓘ 凡例表示									
	2017年度	2016年度	2015年度	2014年度	2013年度	2012年度	2011年度	2010年度	2009年度	2008年度
	当年度_決算額 (A)	当年度_決算額 (A)	当年度_決算額 (A)	当年度_決算額 (A)	当年度_決算額 (A)	当年度_決算額 (A)	当年度_決算額 (A)	当年度_決算額 (A)	当年度_決算額 (A)	当年度_決算額 (A)
歳出合計	26,057,469	25,576,518	23,579,040	22,424,537	22,009,949	22,340,134	21,730,132	21,554,307	21,453,086	20,374,193
1.人件費(a)	3,574,581	3,549,858	3,639,570	3,666,946	3,703,792	3,674,384	3,807,365	3,810,839	3,886,390	3,861,270
3.物件費	3,798,279	3,455,795	3,459,598	3,296,523	3,174,553	3,186,658	3,275,176	3,197,970	3,074,008	2,986,187
3.維持補修費	113,027	118,492	103,658	81,939	68,333	71,504	64,037	68,479	73,002	69,199
4.扶助費	7,804,447	7,592,999	7,350,783	7,014,608	6,829,185	6,504,500	6,388,118	6,164,362	5,325,634	5,165,483
5.補助費等	2,630,974	2,627,641	2,722,781	2,706,436	2,766,772	2,990,812	3,135,616	3,258,651	4,173,862	3,155,359
6.公債費	779,474	794,958	810,928	1,013,220	1,090,970	1,136,772	1,221,642	1,275,192	1,266,856	1,282,434
7.積立金	1,403,223	1,393,984	1,079,910	1,008,170	941,839	650,989	561,637	513,216	381,196	320,830
8.投資及び出資金・貸付金	0	0	0	0	0	0	0	0	0	2,700
10.繰出金	2,760,197	2,692,567	2,705,024	2,444,111	2,323,399	2,386,924	2,359,849	2,154,035	1,975,520	2,066,548
11.前年度繰上充用金	0	0	0	0	0	0	0	0	0	0
12.投資的経費	3,193,267	3,350,224	1,706,788	1,192,584	1,111,106	1,737,591	916,692	1,111,563	1,296,618	1,444,183

56 - 6 が作成できます。

性質別歳出を経年的に見る

　図表 56 - 6 を見ると福生市の投資的経費は 1994 年をピークに年々減少傾向にあり、福祉的サービスである扶助費の増加、人件費が減少傾向にあることが分かります。合わせて 2017 年度の類似団体比較カードを

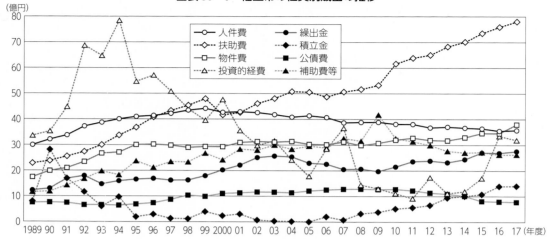

図表 56 - 6　福生市の性質別歳出の推移

（億円）

凡例:
- 人件費
- 扶助費
- 物件費
- 投資的経費
- 繰出金
- 積立金
- 公債費
- 補助費等

1989 90 91 92 93 94 95 96 97 98 99 2000 01 02 03 04 05 06 07 08 09 10 11 12 13 14 15 16 17 (年度)

見ると、福生市は類似団体と比較して一人当たりの公債費が少ないことや扶助費が高いこと、人件費は減少傾向にあるが類似団体と比較すると少し高いことが分かります。公債費は類似団体と比較して地方債現在高が大幅に少ないことから一人当たりの額が少ないことが類似団体比較カードから読めてきます。しかしそれだけでは扶助費や人件費が類似団体と比較して高いのかを読み解くことはできません。福生市の扶助費の増加は、前講において分析をしたため、ここではなぜ人件費が類似団体と比べて高いのかという問いを設定し、分析をしていきたいと思います（図表56-1）。

目的別歳出と性質別歳出のクロス表を作る

ここまで性質別歳出の推移についてみてきましたがそれだけではどの分野に人件費がいくらかかったのか分かりませんでした。これを明らかにするために、人件費を行政目的ごとの支出である目的別歳出とクロスさせてみます。クロス表を作成するにはe-Statの決算統計表番号7番～11番のデータを抽出することで作成することが出来ます。

ここではどのように目的別歳出と性質別歳出のクロス表のデータを抽出するのか示したいと思います。決算統計において目的別歳出は一つにまとめられておらず、表番号7番～11番に分かれて記載されています（詳細は**図表54-5**のとおり）。そのため、これらの5つのファイルからデータを抽出することが必要になります。

まず、表番号7を事例に2017年度の性質別歳出と目的別歳出のクロス表の抽出方法を確認したいと思います。それではe-Statの表番号7のページにアクセスしてください。表示項目設定をしていきたいと思います。はじめに「2/5 歳出目的」をクリックしてください。ここでは目的別歳出の款レベルの情報を知りたいので、「一．議会費、二．総務費_総額」のみにチェックを入れて確定を押します。つぎは「3/5 性質別歳出内訳及び財源内訳」の設定です。クリックして設定画面に入ったら「歳出合計、一．人件費、二．物件費、三．維持補修費、四．扶助費、五．補助費等、六．普通建設事業費、十．積立金、十一．投資及び出資金、十二．貸付金、十三．繰出金」の11項目にチェックを入れて確定をクリックします。「4/5 団体名（市町村分）」は、設定画面が

図表 56 - 7　レイアウト設定（縦軸が性質別歳出、横軸が目的別歳出）

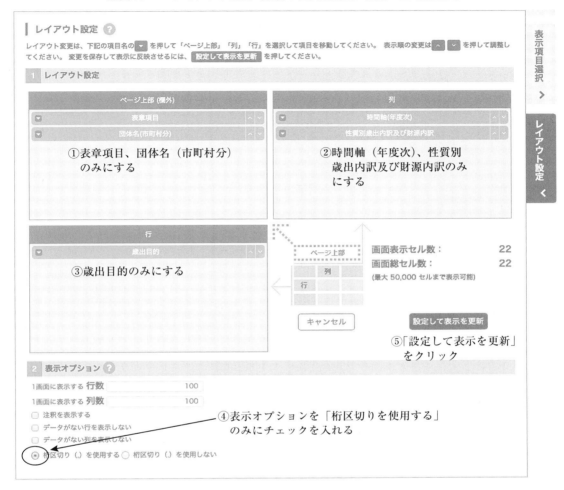

図表 56 - 8　e-Stat 上の性質別歳出と目的別歳出のクロス表

表章項目 金額【千円】 ⬍	団体名(市町村分) 福生市 ⬍	再表示	❶ 凡例表示									
						2017年度						
	歳出合計	一人件費	二物件費	三維持補修費	四扶助費	五補助費等	六普通建設事業費	十積立金	十一投資及び出資金	十二貸付金	十三繰出金
一議会費	269,233	239,144	23,469	0	0	6,620	0	0	0	0	0
二総務費_総額	3,149,099	1,372,830	596,422	3,515	0	108,636	366,739	700,957	0	0	0

出たら一度「全解除」をクリックし一度チェックを全部外してから、福生市のみにチェックを入れ確定をクリックします。最後に「5/5「時間軸（年度次）」をクリックし年度を2017年度のみにチェックを入れて確定をクリックしますこれで表示項目選択の設定は終了です。

　次にレイアウトの設定を変更します。**図表56-7**の通りページ上部に「表章項目、団体名（市町村分）」、列を「時間軸（年度次）、性質別歳出内訳及び財源内訳」に、行を「歳出目的」のみに設定し、図表下部にある表示オプションを「桁区切りを使用する」のみにチェックを入れ「設定して表示を更新」をクリックします。

　そうすると**図表56-8**のような表が出てくるはずです。この図表データをダウンロードします。これで表番号7番にある議会

図表 56‒9　福生市の 2017 年度における目的別×性質別歳出のクロス表
（前年度繰上充用金、諸支出、災害復旧費を除く）

単位：千円

	人件費	物件費	維持補修費	扶助費	補助費等	普通建設事業費	積立金	繰出金	公債費	合　計
民　生　費	507,206	464,350	333	7,727,306	392,659	341,350	0	2,410,197	0	11,843,401
衛　生　費	205,889	817,820	44,262	3,692	1,065,376	38,459	0	0	0	2,175,498
労　働　費	0	208,265	0	0	0	0	0	0	0	208,265
農林水産費	0	0	0	0	0	0	0	0	0	0
商　工　費	72,396	80,011	0	0	92,134	0	0	0	0	244,541
土　木　費	242,432	317,447	36,801	0	28,503	635,224	701,148	350,000	0	2,311,555
消　防　費	15,266	78,074	507	0	751,677	1,152,009	0	0	0	1,997,533
教　育　費	886,359	1,204,179	27,609	73,449	186,993	656,549	1,118	0	0	3,036,256
公　債　費	0	0	0	0	0	0	0	0	779,474	779,474
議　会　費	239,144	23,469	0	0	6,620	0	0	0	0	269,233
総　務　費	1,372,830	596,422	3,515	0	106,636	368,739	700,957	0	0	3,149,099
合　　計	3,541,522	3,790,037	113,027	7,804,447	2,630,598	3,192,330	1,403,223	2,760,197	779,474	26,014,855

図表 56‒10　福生市の目的別歳出における人件費の推移（農林水産費・労働費・公債費・消防費・商工費を除く）

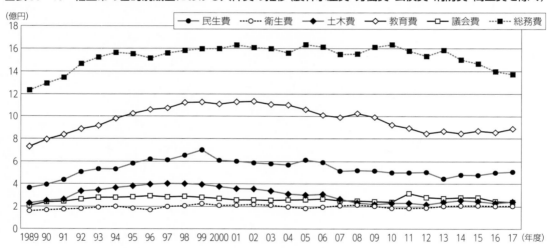

費と総務費の性質別歳出でのクロス表が完成しました。目的別歳出は表番号 7 番～11 番までに渡るので同様の作業を表番号 8 番～11 番でも行います。全てのクロス表をダウンロードしデータを重ね合わせ、性質別歳出の合計を追加すると**図表 56‒9** が作成できます。（前年度繰上充用金、諸支出、災害復旧費はほとんど計上されていないのでここでは除いています）。

クロス表を分析する

　図表 56‒9 が福生市（2017 年）の目的別歳出と性質別歳出をクロスした表です。これを見ると福生市の人件費は、総務費、教育費、民生費の順に高くなっていることが分かります。では人件費の推移を見てみましょう。目的別歳出の人件費の推移を示したのが**図表 56‒10** です。人件費は正規職員の給与や期末手当、市長や議員の報酬金などが含まれます。10 年前である 2007 年度を基準に見ると 2017 年度は総務費、教育費における人件費は減少傾向にあり、民生費は横ばいであることが分かります。

　人件費は決算統計表番号 15「人件費の内

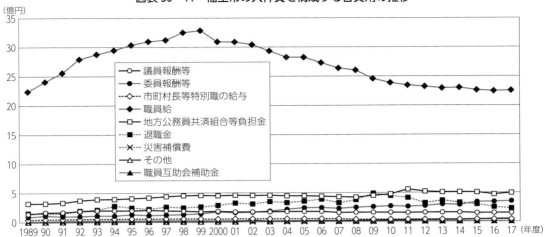

図表 56 - 11　福生市の人件費を構成する各費用の推移

(億円)

凡例:
- 議員報酬等
- 委員報酬等
- 市町村長等特別職の給与
- 職員給
- 地方公務員共済組合等負担金
- 退職金
- 災害補償費
- その他
- 職員互助会補助金

横軸: 1989 90 91 92 93 94 95 96 97 98 99 2000 01 02 03 04 05 06 07 08 09 10 11 12 13 14 15 16 17 (年度)

訳」でその詳細を知ることが出来ます。図表 56 - 11 は、表番号 15 を基に人件費内訳の推移を表したグラフです。図表 56 - 11 をみると人件費の大半は正職員の給与や期末手当である職員給であることや職員が加入こする共済組合に対する負担金が増えていることや、委員報酬費が年々増加しているが分かります。職員給は 1999 年をピークに年々減少傾向にあります。

そのことをふまえ類似団体比較カードの性質別歳出の人件費―職員給をみると福生市と類似団体では人口一人当たりの費用はあまり大きな違いはありません。一方で財政状況資料集の「人件費及び人件費に準ずる費用」を見ると福生市の人件費に準ずる費用（非正規職員の賃金など）が類似団体と比較して少ないことが分かります。

これまで決算統計や財政状況資料集から人件費を見て、福生市がどういった分野で人件費に関する費用をかけてきたのか、分析してきました。しかし、これ以上の要因は決算統計や類似団体比較カードで追いきることはできません。詳細な要因については事務報告書や財政状況資料集にかかれている財政課のコメントなどの資料を読み解く必要があります。

具体的な事業・政策を見て数値の根拠を探る

これまでは決算統計から福生市の人件費の費用の経年的な変化を見てきました。ここからは、実際に福生市の人件費についてどのような政策をとっているのか、どのような課題を抱えているのかについて、財政状況資料集や行政改革大綱などの行政資料をもとに見ていきたいと思います。はじめに福生市の 2017（平成 29）年度の財政状況資料集の「(3) 市町村財政比較分析表（普通会計決算）」の定員管理を見ると、福生市は第 6 次行政改革大綱にのっとり職員数（正規職員・再任用職員・嘱託職員）の定数を 540 人以内とするなど職員数の削減に努めているというコメントが書かれています。また別年度の福生市の行政改革大綱をみても、国が示したまた集中改革プランに基づいて職員数の削減が長年行われてきたことが分かることから、正規職員の給与である職員給が減少することは定員管理の政策において行われていることが考えられます。人件費全体については「(4) - 2 市町村経常経費分析表普通会計決算」の人件費及び人件費に準ずる費用の分析、「(4) - 1 市

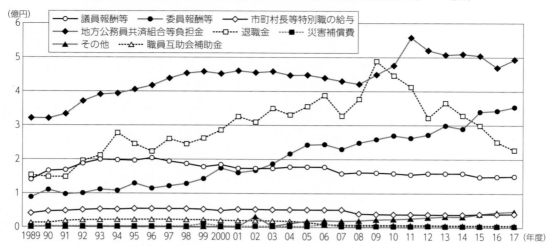

図表56-12 福生市の人件費を構成する各費用の推移（職員給を除いた場合）

町村経常経費分析表（普通会計）」の人件費の項目に記載されています。ここでのコメントを見ると、「2017年度の人件費の支出は、大量退職期を終え退職手当組合特別負担金は減少し、一方で新規採用職員の増員や負担率の上昇に伴う共済組合負担金、期末勤勉手当の支給月数の増加により全体で増加した」と書かれています。これらのコメントからは、**図表56-12**における地方公務員共済負担金の増加及び退職金の減少と職員給の増加の理由が読み取れます。

　最後に福生市が類似団体と比較して人件費が高くなる要因は、福生市は行政改革大綱によって定数管理を行いつつあるが、類似団体と比較して正規職員の数が多い可能性があることやそれに付随する共済組合負担金の負担増が考えられること、行政委員や審議会の構成員などの委員報酬に関する支出が増加していることが類似団体より大きくなっていることが考えられます。

　しかし人件費は、正規職員の給与が大半

を占めます。正規職員は自治体業務の中核となり、責任を持ち公共的サービスを私たちに提供してくれる存在です。定数管理のため自治体の実態にそぐわない職員数削減を行うと、私たちが生活する上で重要な業務に労力を回せず生活に悪影響を及ぼす可能性が考えられます。例を挙げると、2020年度国が支給した特別定額給付金や生活保護認定業務の遅れや格差などです。特別定額給付金は、申請から振込まで自治体ごとに振り込まれる時期に大きな差がありました。その背景には定数管理をしたことで各部門の職員一人一人に与えられる業務が増え、急な政策に労力を回すことができず、どこでその業務を行うのか混乱が起きていたことがあります。このようなことから自治体の実態にそぐわない職員数削減するのではなく、公共的サービスの質を下げることもなく提供できる配置（福祉的サービスの需要が高いのなら民生部門の職員を増員するなど）を見極めることが肝要です。

第57講　誰もが財政白書をつくる時代へ

　財政分析を積み重ねたら、市民サイドからの学習成果・政策提起として、ぜひ市民による財政白書を刊行してください。このところ、全国各地で市民による財政白書づくりが広がってきました。これまでに約80の自治体で財政白書がつくられています。市民が財政白書を作成すると、自治体も負けずと市民向けの財政白書を発行するようになります。ぜひ皆さんも財政分析を行うにあたっては市民による財政白書をつくることを目標にしてください。

　現在、e-Stat 上で決算統計が公開されたことで、わがまちだけではなく他市の財政状況が入手でき、経年比較や類似団体との比較も容易にできるようになりました。誰もが財政白書を比較的容易に作れる時代になったのです。

白書の作り方

　市民による財政白書の作り方は三つあると私は考えています。一つ目は関心のある分野からはじめる、二つ目は間違ったことは書かない、三つ目はとにかく一冊目を出版することです。1冊で全分野を網羅できなくても、2冊目3冊目で、これまで書いていない分野や残された課題を書いていくことで、継続して財政分析学習を続けていくことが大切です。

担当者を決め、グラフをもとに議論する

　白書づくりに取りかかる手始めとして、分析表やグラフを作成する。そして作成した分析表やグラフをもとにみんなで議論することをお勧めします。様々な問題関心から、みんなで議論することで財政もより多面的に見えてくると思います。東京都国立市の財政白書である「知っておきたい国立市のだいどころ事情―市民が見たまちの財政―」では表やグラフを経年的な視点類似・近隣との比較の両方の視点からつくり、約1年間かけて議論し明らかになったこと文章化してきました。やはり、当初から「市民による財政白書をつくる」ことを意識して取り組むことが大事です。

　しかし一人ですべてを取り扱うと大変です。そのため目的別歳出でいうなら、民生費はAさん、教育費はBさんのように支出ごとに調べる担当者を決めておくことが大切です。議論の場では、担当者がグラフを見て疑問に思ったことや分かったことを報告します。そしてその内容をもとにみんなで議論しましょう。最後に担当者は発表と議論の中で記録を取り、その内容をもとに白書の原稿の執筆を行ってください。この方法をとることで議論の整合性を図ることができます。

　最近の白書は類似団体比較カードの手法を縦横無尽に使い、カラー印刷で図表化し、わかりやすいのが特徴的です。特に府中市民による60年史の財政白書は歳入編と歳出編の二部作の力作です。また、ジャーナリスティックなタッチの『守口市民財政白書』は失うものは一つもない市民の大胆な踏み込みが痛快です。

あとがき——財政学習・財政白書づくりのうねりの中で

財政学習・財政白書づくりのうねり

　私が東京都多摩地域の公民館の場で講師を務めるようになって40年以上が経ちますが、自治体財政をテーマにした講師依頼はこの20年くらいのことです。大体20年前というのは、バブル経済が崩壊し、その影響が地方財政にも色濃く反映した頃でした。公民館主催だけでなく、住民による自主講座からの依頼も増えていきました。自治体問題研究所が編集する月刊誌『住民と自治』に2002年12月号から20回にわたって「大和田流実践的市町村財政分析」を、そして2004年8月号から29回にわたって『図解で理解市町村財政分析』を連載しました。この期間中には、「三位一体の改革」といった地方財政制度の改編とそれに伴う自治体の財政危機という情勢もあって、全国各地で講師活動を行うことになっていきました。また、私の講義をきっかけに、市民による手づくり白書が生れていったのもここ10数年の傾向です。市民による財政学習・財政白書づくりがさらに大きく広がったきっかけは、いわゆる「夕張ショック」と「地方財政健全化法」の成立です。国の強い関与による「財政再建」という自治体財政にとって重大な局面を迎えていました。

市民がさらにまちの財政に
慣れ親しむために

　これまで地方交付税改革などの地方財政の改編がかなり進められてきており、地方財政は大きな変動期を迎えていました。そうした中で新型コロナウイルス・パンデミックが発生しました。コロナ禍はこれまでの「選択と集中」による地方財政政策が生み出してきた脆弱性を顕在化させました。ポスト・コロナの社会は、脆弱性を生み出してきたこれまでの社会のあり方を転換し、全ての人が安心して生活できる社会にしなくてはならず、そのための地方財政政策を求めていく必要があります。

　こうした時代だからこそ、市民・議員・自治体職員が自分のまちの財政を知り、自分たちでまちの方向を見定めようとしない限り、本当の財政民主主義はありません。財政民主主義はポスト・コロナの社会を描いていくためにも不可欠なものです。そのためには、誰もが自治体財政に慣れるしかないのです。また、そうすることで、どのまちにも市民の手による財政白書をつくることができると、私は言い続けてきました。

　五訂版をまとめるにあたって、石山雄貴さん、菊池稔さんに、PCによる財政分析に関する事項の追加や現在の状況に合わせ、全体を通して大幅に加筆・修正をしていただきました。このことに感謝します。さらに、短時間での出版に対応していただいた多摩住民自治研究所のみなさん、自治体研究社編集部のみなさんにも厚くお礼を申し上げます。お読みいただいてわかるように、この本は各地の市民による財政白書づくりの成果から編集されています。

　自分のまちの財政分析を実践してみようと思っている読者の方々に、本書を通じて出会えることに心からお礼を申し上げます。

　2021年10月

　　　　　　　　　　　　　　　大和田一紘

索　引

〈巻末付録〉①　決算カード「分析表」

〈分析用紙〉　決算カード等から自分で「分析表」に転記してみよう

※分析表にある年の表記は年度を指します。
※分析表のR＝令和を指し、H＝平成を指します。
※分析表1と分析表8の＊は健全化判断比率を表示しています。

分析表１　決算額の推移①

＊は財政健全化法の健全化判断比率を表している。（単位：A～Jは千円。実質収支比率と連結実質赤字比率は％）

区分	年度	2007年 (平成19年)	2008年 (平成20年)	2009年 (平成21年)	2010年 (平成22年)	2011年 (平成23年)	2012年 (平成24年)	2013年 (平成25年)	2014年 (平成26年)
A	歳入総額								
B	歳出総額								
C	歳入歳出差引　　（A－B）								
D	翌年度に繰越すべき財源								
E	実質収支　　　　（C－D）								
F	単年度収支　（E－前年度のE）								
G	積立金								
H	繰上償還金								
I	積立金取崩し額								
J	実質単年度収支（F＋G＋H－I）								
	実質収支比率（実質赤字比率＊）	( )	( )	( )	( )	( )	( )	( )	( )
	連結実質赤字比率＊	－	－	－	－	－	－	( )	( )

分析表１　決算額の推移②

（　）は実質赤字比率の数字か「－」を入れる。（単位：A～Jは千円。実質収支比率と連結実質赤字比率は％）

区分	年度	2015年 (平成27年)	2016年 (平成28年)	2017年 (平成29年)	2018年 (平成30年)	2019年 (平成31・令和元年)	2020年 (令和2年)	2021年 (令和3年)	2022年 (令和4年)
A	歳入総額								
B	歳出総額								
C	歳入歳出差引　　（A－B）								
D	翌年度に繰越すべき財源								
E	実質収支　　　　（C－D）								
F	単年度収支　（E－前年度のE）								
G	積立金								
H	繰上償還金								
I	積立金取崩し額								
J	実質単年度収支（F＋G＋H－I）								
	実質収支比率（実質赤字比率＊）	( )	( )	( )	( )	( )	( )	( )	( )
	連結実質赤字比率＊							( )	( )

176

〈1〉

分析表 2　歳入決算額の構成（額）　比の推移①

（単位：千円）

区分	年度	2007年(平成19年)	2008年(平成20年)	2009年(平成21年)	2010年(平成22年)	2011年(平成23年)	2012年(平成24年)	2013年(平成25年)	2014年(平成26年)
第1位	科目								
	額								
	%								
第2位	科目								
	額								
	%								
第3位	科目								
	額								
	%								
第4位	科目								
	額								
	%								
第5位	科目								
	額								
	%								
第6位	科目								
	額								
	%								
第7位	科目								
	額								
	%								
第8位	科目								
	額								
	%								
第9位以下	科目	その他	その他	その他	その他	その他	その他	その他	その他
	額								
	%								
合計	額								
	%	100.0%	100.0%	100.0%	100.0%	100.0%	100.0%	100.0%	100.0%

分析表 2　歳入決算額の構成（額）　比の推移②

（単位：千円）

区分	年度	2015年(平成27年)	2016年(平成28年)	2017年(平成29年)	2018年(平成30年)	2019年(平成31・令和元年)	2020年(令和2年)	2021年(令和3年)	2022年(令和4年)
第1位	科目								
	額								
	%								
第2位	科目								
	額								
	%								
第3位	科目								
	額								
	%								
第4位	科目								
	額								
	%								
第5位	科目								
	額								
	%								
第6位	科目								
	額								
	%								
第7位	科目								
	額								
	%								
第8位	科目								
	額								
	%								
第9位以下	科目	その他	その他	その他	その他	その他	その他	その他	その他
	額								
	%								
合計	額								
	%	100.0%	100.0%	100.0%	100.0%	100.0%	100.0%	100.0%	100.0%

〈2〉

分析表3　歳入の体系 （単位：千円）

自治体名　：

※リーマンショックの影響をみるため、H19、20、21、22と近年4カ年分を分析表に入れています。経年比較のほか、リーマンショックが財政にどのような影響を与えたのか、確認してみましょう（市町村民税、特に法人市町村民税に着目してみてください）。

各項目（年度行：R3・R2・R1・H30・H22・H21・H20・H19）：

- ①歳入合計
- ②一般財源等
- ③特定財源　（①−②）
- ④経常一般財源等　（②−④）
- ⑤臨時一般財源等（都市計画税・繰入金・臨時財政対策債・減税補てん債等）
- ⑥地方税（市町村税）　（④−⑥−⑦）
- ⑦普通交付税
- ⑧その他の経常一般財源等（地方消費税交付金・地方譲与税等）
- ⑨市町村民税
- ⑩固定資産税
- ⑪その他の市町村税（軽自動車税・市町村たばこ税等）　（⑥−⑨−⑩）
- ⑫個人市町村民税（個人分）　（⑭＋⑮）
- ⑬法人市町村民税（法人分）　（⑯＋⑰）
- ⑭個人均等割
- ⑮所得割
- ⑯法人均等割
- ⑰法人税割

④、⑥～⑰は分析表4の記入欄にあたる

178

〈3〉

分析表 4　経常一般財源等の推移①

区分		年度	2007 年 (平成 19 年)	2008 年 (平成 20 年)	2009 年 (平成 21 年)	2010 年 (平成 22 年)	2011 年 (平成 23 年)	2012 年 (平成 24 年)	2013 年 (平成 25 年)	2014 年 (平成 26 年)
経常一般財源等④	⑥地方税（市町村税）									
	⑨市町村民税									
		うち⑫個人市町村民税								
		・⑭個人均等割								
		・⑮所得割								
		うち⑬法人市町村民税								
		・⑯法人均等割								
		・⑰法人税割								
	⑩固定資産税									
	⑪その他の市町村税									
	⑦普通交付税									
	⑧その他の経常一般財源等									
	④経常一般財源等合計									
B 経常経費充当一般財源等										
経常収支比率(%)(赤字地方債除く〈 〉) B/④			−	−	−					
赤 字 地方債補てん債										
地方臨時財政対策債				−						
C その他 ( )										
経常収支比率(%)(赤字地方債含む)B/(④+C)			−	−						

分析表 4　経常一般財源等の推移②

（単位：千円）

区分		年度	2015 年 (平成 27 年)	2016 年 (平成 28 年)	2017 年 (平成 29 年)	2018 年 (平成 30 年)	2019 年 (平成 31・令和元年)	2020 年 (令和 2 年)	2021 年 (令和 3 年)	2022 年 (令和 4 年)
経常一般財源等④	⑥地方税（市町村税）									
	⑨市町村民税									
		うち⑫個人市町村民税								
		・⑭個人均等割								
		・⑮所得割								
		うち⑬法人市町村民税								
		・⑯法人均等割								
		・⑰法人税割								
	⑩固定資産税									
	⑪その他の市町村税									
	⑦普通交付税									
	⑧その他の経常一般財源等									
	④経常一般財源等合計									
B 経常経費充当一般財源等										
経常収支比率(%)(赤字地方債除く〈 〉) B/④					−	−	−	−	−	−
赤 字 地方債補てん債										
地方臨時財政対策債										
C その他 ( )										
経常収支比率(%)(赤字地方債含む)B/(④+C)										

〈4〉

分析表 5　決算額の科目順位（目的別歳出）①

（単位：千円）

年度区分		2007 年 (平成 19 年)	2008 年 (平成 20 年)	2009 年 (平成 21 年)	2010 年 (平成 22 年)	2011 年 (平成 23 年)	2012 年 (平成 24 年)	2013 年 (平成 25 年)	2014 年 (平成 26 年)
第 1 位	科目								
	額								
	%								
第 2 位	科目								
	額								
	%								
第 3 位	科目								
	額								
	%								
第 4 位	科目								
	額								
	%								
第 5 位	科目								
	額								
	%								
第 6 位	科目								
	額								
	%								
第 7 位	科目								
	額								
	%								
第 8 位	科目								
	額								
	%								
第 9 位 以下	科目	その他	その他	その他	その他	その他	その他	その他	その他
	額								
	%								
合計		100.0%	100.0%	100.0%	100.0%	100.0%	100.0%	100.0%	100.0%

分析表 5　決算額の科目順位（目的別歳出）②

（単位：千円）

年度区分		2015 年 (平成 27 年)	2016 年 (平成 28 年)	2017 年 (平成 29 年)	2018 年 (平成 30 年)	2019 年 (平成 31・令和元年)	2020 年 (令和 2 年)	2021 年 (令和 3 年)	2022 年 (令和 4 年)
第 1 位	科目								
	額								
	%								
第 2 位	科目								
	額								
	%								
第 3 位	科目								
	額								
	%								
第 4 位	科目								
	額								
	%								
第 5 位	科目								
	額								
	%								
第 6 位	科目								
	額								
	%								
第 7 位	科目								
	額								
	%								
第 8 位	科目								
	額								
	%								
第 9 位 以下	科目	その他	その他	その他	その他	その他	その他	その他	その他
	額								
	%								
合計		100.0%	100.0%	100.0%	100.0%	100.0%	100.0%	100.0%	100.0%

〈5〉

180

分析表6　目的別歳出の「充当一般財源等」の科目順位①

（単位：千円）

区分	年度	2007年 (平成19年)	2008年 (平成20年)	2009年 (平成21年)	2010年 (平成22年)	2011年 (平成23年)	2012年 (平成24年)	2013年 (平成25年)	2014年 (平成26年)
第1位	科目								
	額								
	%								
第2位	科目								
	額								
	%								
第3位	科目								
	額								
	%								
第4位	科目								
	額								
	%								
第5位	科目								
	額								
	%								
第6位	科目								
	額								
	%								
第7位	科目								
	額								
	%								
第8位	科目								
	額								
	%								
第9位以下	科目								
	額								
	%								
その他									
合計		100.0%	100.0%	100.0%	100.0%	100.0%	100.0%	100.0%	100.0%

分析表6　目的別歳出の「充当一般財源等」の科目順位②

（単位：千円）

区分	年度	2015年 (平成27年)	2016年 (平成28年)	2017年 (平成29年)	2018年 (平成30年)	2019年 (平成31・令和元年)	2020年 (令和2年)	2021年 (令和3年)	2022年 (令和4年)
第1位	科目								
	額								
	%								
第2位	科目								
	額								
	%								
第3位	科目								
	額								
	%								
第4位	科目								
	額								
	%								
第5位	科目								
	額								
	%								
第6位	科目								
	額								
	%								
第7位	科目								
	額								
	%								
第8位	科目								
	額								
	%								
第9位以下	科目								
	額								
	%								
その他									
合計		100.0%	100.0%	100.0%	100.0%	100.0%	100.0%	100.0%	100.0%

⟨6⟩

分析表7　性質別歳出の科目順位と推移①

(単位：千円)

区分	年度	2007年(平成19年)	2008年(平成20年)	2009年(平成21年)	2010年(平成22年)	2011年(平成23年)	2012年(平成24年)	2013年(平成25年)	2014年(平成26年)
第1位	科目								
	額								
	%								
第2位	科目								
	額								
	%								
第3位	科目								
	額								
	%								
第4位	科目								
	額								
	%								
第5位	科目								
	額								
	%								
第6位	科目								
	額								
	%								
第7位	科目								
	額								
	%								
第8位	科目								
	額								
	%								
第9位	科目								
	額								
	%								
第10位	科目								
	額								
	%								
第11位	科目								
	額								
	%								
合計	計	100.0%	100.0%	100.0%	100.0%	100.0%	100.0%	100.0%	100.0%

分析表7　性質別歳出の科目順位と推移②

(単位：千円)

区分	年度	2015年(平成27年)	2016年(平成28年)	2017年(平成29年)	2018年(平成30年)	2019年(平成31・令和元年)	2020年(令和2年)	2021年(令和3年)	2022年(令和4年)
第1位	科目								
	額								
	%								
第2位	科目								
	額								
	%								
第3位	科目								
	額								
	%								
第4位	科目								
	額								
	%								
第5位	科目								
	額								
	%								
第6位	科目								
	額								
	%								
第7位	科目								
	額								
	%								
第8位	科目								
	額								
	%								
第9位	科目								
	額								
	%								
第10位	科目								
	額								
	%								
第11位	科目								
	額								
	%								
合計	計	100.0%	100.0%	100.0%	100.0%	100.0%	100.0%	100.0%	100.0%

分析表 8 財政指標（諸指数）の推移

合併した自治体の指数は合併年度を 100 とする。※は、財政健全化判断比率を表している。

区分		単位	2007 年 (平成 19 年)	2008 年 (平成 20 年)	2009 年 (平成 21 年)	2010 年 (平成 22 年)	2011 年 (平成 23 年)	2012 年 (平成 24 年)	2013 年 (平成 25 年)	2014 年 (平成 26 年)
基準財政収入額	①	実額								
		指数	100							
基準財政需要額	②	実額								
		指数	100							
普通地方交付税交付額		実額								
財政力指数										
財政力指数（単年度）	(①/②)									
標準財政規模	A	実額								
		指数	100							
公債費負担比率		%								
起債制限比率		%								
実質公債費比率※(05 年〜)		%								
将来負担比率※		%								
地方債現在高	B	実額								
		指数	100							
そのうち臨時財政対策債現在高 （01 年〜）決算統計表番号 33 参照		実額								
		指数	100							
債務負担行為額（支出予定額）	C	実額								
		指数	100							
実質債務残高	B＋C	実額								
		指数	100							
実質債務残高比率{(B＋C)/A}×100		%								
積立金現在高	D	実額								
		指数	100							
そのうち財政調整基金		実額								
		指数								
実質的将来財政負担額	B＋C－D	実額								
		指数	100							
実質的将来財政負担額比率 {(B＋C－D)/A}×100		%								

※基準財政需要額－基準財政収入額比率は、財源不足額なので分析用紙な○分析用紙に記入するときは談入の欄から記入する。

〈8－1〉

分析表 8　財政指標（諸指数）の推移

合併した自治体の指数は合併年度を100とする。※は、財政健全化判断比率を表している。

区分			2015年(平成27年)	2016年(平成28年)	2017年(平成29年)	2018年(平成30年)	2019年(平成31・令和元年)	2020年(令和2年)	2021年(令和3年)	2022年(令和4年)
基準財政収入額	①	実額								
		指数	100							
基準財政需要額	②	実額								
		指数	100							
普通地方交付税交付額										
財政力指数										
財政力指数（単年度）	(①/②)									
標準財政規模	A	実額								
		指数	100							
公債費負担比率		%								
起債制限比率		%								
実質公債費比率※(05年〜)		%								
将来負担比率※		%								
地方債現在高	B	実額								
		指数	100							
そのうち臨時財政対策債現在高 (01年〜) 決算統計表番号33参照		実額								
		指数	100							
債務負担行為額（支出予定額）	C	実額								
		指数	100							
実質債務残高	B＋C	実額								
		指数	100							
実質債務残高比率 (B＋C)/A×100		%								
積立金現在高	D	実額								
		指数	100							
そのうち財政調整基金		実額								
		指数	100							
実質的将来財政負担額 B＋C−D		実額								
		指数	100							
実質的将来財政負担比率 (B＋C−D)/A×100		%								

※基準財政需要額−基準財政収入額は、財源不足額なので分析用紙に記入するときは歳入の欄から記入する。

〈8−2〉

184

分析表 9-1　健全化判断比率の状況（財政状況資料集）　財政状況資料集の1頁総括表

（　　　年度）　（自治体名　　　　　　　　）

1. 普段使っている(1)「一般会計」に対する「特別会計」(企業会計含) 名を「財政状況資料集」1頁の総括表を使ってすべてあげなさい。

(2)	(3)	(4)
(5)	(6)	(7)
(8)	(9)	(10)
(11)	(12)	(13)

2. 決算統計上の会計区分（テキスト 16～17 頁）

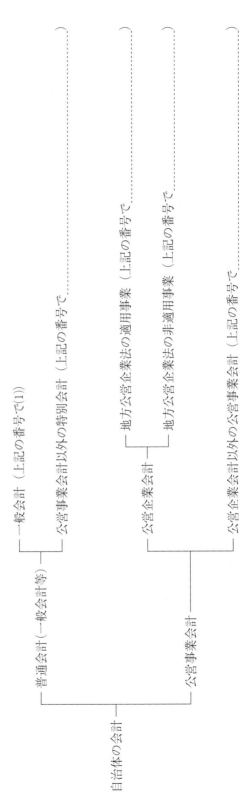

〈9-1〉

分析表９−２　健全化判断比率の状況（財政状況資料集）

（　　　　年度）（自治体名　　　　　　　）の会計区分

186

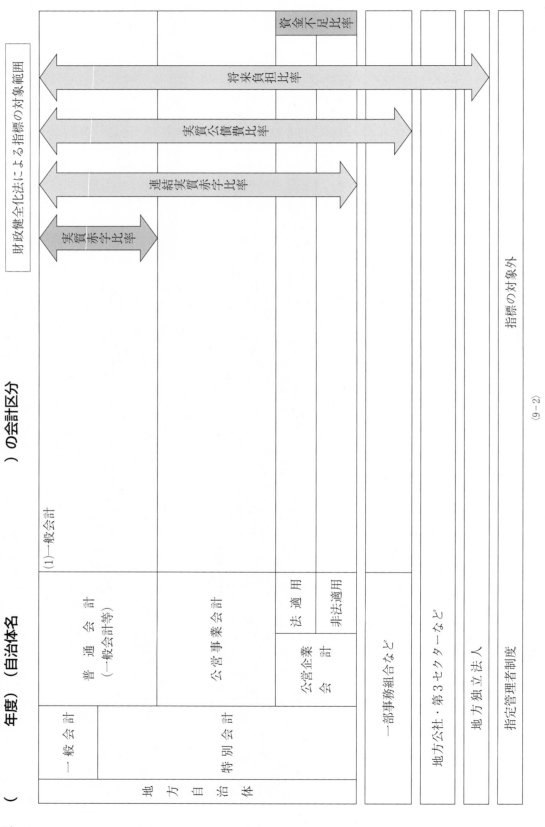

			財政健全化法による指標の対象範囲				指標の対象外
			実質赤字比率	連結実質赤字比率	実質公債費比率	将来負担比率 / 資金不足比率	
地方自治体	一般会計	(1)一般会計					
	特別会計	普通会計（一般会計等）					
		公営事業会計					
		公営企業会計 法適用					
		非法適用					
一部事務組合など							
地方公社・第３セクターなど							
地方独立法人							
指定管理者制度							

健全化判断比率の状況（健全化判断比率総括表①）　自治体名：

年度決算に基づく健全化判断比率総括表①

(単位千円、%)

	地方公共団体コード	類似団体コード	都道府県名	区市町村名	実質赤字比率（実質収支比率）	連結実質赤字比率（連結実質収支比率）	実質公債費比率（3ヵ年平均）	将来負担比率	資金不足比率（公営企業名）財政状況資料集総括表②
データ出典	・決算カード① ・総括表①	・決算カード ・財政状況資料集			・決算カード（-） ・財政状況資料集 ・総括表①、②	・決算カード（-） ・財政状況資料集 ・総括表①、②	・決算カード ・財政状況資料集 ・総括表①、③	・決算カード ・財政状況資料集 ・総括表①、④	公営企業名　　% 公営企業名　　% 公営企業名　　% 公営企業名　　%
地方債同意等基準（許可団体基準）					※1 2.5%～10% ・決算カード① ・財政状況資料集 ・総括表①	%	18.0%	%	公営企業名　　% 公営企業名　　% 公営企業名　　% 公営企業名　　%
早期健全化基準（イエローカード）					※1 11.25%～15% ・財政状況資料集 ・総括表①	※1 16.25%～20% ・財政状況資料集 ・総括表①、②	25.0% ・財政状況資料集 ・総括表①、③	350.0% ・財政状況資料集 ・総括表①、④	（経営健全化基準）20.0%
財政再生基準					20.0%	※2 30.0% ・財政状況資料集 ・総括表①、②	35.0% ・財政状況資料集 ・総括表①、③		

10.0%

標準財政規模
　東京都方式の決算カード
　うち臨時財政対策債
　発行可能額
　支付税算定台帳
　・総括表①、②、③の⑮+⑯+⑰

千円　　千円

地方債同意等基準＋財政再生基準
―――――――――――――――――――　＝　早期健全化基準
　　　　　　　2

※1　標準財政規模によって異なる
※2　平成20～21年度決算　40.0
　　　平成22～23年度決算　35.0
　　　平成24年度以降の決算　30.0

※斜線で表記されている資料をもとに分析欄を埋めてみてください。
また、斜線表記「総括表「総括表①～④」は、健全化判断比率総括表①～④（財政健全化法に基づく総務省算定フォーマット）を指します。
この資料は、とてもマイナーな資料で入手が難しいため、本文中では解説していませんが、
興味があれば入手してみてください（全ての自治体で作成しています）。

〈9-3〉

分析表９－４　健全化判断比率の状況（財政状況資料集）　連結実質赤字比率等の状況（健全化判断比率総括表②）

（千円、%）

決算額（千円）

会計の区分			2013年 (平成25年)	2014年 (平成26年)	2015年 (平成27年)	2016年 (平成28年)	2017年 (平成29年)	2018年 (平成30年)	2019年 (平成31·令和元年)	2020年 (令和2年)	2021年 (令和3年)	2022年 (令和4年)
一般会計等 (普通会計)	実質収支	一般会計										
公営企業会計以外の特別会計 (公営事業会計)	実質収支											
公営企業会計の資金不足額・剰余額	法適用企業											
	法非適用企業											
分子	連結実質収支額の合計											
分母	標準財政規模（臨時財政対策債発行可能額を含む）											
連結実質収支比率（マイナス連結実質赤字比率） 上記　連結実質収支比率＝（分子）÷（分母）（%）			%	%	%	%	%	%	%	%	%	%
連結実質赤字比率			%	%	%	%	%	%	%	%	%	%

188

〈9-4〉

分析表 9－5　健全化判断比率の状況（財政状況資料集）　実質公債費比率の状況

（千円、％）

区分			決算額（千円） 2011年(平成23年)	2012年(平成24年)	2013年(平成25年)	2014年(平成26年)	2015年(平成27年)	2016年(平成28年)	2017年(平成29年)	2018年(平成30年)	2019年(平成31・令和元年)	2020年(令和2年)	2021年(令和3年)	2022年(令和4年)
分子	元利償還金すなわち公債費充当一般財源等（繰上償還、満期一括償還地方債の元金に係る分を除く）													
	減債基金積立不足算定額													
	準元利償還金	満期一括償還地方債に係る年度割相当額												
		公営企業の元利償還金に対する繰入金												
		一部事務組合等が起こした地方債の元利償還金に対する負担金等												
		債務負担行為に基づく支出額（公債に準ずるもの）												
	一時借入金の利子													
	合計 (A)													
	算入公債費等の額 (D)	災害復旧費等に係る基準財政需要額												
		事業費補正により基準財政需要額に算入された公債費												
		事業費補正により基準財政需要額に算入された公債費（準元利償還金に係るものに限る）												
		災害復旧費等に係る基準財政需要額（準元利償還金に係るものに限る）												
		密度補正に算入された元利償還金												
		密度補正に算入された準元利償還金（地方債の元利償還金を基礎として算入されたものに限る） (B)												
	特定財源の額 (C)													
	(A) － (B＋D) (D)													
分母	標準財政規模													
	算入公債費等の額													
	(C) － (D)													
実質公債費比率（単年度）　｛(A)－(B＋D)｝／｛(C)－(D)｝×100（％）			％	％	％	％	％	％	％	％	％	％	％	％
実質公債費比率（3ヵ年平均）（％）			％	％	％	％	％	％	％	％	％	％	％	％

※より遡って分析する際は、平成17年度決算と平成18年度決算、平成21年度決算と平成22年度決算の元利償還金は、特定財源の元利償還金（都市計画税等の一部）を控除していない。（平成19～20年度決算の元利償還金は特定財源の額を控除している。）

〈9－5〉

分析表 ９－６　健全化判断比率の状況（財政状況資料集）　将来負担比率の状況

（千円、％）

区　　　分		2013年(平成25年)	2014年(平成26年)	2015年(平成27年)	2016年(平成28年)	2017年(平成29年)	2018年(平成30年)	2019年(平成31・令和元年)	2020年(令和2年)	2021年(令和3年)	2022年(令和4年)
分子 / 将来負担額	(イ) 一般会計等に係る地方債の現在高										
	(ロ) 債務負担行為に基づく支出予定額										
	(ハ) 公営企業債等繰入見込額										
	(ニ) 組合等負担等見込額										
	(ホ) 退職手当負担見込額										
	(ヘ) 設立法人等の債務額等負担見込額（地方道路公社、土地開発公社、第三セクター等）										
	(ト) 連結実質赤字額										
	(チ) 組合等連結実質赤字額負担見込額										
	合　計　(E)										
充当可能財源等（控除すべき額）	(リ) 充当可能基金										
	(ヌ) 充当可能特定歳入（都市計画税等含む）										
	(ル) (イ)~(ニ)に係る基準財政需要額算入見込額										
	そのうち(イ)~(ニ)に係る基準財政需要額（算入公債費等の額D）										
	合　計　((リ)+(ヌ)+(ル))　(F)										
	分子の合計　(E)－(F)										
分母	標準財政規模(C)－算入公債費等の額(D)										
	分子／分母　(E－F)／(C－D)×100（％）	％	％	％	％	％	％	％	％	％	％
将来負担比率		％	％	％	％	％	％	％	％	％	％

分析表10　地方交付税算定台帳と算定経費の経年的推移

（単位：千円）

経費			2006 (H18)	2007 (H19)	2008 (H20)	2009 (H21)	2010 (H22)	2011 (H23)	2012 (H24)	2013 (H25)	2014 (H26)	2015 (H27)	2016 (H28)	2017 (H29)	2018 (H30)	2019 (R1)	2020 (R2)	2021 (R3)	2022 (R4)
2007年度より 個別算定経費 （公債費除き） （07年度以前は経常経費）	Ⓐ	実数																	
		指数	100																
投資的経費		実数																	
		指数	100																
2007年度より 個別算定経費 （公債費） （07年度以前は公債費）	Ⓑ	実数																	
		指数	100																
包括算定経費 （新型）	Ⓒ	人口																	
		面積																	
その他		実数																	
本来の基準財政需要額	振替前需要額 （本末の基準財政需要額）	Ⓓ																	
	臨時財政対策債振替相当額 （臨時財政対策債発行可能額）	Ⓔ																	
	基準財政需要額の合計 （※01年度より、振替前需要額Ⓓ －臨時財政対策債振替相当額Ⓔ）	Ⓕ	実数																	
			指数	100																
臨時財政対策債償還費→補正後の数値																			
臨時財政対策債償還費 →基準財政需要額（交付税措置分）																			
臨時財政対策債償還額（利子含実際の金融機関と契約） →元利償還（利子含実際の金融機関と契約）																			
臨時財政対策債発行額																			
臨時財政対策債の現在高																			
決算統計表番号 33																			

※地方交付税算定における「投資的経費」はH18までであり、H19から「包括算定経費」が算定され始めた。また、「その他」はH13から廃止されたが参考のため記載している。

〈10〉

分析表11①　類似団体比較カードの推移

人口一人当たり財政状況の比較　類似団体別財政状況の比較（各年度財政状況類似団体比較カード、財政状況資料集、決算カードより）

都道府県名 ＿＿＿＿＿＿　市町村名 ＿＿＿＿＿＿　類似団体 ＿＿＿＿＿＿ 市町村類型　同一都道府県内類似団体名 ＿＿＿＿＿＿

〈類似団体の人口・人口一人当たり積立金・地方債現在高・債務負担行為額　単位：人、円、%〉

※調べたい連続した3ヵ年の財政状況を類似団体と比較してください

区　分	＿＿年度				＿＿年度				＿＿年度			
	当該市町村	同一都道府県内類似団体平均	全類似団体平均	国類似団体平均	当該市町村	同一都道府県内類似団体平均	全類似団体平均	国類似団体平均	当該市町村	同一都道府県内類似団体平均	全類似団体平均	国類似団体平均
各年度1月1日現在人口												
積立金現在高												
内財政調整基金												
地方債現在高												
債務負担行為額												

〈財政指標〉　単位：%、千円

（単位：%、千円）

区　分		＿＿年度				＿＿年度				＿＿年度			
		当該市町村	同一都道府県内類似団体平均	全類似団体平均	国類似団体平均	当該市町村	同一都道府県内類似団体平均	全類似団体平均	国類似団体平均	当該市町村	同一都道府県内類似団体平均	全類似団体平均	国類似団体平均
経常収支比率（赤字地方債含む）	%												
財政力指数													
実質収支比率	%												
公債費負担比率	%												
実質公債費比率	%												
将来負担比率	%												
歳　入　総　額	千円												
歳　出　総　額	千円												
歳入歳出差引き	千円												
実　質　収　支	千円												
経常一般財源等収入額	千円												
経常経費充当一般財源等	千円												
基準財政収入額	千円												
基準財政需要額	千円												
標準財政規模	千円												

〈11－1〉

分析表11② 類似団体比較カードの推移

類似団体比較 類似団体別 （各年度財政状況類似団体比較カード、財政状況資料集、決算カード より
人口一人当たり財政状況の比較

都道府県名＿＿＿＿＿＿＿ 市町村名＿＿＿＿＿＿＿ 市町村類型＿＿＿＿＿ 同一都道府県内類似団体名＿＿＿＿＿＿＿

《類似団体の人口一人当たりの歳入決算額 単位：円、％》

		年度			年度			年度		
区　分	当該市町村	同一都道府県内 類似団体平均構成比	全国 類似団体平均構成比	当該市町村	同一都道府県内 類似団体平均構成比	全国 類似団体平均構成比	当該市町村	同一都道府県内 類似団体平均構成比	全国 類似団体平均構成比	
		構成比	構成比		構成比	構成比		構成比	構成比	
地　方　税										
地 方 交 付 税										
国 庫 支 出 金										
都道府県支出金										
地　方　債										
そ　の　他										
歳 入 合 計										

（単位：％、千円）

《類似団体の住民一人当たりの歳出決算額 単位：円、％》

		年度			年度			年度		
	当該市町村	同一都道府県内 類似団体平均構成比	全国 類似団体平均構成比	当該市町村	同一都道府県内 類似団体平均構成比	全国 類似団体平均構成比	当該市町村	同一都道府県内 類似団体平均構成比	全国 類似団体平均構成比	
		構成比	構成比		構成比	構成比		構成比	構成比	
人 件 費										
扶 助 費										
公 債 費										
（義務的経費計）										
物 件 費										
補 助 費 等										
繰 出 金										
積 立 金										
投 資 的 経 費										
そ の 他										
歳 出 合 計										

（単位：％、千円）

〈11-2〉

分析表 12　合併算定替の影響

（自治体名：　　　　　　　　　　　）

旧法による合併（H16 年度までに申請し、17 年度までに合併すれば 10 年間）、新法による算定替え期間は H18 年度中は 9 年間、19 年度中は 7 年間

(単位：千円)

年度 市町村名	合併日		(H　)	(H　)	(H　)	(H　)	(H　)	(H　)	(H　)	(H　)	(H　)	(H　)	(H　)	(H　)	(H　)	(H　)	(H　)	(H　)
			算定初年度															
旧市町村名	合　併　算　定　替 10 年間の特例分 (増加分) (A)												0.9	0.7	0.5	0.3	0.1	0.0
(　　　　　　　　　) の普通交付税交付額の推移	本来の普通交付税交付額 (B) (一本算定)																	
	基準財政需要額 － 基準財政収入額																	
	計　額 (合併算定替) 現在の普通交付税交付額 (C) = (A) + (B)																	「本来」と「現在」が等しくなる (A) = 0 (C) = (B)
	標準財政規模																	

10 年間　　　　　　　　　　5 年間　　16 年以降

194

⟨12⟩

分析表 1 の補表　資金繰り（やりくり）度の経年分析

自治体名：＿＿＿＿＿＿＿＿＿＿

（単位：千円，％）

区分	2007 年 (平成 19 年)	2008 年 (平成 20 年)	2009 年 (平成 21 年)	2010 年 (平成 22 年)	2011 年 (平成 23 年)	2012 年 (平成 24 年)	2013 年 (平成 25 年)	2014 年 (平成 26 年)
標準財政規模								
財政調整基金残高　A								
標準財政規模比　（％）								
実質収支額　B								
標準財政規模比　（％）								
資金繰り（やりくり）　A＋B								
標準財政規模比　（％）								
実質単年度収支額								
標準財政規模比　（％）								
財政調整基金取崩し額								

区分	2015 年 (平成 27 年)	2016 年 (平成 28 年)	2017 年 (平成 29 年)	2018 年 (平成 30 年)	2019 年 (平成 31・令和元年)	2020 年 (令和 2 年)	2021 年 (令和 3 年)	2022 年 (令和 4 年)
標準財政規模								
財政調整基金残高　A								
標準財政規模比　（％）								
実質収支額　B								
標準財政規模比　（％）								
資金繰り（やりくり）　A＋B								
標準財政規模比　（％）								
実質単年度収支額								
標準財政規模比　（％）								
財政調整基金取崩し額								

〈13〉

分析表４の補表　経常収支比率構成比の比較（臨財債など赤字地方債を　除く・含む　）←経常収支比率の表示が２通りあるので、どちらを選択したか○で囲みなさい。

（自治体名　　　　　　　）

	最も高い年度（　）年度	最も低い年度（　）年度	最も高い年度－最も低い年度	順位
経常収支比率(合計)	％	％	％	
人件費	％	％	％	
扶助費	％	％	％	
公債費	％	％	％	
物件費	％	％	％	
維持補修費	％	％	％	
補助費等	％	％	％	
繰出金	％	％	％	
投資・出資金・貸付金	％	％	％	

帯グラフ

（％）
0.0　10.0　20.0　30.0　40.0　50.0　60.0　70.0　80.0　90.0　100.0　110.0　120.0　130.0　140.0

最も高い年度（　）

最も低い年度（　）

196

分析表 8 の補表①　公債費負担比率と実質公債費比率の推移

（自治体名　　　　　　　　）

（％）

早期健全化基準──→ 25	
イエローカード	
（実質公債費比率）	
危険ライン──────→ 20	
（公債費負担比率）	
起債の許可協議──→ 18	
（実質公債費比率）	
警戒ライン──────→ 15	
（公債費負担比率） 14	
↗	
10	
5	
0	

0％ 未満の場合数字を記載※

年　　　度		2011 年 （平成23年）	2012 年 （平成24年）	2013 年 （平成25年）	2014 年 （平成26年）	2015 年 （平成27年）	2016 年 （平成28年）	2017 年 （平成29年）	2018 年 （平成30年）	2019 年 （平31・令元年）	2020 年 （令和2年）	2021 年 （令和3年）	2022 年 （令和4年）
起債制限比率	（％）												
実質公債費比率	（％）												

※実質公債費比率が 0 以下の場合、分析表 9−5 で計算したマイナスの値を記入してください

〈15−1〉

分析表 8 の補表②　起債制限比率と実質公債費比率の推移

（自治体名　　　　　　　）

(%)

早期健全化基準 ——→ 25
イエローカード
（実質公債費比率）

危険ライン ——→ 20
（起債制限比率）

起債の許可協議 ——→ 18
（実質公債費比率）

15

起債の許可協議 ——→ 14
（起債制限比率）

10

5

0

年　　度		2011 年 (平成23年)	2012 年 (平成24年)	2013 年 (平成25年)	2014 年 (平成26年)	2015 年 (平成27年)	2016 年 (平成28年)	2017 年 (平成29年)	2018 年 (平成30年)	2019 年 (平31・令元年)	2020 年 (令和 2 年)	2021 年 (令和 3 年)	2022 年 (令和 4 年)
起債制限比率	(%)												
実質公債費比率	(%)												

0% 未満の場合数字を記載＊

＊実質公債費比率が 0 以下の場合，分析表 9 － 5 で計算したマイナスの値を記入してください

〈15－2〉

198

〈巻末付録〉② 財政状況資料集

総括表（市町村）

(1) 普通会計の状況（市町村）

(2) 各会計、関係団体の財政状況及び健全化判断比率（市町村）

(3) 市町村財政比較分析表（普通会計決算）

(4)-1 市町村経常経費分析表（普通会計決算）

(4)-2 市町村経常経費分析表（普通会計決算）

(5) 市町村性質別歳出決算分析表（住民一人当たりのコスト）

(6) 市町村目的別歳出決算分析表（住民一人当たりのコスト）

(7) 実質収支比率等に係る経年分析（市町村）

(8) 連結実質赤字比率に係る赤字・黒字の構成分析（市町村）

(9) 実質公債費比率（分子）の構造（市町村）

(10) 将来負担比率（分子）の構造（市町村）

総括表（市町村）

都道府県名		東京都		市町村類型		Ⅲ－3		指定団体等の指定状況	
								財政健全化等	×
市町村名		東村山市		地方交付税種地		2-9		財源超過	×
								首都	○
								近畿	×
人口	27年国調（人）	149,956		産業構造（※5）				中部	×
	22年国調（人）	153,557						過疎	×
	増減率（％）	-2.3						山振	×
住民基本台帳人口（※7）	31.01.01（人）	150,789	区分		27年国調	22年国調		低開発	×
	うち日本人（人）	147,963	第1次		569	563		指数表選定	○
	30.01.01（人）	151,018			0.9	1.0			
	うち日本人（人）	148,254	第2次		11,295	10,998			
	増減率（％）	-0.2			18.4	18.7			
	うち日本人（％）	-0.2	第3次		49,533	47,342			
面積（km²）		17.14			80.7	80.4			
人口密度（人/km²）		8,749							
世帯数（世帯）		64,604							

職員の状況

	区分	定数	1人あたり平均給料月額（百円）		区分	職員数（人）	給料月額（百円）	1人あたり平均給料月額（百円）
特別職等	市区町村長	1	9,430	一般職員等（※6）	一般職員	743	2,353,081	3,167
	副市区町村長	1	8,010		うち消防職員	－	－	－
	教育長	1	7,400		うち技能労務職員	39	131,703	3,377
	議会議長	1	5,580		教育公務員	3	13,233	4,411
	議会副議長	1	5,060		臨時職員	－	－	－
	議会議員	23	4,850		合計	746	2,366,314	3,172
					ラスパイレス指数			101.0

一般会計等の一覧
項番　　　　　会計名

(1)　一般会計

事業会計の一覧
項番　　　　　会計名

(2)　国民健康保険事業特別会計

(3)　介護保険事業特別会計

(4)　後期高齢者医療特別会計

公営企業（法適）の一覧
項番　　　　　会計名

（注釈）※1：経常収支比率の（ ）内の数値は、「減収補填債（特例分）」及び「臨時財政対策債」を除いて算出したものである。
※2：各会計の一覧は主な会計（10会計まで）を記載している。
※3：地方公共団体が損失補償等を行っている出資法人で、健全化法の算出対象となっている団体については、「地方公社・第三セクター等」の
※4：資金不足比率欄には、資金が不足している会計のみ記載している。
※5：産業構造の比率は、分母を就業人口総数とし、分類不能の産業を除いて算出。
※6：個人情報保護の観点から、対象となる職員数が1人又は2人の場合は、「給料月額（百円）」と「一人当たり給料月額（百円）」を「アスタリスク
※7：人口については、調査対象年度の1月1日現在の住民基本台帳に登録されている人口に基づいている。

財政状況資料集

区分	平成30年度(千円)	平成29年度(千円)	区分	平成30年度(千円・%)	平成29年度(千円・%)
歳入総額	56,003,282	54,757,988	実質収支比率	6.3	5.5
歳出総額	53,754,570	52,621,926	経常収支比率	93.1	91.7
歳入歳出差引	2,248,712	2,136,062	(※1)	(101.3)	(99.0)
翌年度に繰越すべき財源	411,511	556,489	標準財政規模	29,046,211	28,705,473
実質収支	1,837,201	1,579,573	財政力指数	0.82	0.82
単年度収支	257,628	262,478	公債費負担比率	12.3	12.3
積立金	88	80	健全化判断比率		
繰上償還金	0	0	実質赤字比率	-	-
積立金取崩し額	860,078	295,973	連結実質赤字比率	-	-
実質単年度収支	-602,362	-33,415	実質公債費比率	3.4	4.9
			将来負担比率	0.3	6.0
基準財政収入額	17,658,630	17,703,042	資金不足比率 (※4)		
基準財政需要額	21,834,428	21,697,295			
標準税収入額等	22,552,397	22,564,909			
経常経費充当一般財源等	27,118,513	26,822,031			
歳入一般財源等	33,524,369	33,256,465			
地方債現在高	41,012,418	41,140,730			
うち公的資金	30,966,825	30,182,124			
債務負担行為額（支出予定額）	2,652,297	3,138,420			
収益事業収入	54,000	42,000			
土地開発基金現在高	-				
積立金現在高　財政調整基金	4,156,673	4,216,663			
減債基金	18,297	18,296			
その他特定目的基金	5,432,279	5,563,771			

公営企業（法非適）の一覧		関係する一部事務組合等一覧		地方公社・第三セクター等一覧		
項番	会計名	項番	組合等名	項番	団体名	(※3)
(5)	下水道事業特別会計	(6)	東京たま広域資源循環組合	(15)	東村山市土地開発公社	○
		(7)	東京市町村総合事務組合（一般会計）	(16)	東村山市勤労者福祉サービスセンター	
		(8)	東京市町村総合事務組合（交通災害共済事業特別会計）	(17)	東村山市体育協会	
		(9)	多摩六都科学館組合			
		(10)	東京都十一市競輪事業組合			
		(11)	東京都四市競艇事業組合			
		(12)	昭和病院企業団			
		(13)	東京都後期高齢者医療広域連合（一般会計）			
		(14)	東京都後期高齢者医療広域連合（後期高齢者医療特別会計）			

団体名に○印を付与している。

（＊）」としている。（その他、数値のない欄については、すべてハイフン（－）としている）。

(1)　普通会計の状況（市町村）

歳入の状況（単位 千円・%）

区分	決算額	構成比	経常一般財源等	構成比
地方税	20,965,800	37.4	19,203,392	71.7
地方譲与税	230,134	0.4	230,134	0.9
利子割交付金	42,000	0.1	42,000	0.2
配当割交付金	139,695	0.2	139,695	0.5
株式等譲渡所得割交付金	113,439	0.2	113,439	0.4
分離課税所得割交付金	–			
道府県民税所得割臨時交付金				
地方消費税交付金	2,511,858	4.5	2,511,858	9.4
ゴルフ場利用税交付金	–			
特別地方消費税交付金	–			
自動車取得税交付金	137,126	0.2	137,126	0.5
軽油引取税交付金	–			
地方特例交付金	132,529	0.2	132,529	0.5
地方交付税	4,264,285	7.6	4,132,808	15.4
普通交付税	4,132,808	7.4	4,132,808	15.4
特別交付税	131,295	0.2		
震災復興特別交付税	182	0.0		
（一般財源計）	28,536,866	51.0	26,642,981	99.5
交通安全対策特別交付金	14,157	0.0	14,157	0.1
分担金・負担金	356,358	0.6		
使用料	693,596	1.2	103,146	0.4
手数料	556,825	1.0		
国庫支出金	10,296,678	18.4		
国有提供交付金（特別区財調交付金）				
都道府県支出金	8,154,044	14.6		
財産収入	96,828	0.2	2,421	0.0
寄附金	79,544	0.1		
繰入金	1,776,705	3.2		
繰越金	1,336,062	2.4		
諸収入	415,313	0.7	4,861	0.0
地方債	3,690,306	6.6		
うち減収補塡債（特例分）	–			
うち臨時財政対策債	2,361,006	4.2		
歳入合計	56,003,282	100.0	26,767,566	100.0

地方税の状況（単位 千円・%）

区分	収入済額	構成比	超過課税分
普通税	19,203,392	91.6	85,941
法定普通税	19,203,392	91.6	85,941
市町村民税	10,398,935	49.6	85,941
個人均等割	259,232	1.2	–
所得割	9,214,559	44.0	–
法人均等割	295,105	1.4	–
法人税割	630,039	3.0	85,941
固定資産税	7,999,659	38.2	–
うち純固定資産税	7,264,531	34.6	–
軽自動車税	136,037	0.6	–
市町村たばこ税	668,761	3.2	–
鉱産税	–		
特別土地保有税	–		
法定外普通税	–		
目的税	1,762,408	8.4	–
法定目的税	1,762,408	8.4	–
入湯税	–		
事業所税	–		
都市計画税	1,762,408	8.4	–
水利地益税等	–		
法定外目的税	–		
旧法による税	–		
合計	20,965,800	100.0	85,941

区分		平成30年度		平成29年度	
徴収率（%） 現年・計	合計	99.3	98.2	99.2	97.7
	市町村民税	99.1	97.5	99.0	96.7
	純固定資産税	99.4	98.8	99.4	98.6

公営事業等への繰出	
合計	6,821,059
下水道	1,077,752
病院	279,271
上水道	19,873
工業用水道	–
国民健康保険	1,731,428
その他	3,712,735

国民健康保険事業会計の状況	
実質収支	219,968
再差引収支	-618,979
加入世帯数（世帯）	21,949
被保険者数（人）	33,184
被保険者1人当り　保険税（料）収入額	93
国庫支出金	
保険給付費	309

（注釈）
　　普通建設事業費の補助事業費には受託事業費のうちの補助事業費を含み、
　　単独事業費には同級他団体施行事業負担金及び受託事業費のうちの単独事業費を含む。

歳出の状況（単位 千円・％）

目的別歳出の状況（単位 千円・％）

区分	決算額 (A)	構成比	(A)のうち普通建設事業費	(A)のうち充当一般財源等
議会費	345,574	0.6		345,258
総務費	5,087,569	9.5	1,009,911	3,680,919
民生費	28,656,006	53.3	764,275	12,730,936
衛生費	3,621,934	6.7	207,688	2,503,065
労働費	378,883	0.7	−	325,510
農林水産業費	156,650	0.3	−	83,894
商工費	119,978	0.2	902	81,001
土木費	4,472,802	8.3	2,138,398	2,442,596
消防費	1,746,078	3.2	24,602	743,401
教育費	5,045,253	9.4	640,095	4,223,787
災害復旧費	−		−	−
公債費	4,123,843	7.7	−	4,115,290
諸支出金				
前年度繰上充用金				
歳出合計	53,754,570	100.0	4,785,871	31,275,657

性質別歳出の状況（単位 千円・％）

区分		決算額	構成比	充当一般財源等	経常経費充当一般財源等	経常収支比率
義務的経費計		29,028,207	54.0	15,496,536	15,357,224	52.7
人件費		7,776,608	14.5	6,914,395	6,775,183	23.3
うち職員給		4,932,743	9.2	4,332,958		
扶助費		17,127,756	31.9	4,466,851	4,466,751	15.3
公債費		4,123,843	7.7	4,115,290	4,115,290	14.1
内訳	元利償還金	4,122,809	7.7	4,114,256	4,114,256	14.1
	うち元金	3,818,618	7.1	3,810,333	3,810,333	13.1
	うち利子	304,191	0.6	303,923	303,923	1.0
	一時借入金利子	1,034	0.0	1,034	1,034	0.0
その他の経費		19,940,492	37.1	15,021,676	11,761,289	40.4
物件費		7,330,245	13.6	5,596,811	4,585,114	15.7
維持補修費		240,085	0.4	204,976	203,464	0.7
補助費等		5,231,983	9.7	2,953,694	2,393,478	8.2
うち一部事務組合負担金		443,573	0.8	410,719	368,443	1.3
繰出金		6,521,915	12.1	5,803,428	4,579,233	15.7
積立金		601,264	1.1	447,767	−	−
投資・出資金・貸付金		15,000	0.0	15,000	−	−
前年度繰上充用金						
投資的経費計		4,785,871	8.9	757,445		
うち人件費		100,731	0.2	100,731		
内訳	普通建設事業費	4,785,871	8.9	757,445		
	うち補助	819,645	1.5	34,441		
	うち単独	3,266,518	6.1	722,596		
	災害復旧事業費					
	失業対策事業費					
歳出合計		53,754,570	100.0	31,275,657		

(2) 各会計、関係団体の財政状況及び健全化判断比率 (市町村)

一般会計等の財政状況(単位：百万円)

	会計名	歳入	歳出	形式収支	実質収支	他会計からの繰入金	地方債現在高	備考
1	一般会計	56,003	53,754	2,249	1,837	184	41,012	
2								
3								
4								
5								
6								
7								
8								
9								
10								
11								
12								
13								
14								
15								
16								
	一般会計等(純計)	56,003	53,754	2,249	1,837		41,012	実質赤字額

※ 一般会計等(純計)は、各会計の相互間の繰入・繰出等の重複を控除したものであり、各会計の合計と一致しない場合がある。

公営企業会計等の財政状況(単位：百万円)

	会計名	総収益(歳入)	総費用(歳出)	純損益(形式収支)	資金剰余額・不足額(実質収支)	他会計等からの繰入金	企業債(地方債)現在高	左のうち一般会計等繰入見込額	資金不足比率	備考
1	国民健康保険事業特別会計	15,965	15,745	220	220	2,091	-	-		
2	介護保険事業特別会計	12,705	12,363	342	342	1,838	-	-		
3	後期高齢者医療特別会計	3,698	3,657	41	41	1,881	-	-		
4	下水道事業特別会計	4,204	4,069	135	135	1,078	15,029	8,010		法非適用企業
5										
	計「公営企業会計等」				738		15,029	8,010		連結実質赤字額

地方公社・第三セクター等の経営状況及び地方公共団体の財政的支援の状況(単位：百万円)

	地方公社・第三セクター等名	経常損益	純損益又は正味財産	当該団体からの出資金	当該団体からの補助金	当該団体からの貸付金	当該団体からの損失補償に係る債務残高	当該団体からの債務保証に係る債務残高	一般会計等の借入込額	備考
1	○ 東村山市土地開発公社		145	5		22		2,455		
2	東村山市勤労者福祉サービスセンター	▲7	531	500	23					
3	東村山市体育協会		50	30	33					
4										

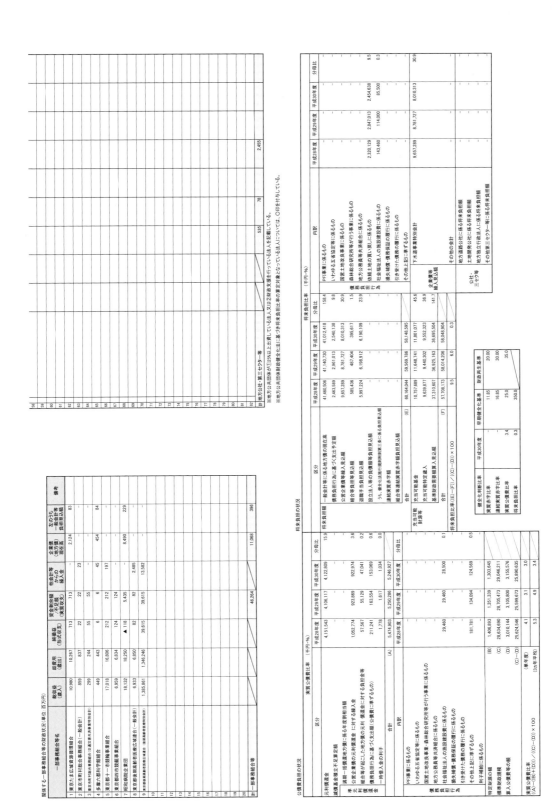

関係する一部事務組合等の財政状況（単位：百万円）

一部事務組合等名	総収益（歳入）	総費用（歳出）	純損益（形式収支）	資金剰余額/不足額（実質収支）	他会計等からの繰入金	企業債等（地方債）現在高	左のうち一般会計等負担見込額	備考
1 東京たま広域資源循環組合	10,980	10,267	713	713	-	2,124	83	
2 東京市町村総合事務組合（一般会計）	859	837	22	23	-	-	-	
3 東京市町村総合事務組合（交通災害共済事業特別会計）	299	244	55	55	6	-	-	
4 多摩六都科学館組合	449	443	6	6	45	454	84	
5 東京都十一市競輪事業組合	17,018	16,806	212	212	197	-	-	
6 東京都四市競艇事業組合	6,959	6,834	124	124	-	-	-	
7 昭和病院企業団	18,132	18,250	▲118	5,435	5,435	8,490	229	
8 東京都後期高齢者医療広域連合（一般会計）	6,933	6,850	82	82	2,485	-	-	
9 東京都後期高齢者医療広域連合（保険料等納付金特別会計）	1,385,861	1,346,246	39,615	39,615	13,582	-	-	
計 一部事務組合等			46,264			11,068	396	

実質公債費比率（千円・％）

将来負担比率の状況

公債負担の状況

（3）　市町村財政比較分析表（普通会計決算）

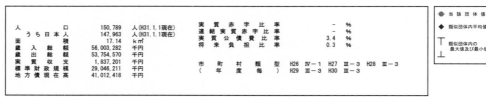

人　　　　　口	150,789	人 (H31.1.1現在)	実　質　赤　字　比　率	－	％
うち日本人	147,963	人 (H31.1.1現在)	連結実質赤字比率	－	％
面　　　　　積	17.14	k㎡	実　質　公　債　費　比　率	3.4	％
歳　入　総　額	56,003,282	千円	将　来　負　担　比　率	0.3	％
歳　出　総　額	53,754,570	千円			
実　質　収　支	1,837,201	千円	市　町　村　類　型	H26 Ⅳ－1　H27 Ⅲ－3　H28 Ⅲ－3	
標　準　財　政　規　模	29,046,211	千円	（　年　度　毎　）	H29 Ⅲ－3　H30 Ⅲ－3	
地　方　債　現　在　高	41,012,418	千円			

凡例：
● 当該団体値
◆ 類似団体内平均値
⊤⊥ 類似団体内の最大値及び最小値

※市町村類型とは、人口および産業構造等により全国の市町村を35のグループに分類したものである。当該団体と同じグループに属する団体を類似団体と言う。

※平成31年度中に市町村合併した団体で、合併前の団体ごとの決算に基づく実質公債費比率及び将来負担比率を算出していない団体については、グラフを表記しない。

※充当可能財源等が将来負担額を上回っている団体については、将来負担比率のグラフを表記しない。

※「人件費・物件費等の状況」の決算額は、人件費、物件費及び維持補修費の合計である。ただし、人件費には事業費支弁人件費を含み、退職金は含まない。

※人口については、各調査対象年度の1月1日現在の住民基本台帳に登録されている人口に基づいている。

※類似団体内順位、全国平均、各都道府県平均は、平成30年度決算の状況である。また類似団体が存在しない場合、類似団体内順位を表示しない。

財政力

財政力指数　[0.82]

	類似団体内順位	全国平均	東京都平均
	24/50	0.51	0.76

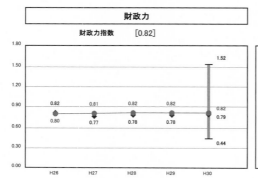

財政力指数の分析欄

　指数、類似団体平均ともに横ばいとなっている。
　財政力指数の増減については交付税制度の動向によるところが大きい。
　平成30年度は基準財政需要額が増となった一方で、基準財政収入額が減となったものの、3か年平均では横ばいで推移している。
　全国的に地方税収の増が見込まれているが、当市は納税法人が少なく、市民税の財政基盤が脆弱であるため、今後も税収の確保に努め、財政健全化を目指していく。

財政構造の弾力性

経常収支比率　[93.1%]

	類似団体内順位	全国平均	東京都平均
	19/50	93.0	91.8

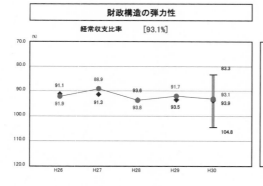

経常収支比率の分析欄

　平成29年度より1.4ポイント増した。
　ポイントが変動した要因は、分母である経常一般財源等が、地方消費税交付金や株式等譲渡所得割交付金などの減により総体として減となり、分子である経常経費充当一般財源等が、物件費や人件費などの増により総体として増となり、分子分母ともに比率の押し上げの影響があったものである。当市は、依存財源の比率が高く、依然として国の動向や社会経済情勢の変化の影響を受けやすい財政構造にあり、持続可能な財政基盤の構築に向けて、引き続き、行財政運営に取り組む必要がある。

人件費・物件費等の状況

人口1人当たり人件費・物件費等決算額　[99,617円]

	類似団体内順位	全国平均	東京都平均
	14/50	132,793	123,502

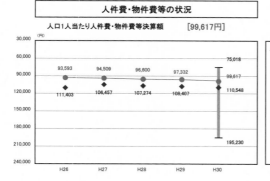

人口1人当たり人件費・物件費等決算額の分析欄

　平成29年度同様に、類似団体、全国、東京都いずれの平均よりも下回っている。
　物件費は増しており、公立保育所民間移管に伴う合同保育実施委託料、第5次総合計画等策定支援業務委託料の増などが主要な要因である。
　人件費は、平成24年度及び平成25年度に住居手当や扶養手当の支給要件の見直し、管理職手当の定額化、平成30年度に高齢層職員の昇給停止を行い、抑制に努めている。今後も、職員定数の適正化、給与制度・諸手当制度の適正化・事業の適正化に努めていく。

将来負担の状況

将来負担比率　[0.3%]

類似団体内順位	全国平均	東京都平均
22/50	28.9	0.0

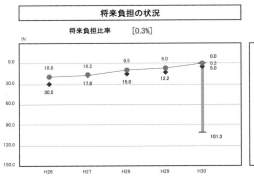

将来負担比率の分析欄

　平成29年度に引き続き改善傾向にあり、5.7ポイント減した。
　類似団体平均も7.2ポイントの減となっている。
　減理由としては地方債現在高の減、公営企業債等繰入見込額の減及び基金積立による充当可能基金の増などにより、分子総体が減となったことによるものである。
　指数については、平成20年度から継続的に改善傾向にある。

公債費負担の状況

実質公債費比率　[3.4%]

類似団体内順位	全国平均	東京都平均
22/50	6.1	△ 2.2

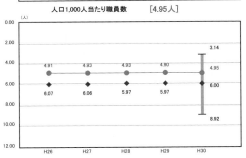

実質公債費比率の分析欄

　平成29年度より1.5ポイント減した。
　類似団体平均も0.3ポイント減しているものの、当市の伸びが大きかったため、類似団体平均を下回る結果となっている。
　平成30年度は、「公営企業に要する経費の財源とする地方債の償還に充てたと認められる繰入金」の減や「公債費に準ずる債務負担行為に係るもの」の支出減などにより、　前年比で減となった。

定員管理の状況

人口1,000人当たり職員数　[4.95人]

類似団体内順位	全国平均	東京都平均
9/50	7.95	5.94

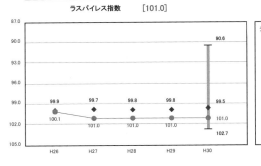

人口1,000人当たり職員数の分析欄

　平成29年度同様に類似団体、全国、東京都いずれの平均よりも下回っている。
　平成25年度に定員管理計画を策定し、現在の水準を維持することとした。
　今後も業務の効率化等の内部努力を行いながら、計画に基づいた職員定数の適正な管理に努めていく。

給与水準　（国との比較）

ラスパイレス指数　[101.0]

類似団体内順位	全国市平均	全国町村平均
42/50	98.9	96.3

ラスパイレス指数の分析欄

　当市の給与は、都内の民間企業の給与水準を反映する東京都人事委員会勧告を基にした東京都の給与改定に準じて、市議会の審議を経て条例で決定しており、引き続き東京都の給与改定に準拠し、給与改定を行っていく。

(4)-1 市町村経常経費分析表（普通会計決算）

経常収支比率の分析

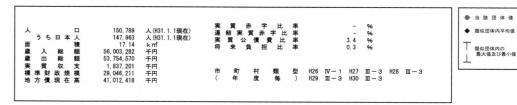

人 口	150,789	人 (H31.1.1現在)
うち日本人	147,963	人 (H31.1.1現在)
面 積	17.14	k㎡
歳 入 総 額	56,003,282	千円
歳 出 総 額	53,754,570	千円
実 質 収 支	1,837,201	千円
標 準 財 政 規 模	29,046,211	千円
地 方 債 現 在 高	41,012,418	千円

実 質 赤 字 比 率	－	％
連 結 実 質 赤 字 比 率	－	％
実 質 公 債 費 比 率	3.4	％
将 来 負 担 比 率	0.3	％

市 町 村 類 型 H26 Ⅳ-1 H27 Ⅲ-3 H28 Ⅲ-3
（ 年 度 毎 ） H29 Ⅲ-3 H30 Ⅲ-3

● 当該団体値
◆ 類似団体内平均値
Ⅰ 類似団体内の最大値及び最小値

※ 市町村類型とは、人口および産業構造等により全国の市町村を35のグループに分類したものである。当該団体と同じグループに属する団体を類似団体と言う。

※ 人口については、各調査対象年度の1月1日現在の住民基本台帳に登載されている人口に基づいている。

※ 類似団体内順位、全国平均、各都道府県平均は、平成30年度決算の状況である。また類似団体が存在しない場合、類似団体内順位を表示しない。

人件費

類似団体内順位 20/50　　全国平均 25.6　　東京都平均 23.2

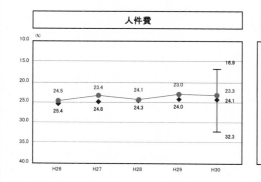

人件費の分析欄

類似団体、全国の平均よりも下回っている。
変動要因としては、時間外勤務の減に伴う手当の減などにより、人件費が減となったことによる。

扶助費

類似団体内順位 38/50　　全国平均 12.6　　東京都平均 15.8

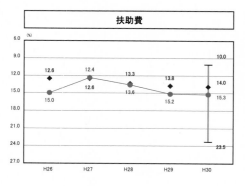

扶助費の分析欄

指数、類似団体平均ともに横ばいとなっている。
地域型保育給付費や施設障害福祉サービス給付費などの増の一方で、生活保護費などの減が、指数が横ばいとなっている要因である。
当市は依然として生活保護費の割合が高いが、就労支援などを実施し、状況の改善に努めた成果が出たものである。

公債費

類似団体内順位 22/50　　全国平均 16.6　　東京都平均 9.5

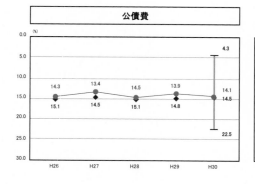

公債費の分析欄

平成29年度より0.2ポイント増した。
類似団体平均、全国平均と比べて比率は下回っているが、東京都の平均は上回っている。
分母となる経常一般財源等の減に対して、分子である公債費が臨時財政対策債元金償還金などが増となったことが要因である。
今後も、地方債の発行については、慎重に検討していく。

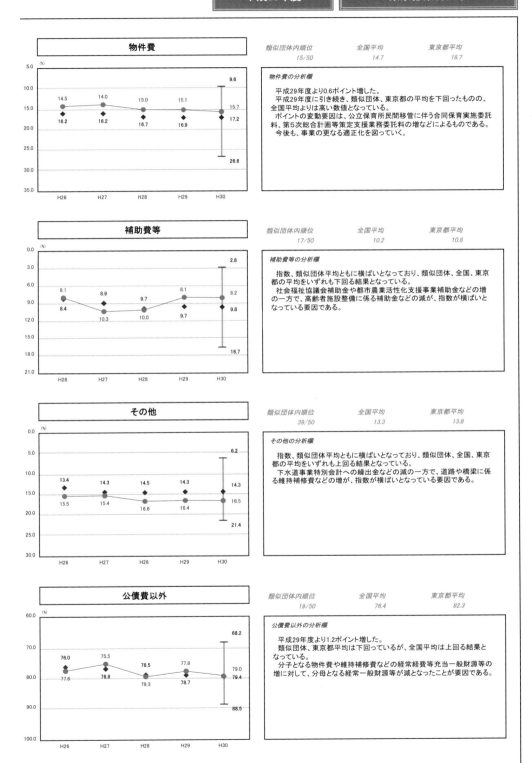

物件費

	類似団体内順位	全国平均	東京都平均
	15/50	14.7	18.7

物件費の分析欄

　平成29年度より0.6ポイント増した。
　平成29年度に引き続き、類似団体、東京都の平均を下回ったものの、全国平均よりは高い数値となっている。
　ポイントの変動要因は、公立保育所民間移管に伴う合同保育実施委託料、第5次総合計画等策定支援業務委託料の増などによるものである。
　今後も、事業の更なる適正化を図っていく。

補助費等

	類似団体内順位	全国平均	東京都平均
	17/50	10.2	10.8

補助費等の分析欄

　指数、類似団体平均ともに横ばいとなっており、類似団体、全国、東京都の平均をいずれも下回る結果となっている。
　社会福祉協議会補助金や都市農業活性化支援事業補助金などの増の一方で、高齢者施設整備に係る補助金などの減が、指数が横ばいとなっている要因である。

その他

	類似団体内順位	全国平均	東京都平均
	39/50	13.3	13.8

その他の分析欄

　指数、類似団体平均ともに横ばいとなっており、類似団体、全国、東京都の平均をいずれも下回る結果となっている。
　下水道事業特別会計への繰出金などの減の一方で、道路や橋梁に係る維持補修費などの増が、指数が横ばいとなっている要因である。

公債費以外

	類似団体内順位	全国平均	東京都平均
	19/50	76.4	82.3

公債費以外の分析欄

　平成29年度より1.2ポイント増した。
　類似団体、東京都平均は下回っているが、全国平均は上回る結果となっている。
　分子となる物件費や維持補修費などの経常経費等充当一般財源等の増に対して、分母となる経常一般財源等が減少となったことが要因である。

(4)-2 市町村経常経費分析表 (普通会計決算)

人件費及び人件費に準ずる費用の分析

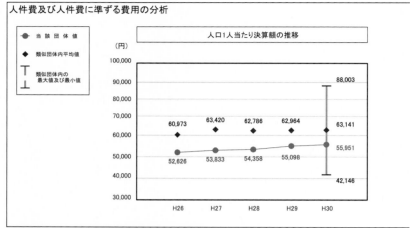

（注）人口については、各調査対象年度の1月1日現在の住民基本台帳に登載されている人口に基づいている。

公債費及び公債費に準ずる費用の分析

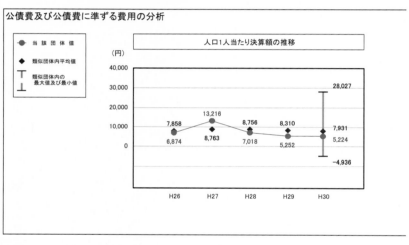

（参考）普通建設事業費の分析

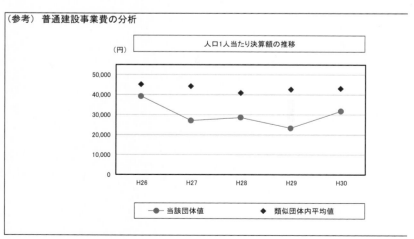

人件費及び人件費に準ずる費用

	当該団体決算額（千円）	人口1人当たり決算額		
		当該団体（円）	類似団体平均（円）	対比（％）
人件費	7,776,608	51,573	56,739	▲ 9.1
賃金（物件費）	508,969	3,375	3,644	▲ 7.4
一部事務組合負担金（補助費等）	29,446	195	3,408	▲ 94.3
公営企業（法適）等に対する繰出し（補助費等）	168,975	1,121	508	120.7
公営企業（法適）等に対する繰出し（投資及び出資金・貸付金）	－	－	12	－
公営企業（法非適）等に対する繰出し（繰出金）	278,604	1,848	2,329	▲ 20.7
事業費支弁に係る職員の人件費（投資的経費）	100,731	668	1,096	▲ 39.1
▲ 退職金	▲ 426,529	▲ 2,829	▲ 4,593	▲ 38.4
合計	8,436,804	55,951	63,141	▲ 11.4

参考

	当該団体	類似団体平均	対比（差引）
人口1,000人当たり職員数（人）	4.95	6.00	▲ 1.05
ラスパイレス指数	101.0	99.5	1.5

公債費及び公債費に準ずる費用（実質公債費比率の構成要素）

	当該団体決算額（千円）	人口1人当たり決算額		
		当該団体（円）	類似団体平均（円）	対比（％）
元利償還金の額（繰上償還額等を除く）	4,122,809	27,342	32,265	▲ 15.3
積立不足額を考慮して算定した額	－	－	1	－
満期一括償還地方債の一年当たりの元金償還金に相当するもの（年度割相当額）	－	－	32	－
公営企業に要する経費の財源とする地方債の償還の財源に充てたと認められる繰入金	922,974	6,121	6,764	▲ 9.5
一部事務組合等の起こした地方債に充てたと認められる補助金又は負担金	47,041	312	1,228	▲ 74.6
公債費に準ずる債務負担行為に係るもの	153,069	1,015	1,060	▲ 4.2
一時借入金利子（同一団体における会計間の現金運用に係る利子は除く）	1,034	7	1	600.0
▲ 特定財源の額	▲ 1,303,645	▲ 8,645	▲ 6,969	24.0
▲ 地方債に係る元利償還金及び準元利償還金に要する経費として普通交付税の額の算定に用いる基準財政需要額に算入された額	▲ 3,155,576	▲ 20,927	▲ 26,451	▲ 20.9
合計	787,706	5,224	7,931	▲ 34.1

※平成31年度中に市町村合併した団体で、合併前の団体ごとの決算に基づく実質公債費比率を算出していない団体については、グラフを表記しない。

普通建設事業費

		当該団体決算額（千円）	人口1人当たり決算額				
			当該団体（円）	増減率（％）(A)	類似団体平均（円）	増減率（％）(B)	(A)-(B)
H26		5,947,287	39,279	26.6	45,117	4.6	22.0
	うち単独分	4,467,503	29,506	70.9	25,589	16.9	54.0
H27		4,091,921	27,124	▲ 30.9	44,267	▲ 1.9	▲ 29.0
	うち単独分	3,420,909	22,676	▲ 23.1	26,161	2.2	▲ 25.3
H28		4,310,073	28,593	5.4	40,879	▲ 7.7	13.1
	うち単独分	2,968,759	19,695	▲ 13.1	24,087	▲ 7.9	▲ 5.2
H29		3,524,873	23,341	▲ 18.4	42,651	4.3	▲ 22.7
	うち単独分	2,002,408	13,259	▲ 32.7	22,675	5.9	▲ 26.8
H30		4,785,871	31,739	36.0	43,226	1.3	34.7
	うち単独分	3,266,518	21,663	63.4	22,622	▲ 0.2	63.6
過去5年間平均		4,532,005	30,015	3.7	43,228	0.1	3.6
	うち単独分	3,225,219	21,360	13.1	24,227	1.0	12.1

（5）　市町村性質別歳出決算分析表（住民一人当たりのコスト）

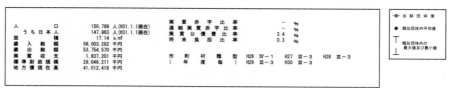

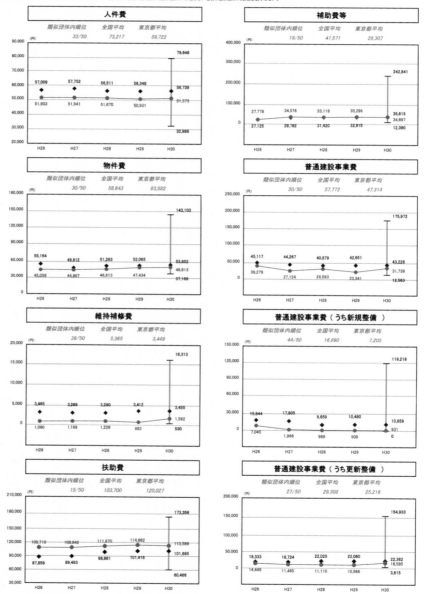

性質別歳出の分析欄

●人件費は、類似団体・東京都・全国平均を下回っており、これまでの職員定数の適正化・給与制度・諸手当制度の適正化などの影響によるものと考えられる。
東京都・全国平均を現時点では下回っているが、今後、当市においても公共施設等の老朽化による維持補修費のさらなる増が見込まれる。●扶助費は、東京都
補助費等は、東京都平均は上回っているものの、類似団体・全国平均は下回っている。当市においては、常備消防の都への委託金や、加入している広域資源循
都・全国平均のいずれも下回っているが、今後、東村山駅周辺の連続立体交差化事業や都市計画道路整備など、大きな事業が予定されていることから、増が見
債の残高削減を進めてきたことなどが要因と考えられる。●積立金は、類似団体・東京都・全国平均を下回っているが、当市においては決算剰余金を条例により
高いことにより医療・介護の両面で給付費が増加傾向にあるものの、国民健康保険の広域化により減となっている。

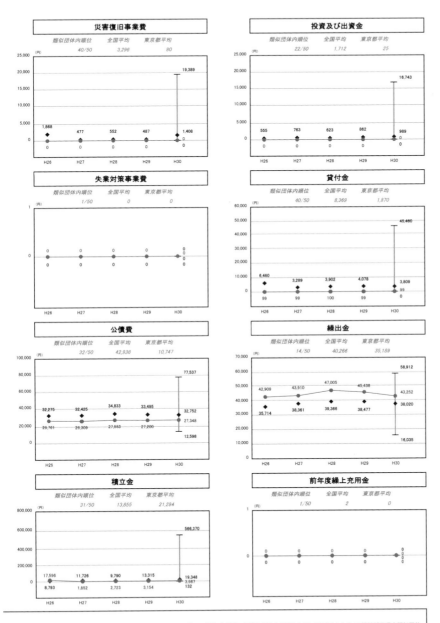

災害復旧事業費

類似団体内順位	全国平均	東京都平均
40/50	3,298	80

失業対策事業費

類似団体内順位	全国平均	東京都平均
1/50	0	0

公債費

類似団体内順位	全国平均	東京都平均
32/50	42,938	10,747

積立金

類似団体内順位	全国平均	東京都平均
31/50	13,855	21,284

投資及び出資金

類似団体内順位	全国平均	東京都平均
22/50	1,712	25

貸付金

類似団体内順位	全国平均	東京都平均
40/50	8,369	1,870

繰出金

類似団体内順位	全国平均	東京都平均
14/50	40,266	35,189

前年度繰上充用金

類似団体内順位	全国平均	東京都平均
1/50	2	0

●物件費も、類似団体・東京都・全国平均を下回っており、行財政改革で人件費・物件費の抑制に努めた効果によるものと考えられる。●維持補修費も類似団体・平均は下回っているものの、類似団体・全国の平均値を上回っており、生活保護費の割合が高いこと、病院等が市内に多いことなどが理由として挙げられる。●補助費等は、一部事務組合・病院組合等の負担金のほか、児童福祉費に係る補助金などが補助費等の上位を占めているという特徴がある。●普通建設事業費は、類似団体・東京都・全国平均を下回っており、第4次東村山市行財政改革大綱の実行プログラムで通常予算を通さず直接財政調整基金に積み立てていることの影響もあると考えられる。●繰出金は、類似団体・東京都・全国平均を上回っており、高齢者人口比率が

（6）　市町村目的別歳出決算分析表（住民一人当たりのコスト）

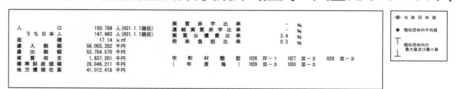

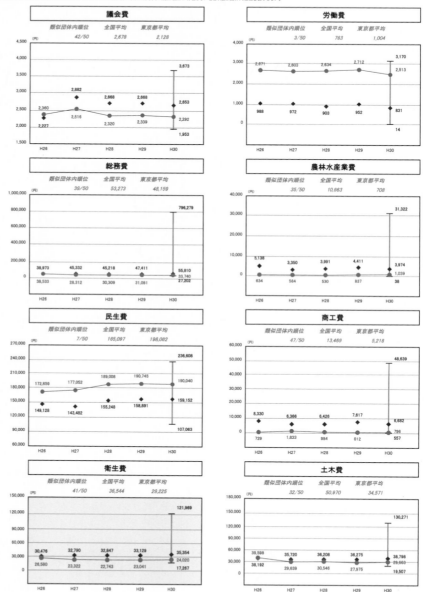

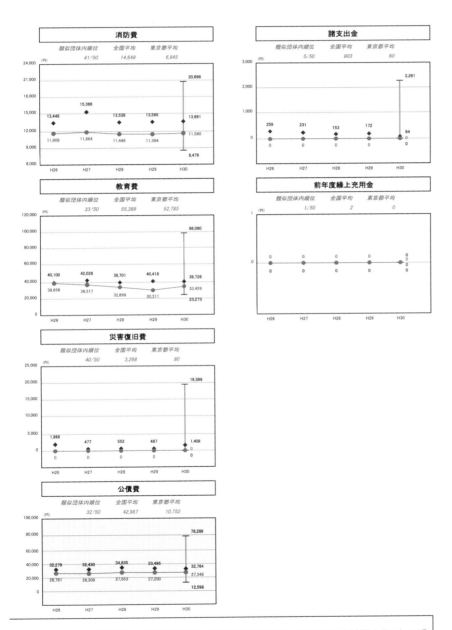

消防費

| 類似団体内順位 | 全国平均 | 東京都平均 |
| 41/50 | 14,649 | 6,645 |

教育費

| 類似団体内順位 | 全国平均 | 東京都平均 |
| 33/50 | 55,389 | 52,785 |

災害復旧費

| 類似団体内順位 | 全国平均 | 東京都平均 |
| 40/50 | 3,298 | 80 |

公債費

| 類似団体内順位 | 全国平均 | 東京都平均 |
| 32/50 | 42,987 | 10,752 |

諸支出金

| 類似団体内順位 | 全国平均 | 東京都平均 |
| 5/50 | 903 | 80 |

前年度繰上充用金

| 類似団体内順位 | 全国平均 | 東京都平均 |
| 1/50 | 2 | 0 |

ロの比率が高いことによるものであると考えられる。●労働費も大きく上回っているが、（公社）東村山市シルバー人材センターへの運営費補助や、同センターへの委
業施設が無いことなどが理由に挙げられる。●土木費も低くなっているが、今後、東村山駅周辺の連続立体交差化事業や都市計画道路整備など、大きな事業が予定
は、普通建設事業費による影響が大きく、平成30年度は主に小学校特別教室空調設置事業や富士見文化センター大規模改修工事等により増となった。普通建設事

(7) 実質収支比率等に係る経年分析（市町村）

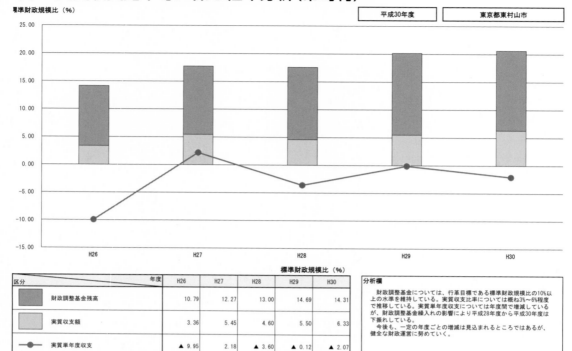

標準財政規模比（%）

区分 \ 年度	H26	H27	H28	H29	H30
財政調整基金残高	10.79	12.27	13.00	14.69	14.31
実質収支額	3.36	5.45	4.60	5.50	6.33
実質単年度収支	▲ 9.95	2.18	▲ 3.60	▲ 0.12	▲ 2.07

分析欄

　　財政調整基金については、行革目標である標準財政規模比の10%以上の水準を維持している。実質収支比率については概ね3%〜6%程度で推移している。実質単年度収支については年度間で増減しているが、財政調整基金繰入れの影響により平成28年度から平成30年度は下振れしている。
　　今後も、一定の年度ごとの増減は見込まれるところではあるが、健全な財政運営に努めていく。

(8) 連結実質赤字比率に係る赤字・黒字の構成分析（市町村）

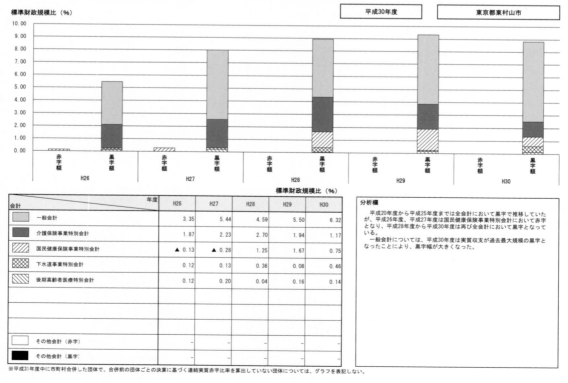

標準財政規模比（%）

会計 \ 年度	H26	H27	H28	H29	H30
一般会計	3.35	5.44	4.59	5.50	6.32
介護保険事業特別会計	1.87	2.23	2.70	1.94	1.17
国民健康保険事業特別会計	▲ 0.13	▲ 0.28	1.25	1.67	0.75
下水道事業特別会計	0.12	0.13	0.36	0.08	0.46
後期高齢者医療特別会計	0.12	0.20	0.04	0.16	0.14
その他会計（赤字）	－	－	－	－	－
その他会計（黒字）	－	－	－	－	－

分析欄

　　平成20年度から平成25年度までは全会計において黒字で推移していたが、平成26年度、平成27年度は国民健康保険事業特別会計において赤字となり、平成28年度から平成30年度は再び全会計において黒字となっている。
　　一般会計については、平成30年度は実質収支が過去最大規模の黒字となったことにより、黒字幅が大きくなった。

※平成31年度中に市町村合併した団体で、合併前の団体ごとの決算に基づく連結実質赤字比率を算出していない団体については、グラフを表記しない。

(9) 実質公債費比率（分子）の構造（市町村）

（百万円）

分子の構造	年度	H26	H27	H28	H29	H30
元利償還金等(A)	元利償還金	4,051	3,967	4,152	4,106	4,123
	減債基金積立不足算定額※2	-	-	-	-	-
	満期一括償還地方債に係る年度割相当額	-	-	-	-	-
	公営企業債の元利償還金に対する繰入金	1,116	1,043	1,053	924	923
	組合等が起こした地方債の元利償還金に対する負担金等	58	58	58	55	47
	債務負担行為に基づく支出額	237	876	211	164	153
	一時借入金の利子	1	2	2	2	1
算入公債費等(B)	算入公債費等	4,422	3,952	4,417	4,457	4,460
(A)－(B)	実質公債費比率の分子	1,041	1,994	1,059	794	787

分析欄

元利償還金は、臨時財政対策債元金償還金の増などにより全体としても増となっており、基準財政需要額算入公債費等についても同様に増となっている。

公営企業債の元利償還金に対する繰入金は、下水道事業債の償還額の減などにより減となっている。

債務負担行為に基づく支出額は、平成27年度に土地開発公社の長期保有土地を買い戻したことにより、大きく増していたが、平成28年度から平成30年度も道路整備費等のため買い戻しを行ったものの、平成27年度に比べると金額が低かったため減となっている。

※1 平成31年度中に市町村合併した団体で、合併前の団体ごとの決算に基づく実質公債費比率を算出していない団体については、グラフを表記しない。

（参考）

	年度	H25末	H26末	H27末	H28末	H29末
※2 減債基金積立状況等	減債基金残高 （注）	-	-	-	-	-
	減債基金積立相当額	-	-	-	-	-

分析欄

当市においては、満期一括償還地方債を発行していない。

（注）減債基金残高のうち、実質公債費比率の算定に用いる満期一括償還地方債の償還の財源として積み立てた額に係るもののみを記入。減債基金積立金の年度を超えた一般会計又は特別会計への貸付金は控除して記入。

(10) 将来負担比率（分子）の構造（市町村）

（百万円）

分子の構造	年度	H26	H27	H28	H29	H30
将来負担額(A)	一般会計等に係る地方債の現在高	42,447	42,116	41,461	41,141	41,012
	債務負担行為に基づく支出予定額	3,259	2,675	2,464	2,961	2,540
	公営企業債等繰入見込額	10,722	10,116	9,657	8,782	8,010
	組合等負担見込額	762	691	585	487	396
	退職手当負担見込額	6,355	6,071	5,997	6,199	6,190
	設立法人等の負債額等負担見込額	-	-	-	-	-
	うち、健全化法施行規則附則第三条に係る負担見込額	-	-	-	-	-
	連結実質赤字額	-	-	-	-	-
	組合等連結実質赤字額負担見込額	-	-	-	-	-
充当可能財源等(B)	充当可能基金	10,351	10,255	10,758	11,649	11,801
	充当可能特定歳入	10,165	9,532	9,640	9,440	9,552
	基準財政需要額算入見込額	38,349	37,719	37,311	36,925	36,696
(A)－(B)	将来負担比率の分子	4,680	4,163	2,456	1,556	100

分析欄

地方債残高や下水道事業に係る公債費への繰入見込みなどが引き続き減となることにより、将来負担額については減傾向にある。

充当可能基金については横ばいとなっているものの、将来負担額の減により、将来負担比率の分子は、減傾向にある。

※平成31年度中に市町村合併した団体で、合併前の団体ごとの決算に基づく将来負担比率を算出していない団体については、グラフを表記しない。

著者紹介

大和田　一紘（おおわだ　いっこう）

1943 年、青森県弘前市生まれ。東京学芸大学大学院教育学研究科修了。東京都自然環境保全審議会委員を 6 期 12 年、東京都環境科学研究所研究員、中央大学社会科学研究所客員研究員、埼玉大学、法政大学講師、NPO 法人多摩住民自治研究所理事長を歴任。
現在、一般社団法人財政デザイン研究所代表理事、多摩住民自治研究所理事。
専門は、地方自治、地方財政、環境教育、環境政策、まちづくり論。
主な著書
『市民が財政白書をつくったら』（編著、自治体研究社、2009 年）
『四訂版　習うより慣れろの市町村財政分析—基礎からステップアップまで—』（共著、自治体研究社、2017 年）
『財政状況資料集から読み解くわがまちの財政』（共著、自治体研究社、2019 年）

石山　雄貴（いしやま　ゆうき）

1989 年、東京都江戸川区生まれ。2016 年度東京農工大学大学院連合農学研究科農林共生社会科学専攻修了。博士（学術）。
現在、鳥取大学地域学部講師。専門は、地方自治、地方財政、環境教育、社会教育。
主な著書・論文
『四訂版　習うより慣れろの市町村財政分析—基礎からステップアップまで—』（共著、自治体研究社、2017 年）
「コミュニティ・スクールと地方財政」『民主教育研究所年報』19 号、2019 年
『財政状況資料集から読み解くわがまちの財政』（共著、自治体研究社、2019 年）

菊池　稔（きくち　みのる）

1991 年、栃木県宇都宮市生まれ。2020 年度東京農工大学大学院連合農学研究科農林共生社会科学専攻修了。博士（農学）。現在、名寄市立大学保健福祉学部社会保育学科非常勤講師。
専門は、地方財政、自然保育、環境教育、社会教育。
主な著書・論文
『財政状況資料集から読み解くわがまちの財政』（共著、自治体研究社、2019 年）
石川伸次・菊池稔・石山雄貴「教育無償化社会に向けた学校給食の教育財政学的検討」『自然体験学習実践研究』2 巻 3 号、2019 年
「地域に根ざした教育としての森のようちえんの可能性」『共生社会システム研究』15 号、2021 年

五訂版　習うより慣れろの市町村財政分析
──基礎からステップアップまで

2021 年 11 月 10 日　　初版第 1 刷発行

著　者　大和田一紘・石山雄貴・菊池　稔

発行者　長平　弘

発行所　㈱自治体研究社
〒162-8512 東京都新宿区矢来町 123 矢来ビル 4 F
電話：03・3235・5941　FAX：03・3235・5933
https://www.jichiken.jp/　E-Mail：info@jichiken.jp

ISBN978-4-88037-730-8 C0033

印刷・製本：モリモト印刷株式会社
DTP：赤塚　修

財政状況資料集から読み解くわがまちの財政

大和田一紘・石山雄貴・菊池稔著 　定価 1870 円

財政状況資料集に即してまちの財政状況の読み方、公共サービスのあり方を検討。類似団体カードによる自治体の比較を試みる。地方交付税制度の動きも解説。

新型コロナ対策と自治体財政
――緊急アンケートから考える

平岡和久・森　裕之著 　定価 1650 円

コロナ禍のなかの自治体と国の予算対応を、短期、中長期の財政運営を視野に入れて検討。緊急アンケートが、財政運営の実態と課題を浮き彫りにする。

市民と議員のための自治体財政
――これでわかる基本と勘どころ

森　裕之著 　定価 1650 円

まちの財政を身近なお金の動きと比較対照でわかりやすく解説。私たちが暮らす自治体の公共サービスのあり方やお金の流れが見えてくる画期的な入門書。

新版　そもそもがわかる自治体の財政

初村尤而著 　定価 2200 円

暮らしのなかのお金の流れに注目し、まちの予算書・決算書のしくみを読み、公共サービスのあらましをたどって、歳入・歳出の仕組みを明らかにする。

テータベースで読み解く自治体財政
――地方財政状況調査 DB の活用

武田公子著 　定価 1760 円

市町村の財政状況を表わす「地方財政状況調査個別データ」が総務省のウェブサイトで公開されている。その活用手順と財政分析の仕方を分かりやすく解説。

自治体研究社